超心理学

封印された超常現象の科学

石川幹人

紀伊國屋書店

超心理学——封印された超常現象の科学

不可能に挑戦しつづけた超心理学者たちに捧げる

超心理学・超能力に関する七つの誤解

誤解1 超心理学はオカルト研究である

↓ 科学的方法論にもとづいて公共性の高い研究を行なっており、隠された原理《オカルト》を信奉する神秘主義とは無縁である。

誤解2 超心理学者は超能力の存在を信じている

↓ 信奉は棚あげにして、経験的事実にもとづいた研究を行なっている。超心理学の研究コミュニティ内には、懐疑論者も多くいる。当然、霊魂の存在などを前提とすることはない。

誤解3 超心理学はずさんな実験をしている

↓ これまで発見された問題点については、対処して実験が行なわれ、現在は他の分野以上の高度な厳密さを誇っている。一部の批判者こそが、古い問題点に注目したずさんな論評をしている。

誤解4 超心理学の扱う現象には再現性がない

↓ 注意深く管理した実験を十分な回数行なった場合には、安定した統計的効果が得られている。要因の統制が難しい心理－社会的現象だと考えれば、再現性は比較的高いほうである。

誤解5　超心理学は一三〇年間の研究にもかかわらず成果がない

↓下降効果、ヒツジ・ヤギ効果、実験者効果、隠蔽効果など、心理－社会的効果が多く判明している。物理的性質は解明されていないが、この分野には十分な人材や資金が投入されてないので当然とも言える。

誤解6　超能力があるとすれば科学が崩壊する

↓科学は、事実を解明する方法のことであるから崩壊しない。崩壊するのであれば、現在の自然科学が想定している世界観だが、自然科学の歴史ではこれまでも世界観の改訂はあった。

誤解7　超能力があるとすればカルト宗教を擁護してしまう

↓超心理学がすすめば、超能力の限界が判明するなど、熱狂的な信奉に歯止めがかかる。超能力はありえないなどとして、放っておくほうがむしろ危険である。

目次

【凡例】

・「＊1」は著者による注で、各章末に記す。
・「†」の付された語句については、巻末付録の「用語集」を参照されたい。
・統計分析関連の用語については、ある程度本文で説明を付しているが、耳慣れない用語が気になる読者は、巻末付録の「統計分析の基礎」を一読してから本文を読み進めることを推奨する。

序章

読者のみなさんは、テレパシー、透視、予知、念力、ヒーリングなどの、いわゆる「超能力」に興味があるだろうか？

ただ、テレビで放映されるその種の番組は、ほとんどがトリックのあるパフォーマンスである。世間で「超能力者」とあがめられている人も、十中八九はニセモノだ。一般の人々はトリックを見抜く知識もなく、経験も積んでいないので、たとえホンモノがいたとしてもわからないし、ホンモノを装うニセモノはすぐに蔓延してしまう。

では、超能力はすべてニセモノなのだろうか？

超能力らしい現象がたびたび起きるのであれば、それがほんとうに超能力と言える現象なのかどうかを、科学的に究明することができるはずだ。げんに「超心理学」という研究分野では、一三〇年[*1]にわたってそうした研究を続けており、低い割合ではあるが、超能力らしき現象が実際に起きているという実験結果を得ている。

ところが、その成果は科学的方法を踏襲して得られているにもかかわらず、「非科学的だ」などのいわれのない批判にあい、本流科学分野から黙殺されている。したがって超心理学の研究者は、なかなか公的な研究費が得られず、私費とプライベートの時間を削って研究に没頭するが、研究ポストもほとんど得られない厳しい生活を強いられる。アプローチとしては正しいはずなのに、理解されない。超心理学は、こうした悲しい現状にある。

本書は、この一〇年間に私が見聞きし、そして体験してきたことを中心に、この超心理学という「封印された超常現象の科学」の歴史と現状から、「封印」の背景にある構造を私なりに明らかにしたものである。同時に、その過程で浮き彫りになる科学者社会の問題を衝《つ》き、「科学の営みとはなにか」を問う科学論でもある。

これまでの研究で得られている「真実」を、本書によって、より的確に読者にお伝えしたい。

■ 予知かそれとも偶然か

二〇〇一年八月初旬、私はニューヨーク市マンハッタン島の南端部を散歩していた。空を見あげると、雲ひとつない晴天。風もない。そのどこまでも青い空を背景にして、ニューヨークでもっとも高いビルがふたつ、そびえたっている。アメリカの繁栄の象徴、ワールドトレードセンターのツインタワーだ。

以前に一度マンハッタン島を訪れたことがあったが、そのときはビルの展望階にのぼる時間がなかった。私は、こんどこそはという、はやる気持ちを落ち着かせながら、ツインタワーのふもとまで歩いた。ビルの真下からもう一度空を見やると、さすがに首が痛い。

さて展望階にあがってみようと、片方のビルのなかに歩を進めた。しかし、ビルの一階ロビーに入ると気分は一転した。なにやら重苦しい雰囲気がただよっている。壁にあたるところは一面ガラス張りで、外の太陽光が十分すぎるほど差し込んでいるのに、陰気な感じがする。なぜだろう。

展望階にあがるはずのエレベーターの方向で、手荷物検査が行なわれているのが目に入った。と同時に、過去のニュースを思い出した。ワールドトレードセンターの地下駐車場で爆弾が爆発したことがあった。たしかテロ事件で死者も出たと記憶している。

手荷物検査の様子が視野の端に入ったせいで、あるいは、その音が耳に届いていたせいで、無意識のうちに不安が先行したにちがいないと合点がいった。意識的な認知が、それに先行する無意識的に感知した手がかりによって左右されるのは、認知心理学†が見出した成果だ。

陰気な感じの源が合理的に説明できたところで、展望階にあがるという選択肢はまだたしかにあったはずだが、結局そうしなかった。あれこれ考えているうちに、魅力がすっかりかき消されてしまったのだろう。きびすを返してビルから外に出ると、先ほどと同じおだやかな晴天の空が広がっていた。

一か月後の九月一一日、その日もマンハッタン島は、私が訪れた日と同様のおだやかな晴天だった。テロリストにハイジャックされた飛行機のうちの一機がワールドトレードセンターの北タワーに、次の一機が南タワーに突入した。両タワーはしばらく炎上し、最初に南タワーが、次に北タワーが崩落した。この事件で、救援に向かった多数の消防士を含めて数千人の人々が亡くなった。第9章で詳述するが、事件発生の日には、地球意識プロジェクト†の乱数発生器†ネットワークが、きわめて異常な数値を記録し続けていた。

　その日、私は東京の自宅でテレビのニュース番組をつけており、二機目が南タワーに突入する直前から両タワーの崩落後まで、一部始終をライブ中継で見た。そのあいだじゅう、一か月前の陰気な感じを思い出し、それが正夢のように現実化した印象をもった。

ありし日のワールドトレードセンター（筆者撮影）

　そして次のように考えた。もしかしたら私は一か月前に、このテロ事件を「予感」していたのではないだろうか。私はこれまで観光地に行くと、決まって高い場所にのぼっては、展望を楽しんでいた。その魅力をしのぐほどの否定的な感覚が予知的に働いたのではないだろうか。それとも、やはり手荷物検査から危険な場所を合理的に予測し、避けただけであり、それが一か月後の事件と符合するのは、たんなる偶然なのだろうか。

　わからない。ただ、展望階にあがらなかったことは事実だ。
多くの人々は、予感や予知[*2]などは思い過ごしで、子どもじみた幻想にすぎない、たまたまの出来事を過剰に評価しているだけだと言うだろう。しかし私は、その可能性を否定しきれない。というのは、こうした現象を科学的に究明する「超心理学」という学問分野があり、相応の成果をあげてきたことを知っているからである。

■ 超心理学協会

二〇〇一年八月に私がニューヨークを訪れたのは、超心理学協会（Parapsychological Association 以下ＰＡ）の年次大会がマンハッタン島で開催されたからだ。ＰＡは一九五七年に設立された超心理学者の国際的な団体であり、一九六九年にはアメリカの学術会議に相当する米国科学振興協会（ＡＡＡＳ）の傘下にも加盟している。毎年夏には年次大会が開かれ、世界各地から一〇〇人ほどの超心理学者たちが集まる。近年は、北米と欧州でおおよそ交互に開催されている。

ＰＡの年次大会では、いつも超心理学の最先端の成果が披露される。超心理学とは、冒頭に述べた、テレパシー、透視、予知、念力、ヒーリングなどの「超心理現象」[*3]を研究する科学分野である。超心理現象という用語は、通常の物理学では説明のつかない現象、いわゆる超能力を指すのだが、個人が発揮する「能力」だという先入観をさける意味合いで、学術的に使用されている。超心理現象には、ＵＦＯの飛来やネッシーの生息、ピラミッドパワーなどは含まれないので、超能力を含めたより広い「超常現象」という名称とは区別されている。なお、霊魂の作用とされる「心霊現象」も、基本的には超心理現象には含まれないが、その現象がたとえば交霊会[†]などの参加者による透視やテレパシーと解釈できる場合は超心理現象とされ、超心理学の研究対象となる。

研究方法はおもに三種類ある。科学的に厳密に管理した実験を行なう「実験研究」、日常生活で偶発的に起きた超常的体験や、超常現象を信じる度合いなどを調査する「調査研究」、記録資料や文献にあたって、過去の研究動向や社会動向を考察する「歴史研究」である。近年のＰＡの研究発表の八割方は実験研究だ。また、研究発表の抄録は『超心理学論文誌（*Journal of Parapsychology* 以下ＪＰ）』に掲載されている。完成度を高めた研究結果は論文にまとめられ、審査のうえこのＪＰに掲載される。科学的な研究体制の現状は、他の科学分野に比べて遜色ない。

『超心理学論文誌』（略称 JP）

二〇〇一年のＰＡ年次大会における日本からの発表は二件あり、ともに超心理学者の小久保秀之が登壇した。[*4]私はＰＡの大会に参加するのがはじめてだったので、小久保に多くの研究者を紹介してもらった。長年、論文や著書で名前を耳にしていた研究者の素顔を知ることは、それだけで素直な喜びであった。

■デューク大学とJ・B・ラインの研究

二〇〇一年の訪米にはもうひとつの重要な理由があった。私は、所属する大学の在外研究制度で、二〇〇二年度に一年間の海外滞在研究の機会にめぐまれた。この機に、かねてより希望していた超心理学の本格的な研究調査を志すことにした。超心理学については、日本で文献を読んだり、学会や研究会に参加したりして、おおまかな動向は把握していたが、自分で実験を行なったり、調査をしたりすることはなく、一定の距離をおいていた。今回は一年間というまとまった研究期間が得られたので、私は迷うことなく、デューク大学に研究員として籍をおくことにした。

以前は神学校であったデューク大学は、荘厳な礼拝堂がキャンパスのシンボルとなっている。超心理学の現状を熟知するには、このデューク大学は格好の場である。なぜなら、ここは超心理学の実質的な発祥の地[*5]であり、ながらく超心理学研究室が設置されていたからだ。

超心理学の起源は、デューク大学がタバコ会社のデューク兄弟の支援によって神学校から改組された一九二〇年代にさかのぼる。そのころ心理学部が創設され、研究スタッフとして植物学者であったJ・B・ラインが呼ばれた。[*6] 当時は一八八〇年代から注目されていた心霊研究[*7]が低迷していた時期であり、新しい研究方法が求められていた。心霊研究は、霊魂の作用とされる現象を交霊会の場で霊媒[†]を介してひき出し、研究する方法をとっていた。しかし当時は、トリックを弄《ろう》するニセ霊媒があまりにも横行しており、まともな研究がさまたげられていたのである。

ラインは以前、交霊会に立ち会って問題点を実感していたので、霊媒が発現するような現象を、交霊会を開くのではなく、実験室で透視などの超心理現象として研究できないかと、新しい方法を模索していた。そこで注目した手法が、カード当てを多数回行ない、その実験結果を統計的に分析するというものだった。[*8] 超能力実験用の特別のＥＳＰカードを開発し、[*9] 一般の人々を相手に何万回もの実験を行なった。

デューク大学の礼拝堂（筆者撮影）

ＥＳＰ（Extra-Sensory Perception）とは、「超感覚的知覚」と訳されるが、通常の五感と呼ばれる感覚器官を通さずに知覚ができることを指し、[*10] 具体的には、テレパシー、透視、予知などが含まれる。それに対し、金属曲げや物体移動、サイコロに特定の目を出すなど、物体に物理的作用をおよぼすことを総じて、ＰＫ（Psychokinesis）、つまり「念力」と呼んでいる。[*11]

ラインは、カードを使ったＥＳＰ実験を総括した『超感覚的知覚（*Extra-Sensory Perception*）』という著書を一九三四年に刊行し、世界的に有名になった。のちの

正規のESPカード

一九三七年には、前述の学術誌JPを創刊する。これを機に、世界中で同様なESP実験がさまざまな条件のもとで行なわれ、実験の成果が発表されていき、実質的に超心理学と呼ばれる学問分野が形成されていく。

デューク大学には、ラインが定年退官する一九六五年まで超心理学研究室が設置されていた。定年後のラインは、その研究室をキャンパス脇の建物に設置した財団に移し、一九八〇年に亡くなるまで研究を続けていたのだが、それが現在のライン研究センター[*12]である。ラインの波乱万丈の生涯については、ステイシー・ホーンの『超常現象を科学にした男――J・B・ラインの挑戦』（ナカイサヤカ訳、紀伊國屋書店、二〇一一年）に詳述されているので、そちらを参照されたい。

■ライン研究センター

デューク大学に一年間、客員研究員として籍をおく手続きをするために、私は二〇〇一年のPAの年次大会のあと、ニューヨークからダーラムに向かった。デューク大学で迎えてくれたのは、ウィリアム・ジョインズ教授であった。

コンピュータ電気工学部に所属するジョインズ教授は、長身で穏やかな紳士だ。私の緊張をほぐすように短く明瞭な英語で、自らの研究を紹介してくれた。彼の本職は電磁波工学で、現在は電波を使ったがん治療方法の研究などを、結構な額の研究費を使って行なっている。もう七〇歳を超えているが、定年はなくなっているので、研究ができるかぎりは大学にいられるそうだ。

ウィリアム・ジョインズ教授と筆者

彼は、故ライン教授をよく知るデューク大学スタッフのひとりであり、ライン研究センターの理事会メンバーでもある。「昔は、デューク大学にラインを慕う研究者や、超心理学者はたくさんいた。いまは、ほとんど私ひとりだ。私の若いころは、大学が超心理学の拠点であったことに誇りをもっていた人が多かったが、いまや、その拠点であったことさえ知らない人ばかりだ」と嘆いていた。彼自身も、幽霊屋敷とされる場所やポルターガイスト†の発生地点で電磁波の測定をして奇妙な結果をたびたび得ており、[*13]超心理学者のひとりとして現在も活躍している。

ジョインズ教授は、客員研究員としての私の滞在をふたつ返事で了解し、早くも研究室の学生たちに紹介してくれた。

「来年この研究室にくるんだ。でも滞在するところはここじゃないけど……」

ライン研究センターという滞在場所を明示しなかったところをみると、さっきの「知らない人ばかりだ」というのは、自分の研究室のメンバーも含まれているのだろう。このように、私がデューク大学に客員研究員として籍をおき、ライン研究センターに滞在することは、ほぼ問題なく決定した。[*14]

ジョインズ教授を訪問したあと、ライン研究センターにも立ち寄った。夏休みということでスタッフはほとんど不在だったが、そのライン由来の建物には行ってみたかった。というのは、翌年新しい施設を建ててセンターが引っ越してしまう予定だったからである。

ライン夫妻のポートレイト

窓からデューク大学の東キャンパスが望める、ヨーロッパ調の落ち着いたデザインの古い建物が、超心理学の歴史を物語っていた。玄関の壁の目立つところには、ライン教授とその妻ルイーザの写真が掲げてある。ルイーザはラインの超心理学研究を支え、おもに超心理現象と思われる各地から送られてきた体験報告を整理し、紙媒体の膨大なデータベースを作成した。[*15] ライン夫婦の二人三脚で、超心理学の発展がもたらされたのである。

二〇〇二年、家族四人でノースカロライナに移り、アメリカでの生活準備を整え終えたころ、新しいライン研究センターのオープニングセレモニーが開催された。そしてこのセレモニーは、二〇〇二年の超心理学夏期研修会のスタートも意味していた。

当時の夏期研修会は、六月と七月の二か月間にわたって開かれており、毎年十数名の人々が、世界中から超心理学を学びにやってきていた。研修生は、学生や実業家から研究者に至るまで、非常に多岐にわたる。講師陣は、第一線の超心理学者たちなので、超心理学の現状や歴史を学ぶには最適の講座だった。二〇〇二年の参加者は一二人（うち七人が女性）で、米国外の参加者は英国一人、カナダ一人、オーストリア一人、日本（私）一人であった。内訳は、学部生三人（心理学二人、生物学一人）、院生一人（科学哲学）、研究助手一人（心理学）、教授三人（教育工学、物理学、情報学）、心理療法家一人、一般社会人三人（彼女らの背景は、宗教哲学、経済学、メディア論）であった。例年に比べると広い研究分野の参加者が集まったようだ。

2002年度の夏期研修会参加者とスタッフ

本書の内容は、この二か月の研修会を皮切りに、その後八か月のライン研究センターでの滞在経験をくわえ、さらに帰国後の数々の研究を重ねた結果を集大成したものである。

■ 本書の構成

まず第1章では、超心理学がいかに厳密な実験を繰り返し、相応の成果をおさめてきたかを、近年のガンツフェルト†実験の例で詳述する。第2章では、米軍が実際に行なっていた超能力スパイ作戦の実態と、その幕引きの経緯を述べる。このふたつの章では、超心理学者に対する懐疑論者の存在が重要になる。この対立関係は、他の研究分野には見られない特徴である。第3章では、その懐疑論者が実際にどのような活動をしているか、具体的な例を多数取りあげて議論する。懐疑論者の一部が否定論者と化し、科学的にはとても妥当とは言えない活動をしている実態が明らかになる。

ここまでを第Ⅰ部とする。読者は、客観的なデータがそろっている現状と、それが一般に知らされてないという事実に驚くことだろう。

第4章では、超心理学研究とその懐疑論に、奇術師が大きく関与している実態を浮き彫りにする。あわせて、こうした現象に興味をもつ理由を、私自身の場合も含めて論じていく。第5章では、能力者と称する人々の実態と、その対応の難しさを論じる。次の第6章では、マスメディアの実情をおもに私の経験をとおして描き出し、マスメディアが一般人の情報源となっていることが結果的に、超心理学研究の実情を誤解させている可能性を指摘する。

ここまでを第Ⅱ部とする。読者には、超心理学を取り巻く社会的な状況の問題を理解してもらうことを期待している。

第7章では、超心理学の実験結果の心理的側面、つまり実験参加者の心理がいかに結果を左右するかを具体的な実験の事例から述べていく。第8章では、最近もっとも注目されている予知の研究を取りあげ、将来の研究が拡がる可能性を模索する。第9章では、乱数発生器を使った実験を通して、超心理学の物理的側面を考え、心と物を統合した情報論的な視点に立った理論を紹介する。第10章では、心霊研究時代から伝統のある霊魂の考え方が、現在の超心理学とどのような接点をもつかを議論し、心霊現象を超心理現象として解釈する新たなアプローチを提示する。

ここまでを第Ⅲ部とする。読者は、超心理学が提起する科学的（あるいは哲学的）な意義を知り、将来への展望が可能になるだろう。

終章では、以上のような特徴をもつ超心理学が、科学という営みでありながら、なぜ「封印」を余儀なくされるのか、その構図を明らかにする。科学的な「真実」に、科学者社会の政治的側面が関与する実情を指摘し、あわせて、科学の発展に向けた提言を記す。

本書全体を通して私は、超心理学の境遇を事例として、客観的な営みであるはずの科学でさえも人々の集合的な信念に左右されているという、衝撃的な事実を一般の人々に伝えたい。まず次章では、超心理学の「正しさ」を主張し、不遇の最期を遂げた超心理学者チャールズ・ホノートンの不断の努力を紹介する。彼は大学を中退してまで超心理学にいれこみ、ＥＳＰの実証を、ガンツフェルト実験によって達成した。超心理学の発展に大きく寄与したにもかかわらず、世の人々にはかえりみられることのない「現代のガリレオ」だ。今日の科学者社会においても「異端とされる排斥」がある事実を示す逸話によって、「封印物語」の幕開けとしよう。

◆注◆

＊1　一三〇年には、心霊研究（Psychical Research）として間接的に超能力研究がなされた期間も含めている（本章＊7も参照）。

＊2　予測可能な手がかりなしに未来の出来事がわかるという現象を「予知」という。その一部で、自覚せずに無意識のレベルで直感することを「予感」という。詳しくは第8章を参照されたい。

＊3　超心理現象（Psi Phenomena）は、これまで「サイ現象」（「サイ」とは本来、「サイコロジー」の接頭辞に相当する「心」の意）と邦訳されていた。ところが、「サイ」が日本語として定着しなかったので、本書では「超心理現象」と訳出している。また、単に「サイ」という言葉は「超能力」という意味合いをもつのだが、後述するように、ESPやPKは「能力」ではないという主張もあるので、適宜「超心理的～」や「超心理」などと言い換えている。

＊4　一件の発表は、平田篤胤にさかのぼる日本の超常現象研究の歴史を総括した歴史研究である。小久保は、私が個人的に「日本のホノートン（次章参照）」と尊敬する超心理学者だ。気功にまつわる生理学的現象を生体測定する分野で成果をあげており、PAの参加者のあいだでも知名度が高い。二件目の発表は、この気功におけるヒーリング作用の実験研究についてであった。

＊5　超心理学（Parapsychology）という用語は、もともとドイツの研究者マックス・デソアールが提唱したドイツ語であった。それをJ・B・ラインが採用したため、実験研究を中心とした超能力研究の分野名称となった。接頭辞の「パラ」は、本来「かたわらに並ぶ」という意味なので、

「超える心理学」よりは「影の心理学」といった邦訳が妥当だったのだろう。この「超」という接頭語が、「＝トンデモ説」という疑似科学的印象に結びつきやすくしているかもしれない。

＊6 デューク大学の心理学部の立ちあげを任されたウィリアム・マクドゥーガルによって大学に呼ばれた。詳しい事情は、ジョン・ベロフ『超心理学史――ルネッサンスの魔術から転生研究までの四〇〇年』（笠原敏雄訳、日本教文社、一九九八年）の一六六－一七〇頁を参照。

＊7 心霊研究は、一八八二年にイギリスで心霊研究協会（Society for Psychical Research 以下ＳＰＲ）が結成されて以来、四半世紀のあいだは、かなり活発な活動がなされていた。このあたりはデボラ・ブラム『幽霊を捕まえようとした科学者たち』（鈴木恵訳、文春文庫、二〇一〇年）に詳しい。この学会は現在でも存続しており、イギリスでは超心理学に相当する研究を「心霊研究」という旗の下で続けているが、この名称を変えないのは、単に伝統を重んじるお国柄によるものらしい。

＊8 カード当てを多数回行なった結果にはじめて統計分析を適用したのは、アレルギーの研究でノーベル医学・生理学賞を受賞したフランスの医学者シャルル・リシェであった。リシェらによって、ライン以前にすでに、カード当て実験は多く行なわれていた。また、のちにＳＰＲの会長に就任することになるリシェは、フランスの超心理学の発展に大きな寄与をした超心理学者でもあった。

＊9 ＥＳＰカードは、ラインの同僚の知覚心理学者カール・ゼナー（「ツェナー」と表記されることもある）によってデザインされたので、ゼナーカードとも呼ばれる。このデザインには、先入観をなるべく排除することを目的に無機的な図形が選ばれた。つまり、このカードを使うとＥＳＰがよりよく検知できるのではない。動物が描かれたカードのほうがよく透視できるという指摘もなされている。

＊10 私自身は、ＥＳＰを素直に「感覚器官外知覚」と邦訳したほうが、誤解が少ないと思ってい

る。本章の＊3や＊5にも関連するが、「超感覚」「超能力」「超心理」などの言葉に対する原語には「超」の意味は含まれてなく、日本固有の翻訳文化のなかから「超える」というイメージが形成されてきたといえる。

＊11　ＥＳＰやＰＫという言葉自体が、特定のメカニズムを想定してしまっているという反省から、メカニズムが確定していない現段階では、ＥＳＰに代えて「特異的情報伝達」と呼んだり、ＰＫに代えて「心物相互作用」と呼ぼうとしたりする主張もある。

＊12　ラインが創設した財団は当初、人間本性研究財団（Foundation for Research on the Nature of the Man　略称ＦＲＮＭ《ファーナム》）という名称であった。ラインの死後、ライン研究センターと改称された。なお、現在ではライン教育センターも併設され、あわせてラインセンターと呼ばれている。

＊13　ジョインズの最近の論文には、ポルターガイストの測定をした、以下のものがある。
Joins, W. and Roll, W., Energetic Aspects of RSPK, *Proceedings of 50th PA Convention*, pp.48-56, 2007.

＊14　客員研究員の面倒な申請手続きについては、同大学政治学部のマーガレット・マッキーン教授にたいへんお世話になった。

＊15　ルイーザが作成したデータベースの概要は、ルイーザ・ライン『超精神回路』（日暮雅道訳、国書刊行会、一九八六年）に収録されている。

第I部

超心理学の実態

第1章

テレパシーの証拠をつかんだ

超心理学が伝統的に注目してきたのはテレパシー実験である。送り手が抱くイメージを受け手が感じとる実験だ。これを厳密な状況で行なう「ガンツフェルト実験」が一九七〇年代に確立され、三〇年以上にわたったデータが積みあがっている。この実験によると、偶然では四分の一の確率でしか正答しない課題が、ＥＳＰらしき働きによって約三分の一の正答率が達成できるのだ。一般の人には非常に伝わりにくいが、超心理学者は、この成果をもってＥＳＰの存在を実証できたと考えている。そしてこの成功を支えたのは、若くして亡くなった、ひとりの献身的な超心理学者チャールズ・ホノートンであった。

ライン研究センターで行なわれている超心理学夏期研修会では、いくつかの典型的な超心理実験を本番さながらに体験できる模擬実験のプログラムが組まれている。私はそこで、ガンツフェルト実験におけるテレパシーの「送り手」の役割を与えられた。

■ガンツフェルト模擬実験

茶色のビジネス封筒を手にして、三畳ほどの大きさのカプセル状の小部屋に入った。扉の厚みは二〇センチほどあり、けっこうな重さだ。うしろ手に扉を閉めると、耳の奥に圧力を感じた。静寂な空間で、「キーン」という耳鳴りに似た音とともに、全身の感覚が研《と》ぎすまされていく感じがする。

信号遮断ブース内の筆者

「部屋から出たくなったら、いま自分で扉を閉めた手順のちょうど逆の手順をふめば、すぐに出られますよ」と教えられていたが、そんな合理的説明をしのぐ恐怖感におそわれてもおかしくない。私は閉所恐怖症でないことをなにかに感謝した。

弱い照明の部屋のなかには、なんの装飾もほどこされてなかったが、天井と壁のひかえめに白いクロスは目に心地よく、床にしかれた柔らかいカーペットは靴底をとおして私に安心感を与えていた。部屋の中央には、厚手のクッションの大型椅子が

ガンツフェルト実験での受け手

ひとつ配置されていた。少々とまどいながらその椅子に腰掛け、深呼吸をする。「これが信号遮断ブースなんだ」と心でつぶやきながら、その雰囲気に慣れるように努力した。

信号遮断ブースとは、音や光などの外界からの想定外の情報はすべてシャットアウトされている小部屋だ。厳密な管理のもとで実験を行なうために開発された製品で、感覚心理学の研究には不可欠の設備である。

手にもっていた封筒を膝の上におき、椅子の肘掛けにのせられていた大きなヘッドフォンを取りあげ、ふたつのお椀形の耳当てを開いて自分の頭部をはさみこんだ。ヘッドフォンには部屋の隅からコードが延び、「受け手」がいる離れた小部屋の様子が音声で流れてきた。受け手であるスーザン[*1]のいる小部屋は、私の部屋と同タイプの信号遮断ブースだ。双方のブースは同じフロアにあるものの、いくつかの扉を隔てて配置されており、私のブースから通常の連絡手段はない。ただ、スーザンのブースに設置したマイクの音声信号は、一方的に私のヘッドフォンから流れるように設計されている。

私は、スーザンの準備が整い、実験が開始されるのを聞き耳を立てて待っていた。実験が開始されれば「送り手」の任務を遂行せねばならない。スーザンの眼のうえに貼り付けられた半分に切ったピンポン球を、受け手の世話をする実験者のポールが確認している。「隙間から光は入らない？」、「違和感はない？」などの会話が聞き取れる。これから視覚をガンツフェルト状態にするのだ。

「ガンツフェルト（Ganzfeld）」とは「全体野」という意味のドイツ語で、視覚の研究をするために感覚心理学者が開発した、視覚の感覚制限状態を実現する手法である。人間は、単純な刺激が与え続けられると、その感覚が麻痺する傾向がある。視覚の場合、なんらかの方法で視覚刺激を視野全体にわたって均一にすると、数分で眼がなくなってしまったような、空虚な感じにおそわれる。その空虚な世界に、独自の内的なイメージが現れてくる。そのイメージのなかにテレパシーによる情報が見出せるというのだ。

眼をつぶれば一面真っ暗だから、それで十分ではないかと思われるかもしれないが、そうではない。通常の刺激がこないと、人間の視覚の情報処理機構は感度をあげてしまうので、感覚は麻痺しない。それはちょうど、マイクで小さな音をひろおうと録音の感度をあげると、「ザー」とノイズ音がするのと同様である。あなたも目をつぶって眼球を左右に動かしてみてほしい。動きにつられて暗闇のなかにぼんやりとした光の明滅が見えるだろう。感度のあがった視覚が小さな信号をひろってしまうので、依然として視覚の情報処理が働いていることがわかる。

ガンツフェルト状態は、視覚刺激に惑わされずに内的イメージを自覚する最適の状態として、一九七〇年代に超心理学のテレパシー実験に導入された。テレパシーとは、通常の物理学で認められていない手段による、人間どおしの情報伝達とされるが、テレパシーであることを証拠づけるのは、かなりたいへんなことだ。とにかく、あらゆる物理的な情報伝達手段を排除しなければならない。たとえば、母親と幼児のあいだに強いテレパシーがあるとしても、それを証拠づけるには、両者を物理的に隔離しなければならない。隔離された幼児が不安で泣き出してしまえば実験は始められない。また、対面しなければテレパシーがうまく働かないのであれば、テレパシーの証拠は得られない。何らかの合図で情報が伝わっているかもしれないからだ。

テレパシーの証拠づけに有望視されているガンツフェルト実験では、通常、受け手を安楽椅子に寝かせて、白いピンポン球の半球をふたつ、両目をそれぞれ覆うように貼り付ける。鼻の脇などは凹凸が大きいので、脱脂綿で適宜ふさいで医療用テープで顔面に止める。そのあと、赤色光のライトを顔面に照らせば、受け手は半球のなかで目を開けてどの方向を見ても一面真っ赤、目を閉じてもやはりかなり真っ赤になる。しばらくすると、しだいに目の感覚がなくなってくる。

半球の貼り付け作業が終われば、受け手は次にヘッドフォンを装着する。そこからは、「シャー」という滝壺に水が吸い込まれるような、ピンクノイズ[*2]が連続的に流される。これによって、視覚と同様に聴覚も麻痺してくる。

私は、ヘッドフォンから聞こえる音声で、スーザンの準備が整ったことを察知した。ポールが実験の開始を告げて、スーザンのブースから出ていった。私もヘッドフォンを通じて実験の開始を知った。スーザンのヘッドフォンにはピンクノイズが流されはじめたはずだが、私にはなにも聞こえない。最初の一五分間は、受け手にガンツフェルト状態を誘導する時間だ。送り手については「リラックスする時間」とされるが、なにをすべきかの明確な指示はない。

ポールが受け手側の実験者であるのに対して、送り手側の世話をする実験者のケイトはしごく退屈だ。ケイトと私は、受け手の実験室でスーザンの準備がおおかた整うのを見とどけたところで、ポールとスーザンに別れを告げて、送り手の実験室に向かった。そのときケイトは、番号が付けられた四つの薄い封筒をもっていく。薄い封筒には、それぞれ特徴ある写真が一枚ずつ入っている。また、それらの写真の複製四枚が、厚い封筒に一緒に入っており、この厚い封筒はポールが管理する。これらの封筒の組は、かなり昔に準備された数十組のストックから、今回のために適当に選んだものであり、封筒にどんな写真が入っているかを知っている人間は、この建物にはいない。

ケイトは、送り手の実験室に着いた段階で、サイコロを振って四つの封筒のうちのひとつをターゲット†決定する（サイコロに五や六の目が出たら振りなおせばよい）。そうして決定されたターゲットの封筒が、私が手にしている封筒だ。そのターゲットイメージが首尾よく受け手に伝わったら、テレパシーは成功である。

ケイトはブースに入っていく私を見とどけたら、実験終了まで送り手の実験室のブース脇でじっと待機する。ターゲットとして選択された写真番号をしっかりと記録し、残りの三つの封筒を誰にも見せずにしっかり管理しなければならない。送り手がターゲット写真を持って抜け出したり、受け手のスパイがきて情報をもっていったりしないように、ひたすら見張っているわけだ。後述するが、このような対処をしないと、不完全な実験だとして批判者の格好の餌食になる。こうした実験者たちの一連の手順はそれぞれ書類に明記されており、実験後に手順どおり間違いなく行なわれたことを確認し、署名せねばならない。

あれこれ実験者たちのことを考えていた私は、送り手のリラックスの際には、受け手のことを考えるほうがよいだろうと思いはじめた。送り手と受け手の共感度合いは実験成功の鍵だからだ。[*3] 受け手のスーザンは、二〇代後半の、小柄だが肉付きがよくパワーあふれる女性で、最近まで米軍の仕事をしていたという。カーキ色の軍隊らしい服を着てきたり、夏ということで肌の露出した服からタトゥーをのぞかせたりしている。いつもかん高い声で早口にしゃべるスーザンから見える世界とはどんな世界なのかと、想像をめぐらせた。

時計を見ると、もう実験開始から一〇分を経過していた。一五分後までにターゲットの「送信」を開始しないといけなかったので、手にした封筒を開け、ターゲットの写真を取り出した。それは、「六頭の馬の群れが草原を駈け抜けている」写真だった。

このガンツフェルト実験で私を送り手に割り当てたのは、ライン研究センターの研究部長で、今回の夏期研修会のコーディネーターでもあるジョン・パーマーだった。よくテレパシー実験では、送り手はターゲットを「念じる」とされているが、念じるとはなにかは明確に定義されてはいない。あらかじめジョンに送り手の役割を聞いたところ、子どもが感じとっているように、素朴にターゲットを想像するとよいとのことだった。

ジョンの言葉を思い出しながら、ターゲットの写真にあるような馬に、勇ましく乗っているような感覚を想像した。馬に乗って揺られている感じ、股間に与えられる堅い鞍《くら》の衝撃、リズミカルでさわやかな草原の風、「ひひーん」という馬の声、ときには「どぅ、どぅ」と心の中で叫んだ。一五分を過ぎたらしく、まもなくスーザンの声がヘッドフォンから聞こえてきた。

馬の群れは、まさに勇ましいスーザンにふさわしいターゲットだなと、そのときまでは思っていたが、スーザンの口述を聞きはじめると、そうした思いはすぐにかき消えた。スーザンのイメージは乙女のファンタジー世界だった。

「星が見える、空を飛んでいるみたい、雲にのっている」と、スーザンの描く世界は、ビートルズの名曲「ルーシー・イン・ザ・スカイ・ウィズ・ダイアモンド」を彷彿とさせる。「あぁ、あの曲はいいよな」という想いが私の心に広がるが、実験中だったと思い直し、私はふたたび「ひひーん」と馬の声をまねた。はたして馬の声はスーザンの想像世界に影響を与えただろうかと聞き耳を立てる。しかし残念なことに、まるで想像の空に地上の音が吸い込まれて行くように、スーザンは無反応だ。

やがてスーザンの見る世界に鳥が現れた。動物が登場したので、その動物を地上に降ろして走らせれば馬になるとばかりに、私も想像をふくらませる。「そう、鳥に乗って地面に降りるんだ」と呼びかける。馬の手綱を強く握りしめ、両足の内側で馬の腹を蹴るしぐさを繰り返し、私は何度も腰を振った。しかし、その私の努力に手応えがないまま、無情にもスーザンの話はそれていく。

三〇分が経過した。ポールが受け手のブースに入ってきて、終了をスーザンに告げる。ヘッドフォンごしに私もそれを知る。荒馬に乗り続けた私はもうくたくただ。送り手がこんなに疲れるとは想像だにしなかった。

ポールはスーザンのヘッドフォンを取り外し、三〇分間のスーザンによる口述の要点を読みあげた。スーザンの口述は後日の分析のために録音されており、同時にポールもそれを聞いて要点をメモしていた。要点の読みあげは、この三〇分間に体験したイメージを思い出させるのに役立つ。

続いてポールは、スーザンの両眼をカバーしていたピンポン玉の半球を取り除いたのちに、厚い封筒から四枚の絵を取り出してスーザンに見せた。スーザンはガンツフェルト状態のあいだに見たイメージに近い写真を、そこから選ぶのだ。スーザンが比較的近いという写真を一枚指定し、ポールがしっかりと記録用紙に書きとめ、実験は終了だ。ヘッドフォンを通してその状況を聞いていた私は、残りの三枚の写真がどんなものかは見ていなかったが、スーザンがターゲットの「馬の群れ」を選択していないことだけは確信があった。

ポールから終了の連絡を受けたケイトは、興味しんしんの表情で私のブースの扉を開けた。きっと、実験の状況がまるでわからない退屈な状態をすごしていたので、劇的な「大当たり」を期待していたのだろう。私は曇った表情で「疲れたよ」とだけ応対した。ケイトには実験の不調が伝わったようだ。

ターゲット写真と記録用紙を手にしたケイトと私は、ふたたび受け手の実験室へ戻る。ターゲット写真とスーザンの選んだ写真が合致したら成功だ（偶然に成功する確率は四分の一）。結果はというと、残念ながら私が確信したとおり「外れ」だった。スーザンの選んだ写真は、「夜の街並み」であった。

仮に、スーザンの口述と近い写真を選ぶように言われたら、私もたぶんそれを選んだだろう。
このガンツフェルト模擬実験は失敗に終わった。しかし、数々の批判に応えて厳密化していった、超心理学の典型的な実験手順を体験し、学ぶことができた。また同時に私自身は、実験に心理的状況が深くかかわるという事実を強く再認識した。送り手や受け手のリラックスの仕方、気のもち方や考え方などの、心理的な諸要因が結果に影響するのであれば、安定した実験結果を得るのはかなり難しいだろう。それが人間を対象とする心理実験の現実だ。

■ 厳密なガンツフェルト実験の成果

私たちの模擬実験は失敗に終わったが、過去の厳密なガンツフェルト実験のなかには、偶然の「当たり」とは思えない、数々の印象的な「大当たり」事例がある。たとえば、次のふたつの事例「サンタクロース」と「火を食べるジャグラー」を参照されたい。[*4] 前者では、コカコーラという文字まで当たっている。

事例「サンタクロース」

ターゲット 一九五〇年代のコカコーラの広告。サンタクロースがコカコーラの瓶を左手にもってい

事例「サンタクロース」

る。サンタの服には三つのボタンがついている。サンタのうしろと左側にクリスマスツリーの飾りとして大きなコカコーラのロゴが書かれている瓶のキャップが描かれている。

口述「……黒い髪の聡明な感じの男がいる……もう一人髭を生やした男がいる。いま、緑があって、白があって、彼は茂みの中にいて、植民地の住民のようだ。彼はロビンフッドみたいで帽子をかぶっている。私は彼のうしろから見ている。彼の帽子と肩にかついだ大きな袋が見える……。窓台が見おろされて、コカコーラと書かれた看板がある……。さらに、雪だるまがあり、鼻がにんじんで黒い三つのボタンが前についている……。そして白い髭がある。白い髭の男がいる。髭を生やした老人がいる……」

事例「火を食べるジャグラー」

ターゲット　二人の火を食べるジャグラーの写真。手前の若いジャグラーが絵の右側に顔を向けて、大きな炎を吐き出している。うしろにはもう一人の火を食べるジャグラーがいる。一団の見物人が絵の左の方から見ている。

口述「……時折、炎のイメージが浮かぶ……音もまた、炎を思い出させるような……。また、炎だ……。こんどのこれらの新しい火のイメージには危険な感じがある……。大きく突き出たむき出しの岩、それはごく最近の火山噴火でできたようだ。火山はもちろん火が消えているが、ひどく熱い。こんどはクレーターのなかのどろどろに溶けた溶岩のイメージが思い浮かんだ。溶けた溶岩が火山の山肌を流れ落ちる……。寒い。背景に見えるのとなんて対照的な炎の感じなんだろう。ただ、炎の概念が思い浮かぶ。こんどはその炎を消すような水のイメージが思い浮かんだ。とつぜん私は自分の唇をかんでいる。私は唇をかんでいる、唇が私の目の前に見え、なにかしようとしているように……。唇は明るい赤色で、前に見た炎のイメージの赤を思い起こす。そして、ハートのかたちをしたバレンタインキャンディーのような明るいハート。子どものころにもらったシナモンの香りがするバレンタインキャンディーの赤色……。シナモンキャンディーの赤はとても濃い赤色。そして、炎の色に似ている。こんどは『赤』という単語が見える……」

写真のような静止画に代えて、ビデオ再生装置で動画を繰り返し流してターゲットとすると、さらに印象的な合致をする事例が報告されている。[*5] 次の「ゴースト・ストーリー」と「橋の崩壊」を見られたい。あまりに印象的で、後者はＢＢＣのドキュメンタリー番組にも取りあげられた。[*6]

事例　「ゴースト・ストーリー」

ターゲット　映画『ゴースト・ストーリー』（米・一九八一年）から抜粋した「車が沈む」シーンの映像。一九二〇年代に起きた、三人の若い男たちによる若いブロンド女性の殺人事件のシーンを写し出す。その男たちはみんなスーツを着ている。一人の男はフェルト製のソフト帽をかぶり、うしろを折り曲げている。その男は古い車を湖のなかへ押している。カメラはシフトして、男の表情を写し出した。そして車はゆっくりと水中に沈んでいく。女性の顔と手が車の大きなリアウインドウに現れた。彼女の言葉は外には聞こえないが、助けを求めてさけんでいる様子。車は水中に消えていき一連の映像は終了する。

口述　「……髪を切った女性……ブロンドの髪……車……だれかの後頭部……誰かが光に向かって走っている……右側に茶色のスーツを着た男がいる……フェルト帽はうしろに折り曲げられている……フェルト、トレンチコート、黒っぽいネクタイ……車のタイヤ。車が左の方へ動いている。古い映画だ……。エドワード・G・ロビンソンの映画がはっきりと思い浮かんでいる……まるみのある一九四〇年代の大きな車のようだ。後部の窓からみたシーンだ。うしろの窓から見た感じでいったん上下にはねあがり、ほら、おそらく大きなスクリーンに車のうしろの部分が映り、じっと止まったままだ。これは映画のようだ。彼らは射撃して、車の窓を射撃して、女性が撃たれた……ブロンドの髪の女性……スーツを着た誰かが歩いている、茶色のスーツだ……。一九四〇年代か、三〇年代のものだ。他に色が見える。なにか赤い、血、……誰かが血に包まれている……。とつぜん死体が……大きな口が開いた。叫んでいる、でも聞こえない……。人間が二人列車のそばを走っている……。一九二〇年代のスーツにニッカーズのようなバルーンタイプのズボンをはいている……。大きなフラットトップタイプの一九二〇年代か三〇年代の古いタイプの車だ……」

事例「橋の崩壊」

ターゲット 一九四〇年に起きた、橋の崩壊が記録されているニュース映画の映像。車の通る橋が強風によって、前後、上下に大きく波打ち、揺れ動いている。街灯の柱も一緒に揺れている。橋は真ん中から壊れ、水に落ちていった。

口述「……なにか、なにか垂直なものが曲がったり、揺れたりしている、ほとんどが嵐のなかで揺れて動いている。なにか細い、垂直なものが、左に折れ曲がった。……はしごの構造のよう、でもほとんどが風に吹かれて揺れている。亀裂のようなものがはいったハシゴのような橋が風に揺れている。これは垂直ではない、水平だ……それは、どこかに架かっているはね橋だ。古いイギリス製で、両側にはねあがるはね橋だ。中央部分があがってきた。それが開いているのが見える。開いている。いま、両側がまっすぐあがった。いま、また、それが閉まっている。閉まりながら、降りてきて、閉まった。アーク灯、アーク、アーク、橋。道路、多くのアーク灯。たくさんのアーク灯をもつ橋。」

事例「橋の崩壊」

これらの事例に抜粋された受け手の口述は、三〇分のうちの特徴的な部分を取りあげているという点で、割り引いて考えねばならないが、それでもかなりの合致だと思われる。しかし一方で、かなり合致したとしても、その合致度合いは標準的な統計分析に反映されない点にも注意が必要だ。ガンツフェルト実験の基本分析では、どんなに正確に合致したとしても四分の一の偶然合致と同程度にしか評価されない。[*7] つまり、確信はないがこれらしいとして「たまたま当たった場合」も、どうみてもこれだと「確信をもって当てた場合」も、同じ得点なのである。

では、これまでのガンツフェルト実験の基本分析では、総じてどの程度の得点をあげていると結論されているのか。超心理学者ディーン・ラディンの総説[*8]によれば、一九七四年から二〇〇四年までに、三一四五回の実験が行なわれており、成功率は約三二％である。偶然に当たる確率は四分の一の二五％なので、それを七ポイント上まわっている。図1・1は、各年に行なわれた全実験を過去から累積した成功率（中央の点）と統計的バラツキの範囲（上下の帯）を示している。偶然のバラツキよりもはるかに高い成功

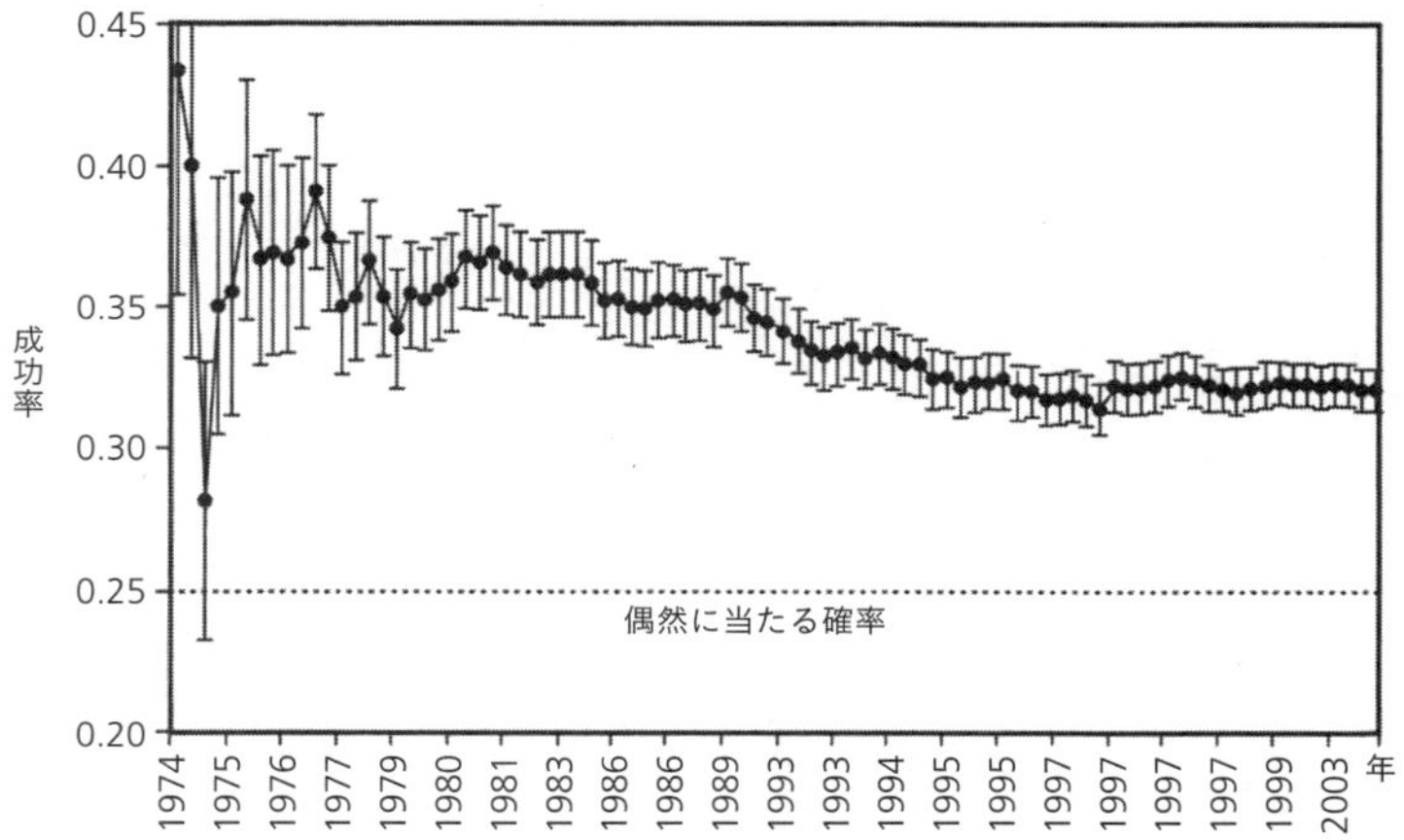

図 1.1 ガンツフェルト実験の成功率の累積グラフ（点線は偶然平均の 25%、縦軸は成功率、横軸は実験年）［図は、ラディン『量子の宇宙でからみあう心たち』（徳間書店）より］

率であることが図示されている。

たとえば、一〇〇回実験を行なった場合、すべての回でテレパシーが働かないとすると、平均して二五回が偶然の当たり、七五回が偶然の外れだ。偶然に当たってしまえば、テレパシーが働いても結果は変わらないので、偶然に外れる回がテレパシーで当たりになるかどうか、テレパシーの検出できる回となる。そう考えると、実験結果が偶然平均よりも七ポイント上まわっているという事実は、七五回中、平均して七回がテレパシーによる当たりらしいということだ。およそ一〇回に一回の割合でテレパシーが検出されるという頻度になる。

この頻度から推測すると、一回実験を行なっただけでは、テレパシーが働いたかどうかについてはなんともいえない。私たちの模擬実験は失敗に終わったが、仮に成功したとしても偶然の当たりかもしれない。少なくとも数十回の実験を繰り返さないと、私たちのチームがテレパシー発揮に適したチームかどうか、判定できないのだ。

たとえば、同一の受け手でガンツフェルト実験を繰り返すのはかなりの根気を要する仕事で、受け手となる協力者の負担も大きい。この理由から、ガンツフェルト実験の現状の成功率では、いわゆる「個人の超能力」をすぐに検出できる可能性は少ない。

しかし、実験全体で偶然平均を七ポイント上まわる差というのは、統計的には決定的な差である。実験がしっかり管理されていれば、なにかテレパシーのような異常現象が起きていると結論できる。

とはいえ、このような確率的な結論は一般の人々にとって非常に理解しにくい（巻末付録「統計分析の基礎」参照）。そんなに外れるのに「超能力」と言えるのかという、否定的な印象をもたれてしまうのもやむをえない。これも超心理学がおかれる厳しい状況の一因となっている（この議論は終章に続く）。

■ 不遇な「現代のガリレオ」

私たちが模擬実験を行なったライン研究センターの実験室には、額に入った人物の写真が飾られている。超心理学におけるガンツフェルト実験の結果にもとづいて、テレパシーの存在を強力に主張し続けたチャールズ・ホノートンである。ライン研究センターの誰もが、彼に深い敬意を表しているのがよくわかる。

チャックという愛称で親しまれたホノートンは、学生時代にラインの研究所にころがりこんで、大学に通うのも惜しんで研究に没頭し、一九六六年には大学を中退してしまった。高卒の学歴のまま精力的に実験研究を行ない、若くしてPAの会長に二度就任するなど、ライン以降、もっとも優秀な実験超心理学者と言われた人物だ。

チャールズ・ホノートン

ホノートンの研究はマイモニデス医療センター（ニューヨーク州ブルックリン）で花開いた。当時マイモニデスの夢実験室では、ドリーム・テレパシー[*9]と称する超心理実験が成果をあげていた。これは受け手が夜に夢を見ているあいだに、テレパシー実験を行なうという着想である。夢を見ているときは、外的な情報がおおかた遮断されているので、内的なイメージが豊富に夢に現れる。そこにテレパシーの要素が入っていると考えるのだ。

しかし、実験室で眠っている被験者[†]の夢見状態を検出するために脳波をとり、適切なタイミングで被験者を起こして夢を記録する作業は、実験者や被験者の負担がきわめて大きい。そのため、ドリーム・テレパシー実験は一晩に一回しか行なえず、マイモニデスでは一九六六年から一九七三年まで、七年の歳月をかけて、ようやく三七九回の実験を行なったにすぎなかった。

ホノートンは一九六七年からマイモニデスの夢プロジェクトに加わっていた。超心理実験には意識状態や内的イメージの研究が必要だとラインに主張したものの反対[*10]されたため、ラインのもとを去り、夢プロジェクトに仕事を得た。マイモニデスで、なんとか夢見と同様な心理状態を手軽に誘導し、昼の時間帯に何度も繰り返して実験できないものかと模索していたときに注目したのが、ガンツフェルト状態だった。

ホノートンは一九七四年からマイモニデス夢実験室の研究部長としてガンツフェルト実験の開発と改良を続けていたが、一九七九年に実験室は閉鎖された。しかしその後は、マクドネル・ダグラス社（かつての大手航空機メーカー）の創業者のひとりジェームズ・マクドネルから運よく研究資金を得ることができ、自ら精神物理学研究所（ニュージャージー州プリンストン）を設立して研究を続けた。一九八九年までの一〇年間、精神物理学研究所が世界のガンツフェルト研究の中心拠点であった。前節の大当たり事例もこの研究所で得られたものである。

ガンツフェルト実験の当初の成果は、すぐに大きな批判にさらされた。感覚漏洩[*11]やデータの記入ミスなどの実験実施上の不備、多重検定[*12]や選択的報告などの統計的分析上の不備、不完全な無作為化などが指摘されたのである。なかでも批判の急先鋒は、心理学者のレイ・ハイマンであった。

ホノートンは批判のひとつひとつに丁寧に応えていったが、論争は複雑化してしまう。それらを整理するため、一九八五年にJPが、ハイマン論文とホノートン論文をそれぞれ掲載し、誌上討論を実現した。[13] さらに翌年、論争の続編を掲載する予定であったが、一九八六年のPA大会で顔をあわせた両名は、論争を続けるかわりに、双方の主張の共通点と相違点を明確化する、共同声明[14]を出すことで合意した。

その共同声明によると、次の合意が表明されている。ガンツフェルト実験では、偶然平均を上まわる高い成功率の当たりが生じる。感覚漏洩などのこれまで批判者が指摘した問題点の多くは対策がとられており、それでも依然として高い成功率であることは、これまで指摘された問題点だけでは説明がつかない。しかし、高い成功率をもたらしている原因については、主張の相違が残る。ホノートンは、その成功の背後には超心理現象があると主張する。一方ハイマンは、まだみつかっていない通常の物理的プロセス、あるいは分析上の問題があると主張する。ともに、これからもガンツフェルト実験を体系的に再現することで、その原因を特定するよう努力しよう、と共同声明を結んでいる。

この共同声明により、ガンツフェルト実験の追試の結果がとくに注目された。しかしホノートンの精神物理学研究所は、マクドネルの死去に伴い資金がとぎれ、一九八九年に閉鎖を余儀なくされた。そんな苦境のなか、ホノートンには再び心強い味方が現れた。コーネル大学の社会心理学者ダリル・ベムである。ベムは、自己知覚理論や性的魅力の認知理論で業績を残した著名な学者で、本流の心理学に強いパイプをもっている。

ベムの超心理学における最初の功績は、自らが編者のひとりを務める『ヒルガードの心理学』（一九九〇年）の第一〇版から、第六章「意識」の末尾に超心理学の項目を入れたことだ。[15]『ヒルガードの心理学』は、大学における心理学の初等教育用に定評がある概論書であり、長年売れ続け、版を重ねている。それまで心理学の本格的な概論書に超心理学の詳しい解説が載った例はほとんどない。[16]

ベムは、「ハイマンの批判に対し、チャックがデータにもとづいた詳細な反論を展開するのに触発されて、それまでの懐疑主義をやめ、ガンツフェルト実験の効果が本物である可能性を真摯に考えるようになった」と自らの心変わりをふり返っている。[17] ホノートンとすっかり意気統合したベムは、心理学や生物学で使われはじめてきたメタ分析（多くの研究の結果を合算した統計分析）の手法を用い、共同声明以降五年ほどの再現実験を含めた全データを分析することにした。

一九九二年の夏、ラスベガスでPAの大会が開かれ、ふたりは論文の最終打ち合わせをした。ベムは九月にその論文を、心理学の学術誌『サイコロジカル・ブルティン』に投稿した。当時の編集長ロバート・スターンバーグが、幅広い分野の創造的な研究を奨励しているのを知っていたからだ。一一月には、早くもハイマンを含む四人の査読者全員の合意のもとで掲載が決定した。編集長からの手紙には「これは超大型爆弾論文であり、この分野に対して大きな関心を呼び起こすことになるはずです。この論文の受理の早さは、私がこの論文をいかに重要なものと考えたかの表れです」とあった。[18]

ベムとホノートンのメタ分析論文[19]は、共同声明以降のガンツフェルト実験が依然として一定の効果をあげていることを示していた。テレパシーに関する証拠はすでに整ったと、超心理学者の誰もが考えるに至った大きな一歩だったのである。

しかし、この朗報はホノートンの耳には届かなかった。掲載決定通知がベムのもとに到着する九日前の一九九二年一一月四日、心臓発作で四六歳の短い生涯を終えていたのである。

ホノートンは、一九八九年に精神物理学研究所をたたんでから、短期的な研究の職を求めてエジンバラ大学に滞在していた。大学に超心理学分野のポストはほとんどなく、支援者の寄付に頼らざるをえない。支援が途絶えたら即、生活に困窮してしまう。また、ホノートンはいわゆる低身長症であり、身体にいくつかの恒常的問題を抱えていた。英国北部の寒冷地エジンバラへの転居が、身体に負担をかけた可能性も否めない。

だが、身体に問題を抱えていたからこそ、それが超心理学を究める精神的バネになっていたとも言えそうだ。成功しても社会的な評価があがらないこの分野で、どこまでも地道な研究を続けられたチャックは、きわめて特異な人物だったのだろう。大勢の意見に左右されることなく、自説を曲げずにどこまでも論理的な主張を続けた、チャックことチャールズ・ホノートンは、まさに「現代のガリレオ」であった。

本章の最後に、マイモニデスから一緒に精神物理学研究所に移り、共同研究をしていたマリオ・ヴァーヴォグリスによる追悼論文の結びを紹介しよう。[*20] スティーブ・ジョブズにも似たチャックの強烈な個性が浮き彫りになっている。

チャールズ・ホノートンはある種の欠点を持っていた。我々はそれぞれ、強みと弱みの独特なパレットを持っているが、それはさまざまな状況下で、自分の役に立ったり、役に立たなかったりするものである。チャックも例外ではなかった。彼は共同研究者の管理がうまくなかった。彼は我々の中での最良のやり方を知らなかった。そして、しばしば彼自身の先入観や感情を共同研究へ持ち込むにまかせていた。実際、マイモニデスでもPRL（精神物理学研究所）でも彼と直に接して、共に研究したことがある者は皆、不公平な批判、脅迫あるいは侮蔑された記憶を何がしか持っている。しかし、結局、死はより大きな眺望に対して、またその人の人生で本当に大切だったことに対して、無情にも思い出を喚起させるものでもある。そして、チャールズ・ホノートンの場合、大切だったことは、長く、精力的で、愛に溢れた超心理学に対する献身であり、この分野のスポークスマンとしての雄弁と知性であり、研究者としての誠実さであり、科学的方法に対する深い傾倒であり、見込みや可能性に対する直感的な把握力であり、高zスコア（成功率）のパターンと傾向に対する鋭い認識であり、それらすべてのより深い意味に対する探求心である。

彼は、その短い生涯を存分に使ったのだった。

このあと、ガンツフェルトの再現性にかかわる論争はもう少し続いた。ミルトンとワイズマンが、共同声明以降のガンツフェルト実験を調査したところ、肯定的な結果が得られてないと報告した。[*21] それを精査し、原因をつきとめたのは、ベム、パーマー＆ブロートンであり、実験手順に新しい変更を加えたガンツフェルト実験（画像でなく音楽をターゲットにするなどした特殊な実験）にのみ、有意†でない傾向があることを見出した。[*22]

今日では、共同声明以降のガンツフェルト実験でも、しっかり有意性が出ていることが明らかになっている。[*23] 共同声明においてハイマンは、「今後の再現実験の行方を見よう」と詳細な判断を先送りしたが、再現性が確実になっている現在の状況は、最終的にホノートンをはじめとした超心理学者に軍配があがったと言えよう。

ガンツフェルト実験による厳密な研究で、ＥＳＰの科学的な存在証拠は確立したと思われる。ホノートンによるこの業績は、大学を中退してまで熱中した研究の積み重ねと、批判者たちとの人生をかけた論争によって達成した偉業である。ところが、ハイマンをはじめとした批判者たちは屈しない。ガンツフェルト実験の成果には沈黙し、他のところで攻勢を強める。次章では、米軍の超能力スパイ作戦の実態とその幕引きのてん末を紹介し、ベムとホノートンの「超大型爆弾論文」は不発のまま、封印が解かれることなく続いている現状を解説する。

◆注◆

*1　スーザン、ポール、ケイトなど、本書に登場する夏期研修会参加者はすべて仮名。

*2　ホワイトノイズが、どの周波数成分の音も同じ強度で混ざっているのに対して、ピンクノイズ

は、高い周波数成分の音が、その周波数に反比例して音の強度が小さくなって混ざっているノイズ。「f分の1雑音」とも呼ばれ、自然界に存在する一般的な音の混ざり方に近い。

*3 送り手と受け手が友人同士の場合、他人よりも成功率が高いのではないかと推測されているが、確認は十分にとれていない。しかし、気心が知れている友人同士であれば、社会心理的快適さ（第7章）があるので、成功率を高めると思われる。

*4 この節の四つの大当たり事例は、ホノートンらによる、以下の論文からの転載である。
Honorton, C., Berger, R., Varvoglis, M., Quant, M., Derr, P., Schechter, E. and Ferrari, D., Psi Communication in the Ganzfeld Experiments with an Automated Testing System and a Comparison with a Meta-Analysis, *Journal of Parapsychology*, Vol.54, pp.99-139, 1990.
なお、日本超心理学会発行の翻訳論文集「チャールズ・ホノートンとガンツフェルト研究」（一九九七年）に収録されている、平田剛による同論文の邦訳を参考にした。

*5 動画を使った場合、静止画よりも成功率が有意に高いことが知られている。ホノートンらの前掲論文では、その有意確率 p †は〇・〇〇二で、偶然であるとすれば一〇〇〇回に二回しか現れないほどの、十分に大きな成功率の差であると算出されている。

*6 ホノートン自身も出演しているこの番組は、BBCドキュメンタリー「驚異の超心理世界」第一回「超能力研究を探る」（一九九二年）であった。

*7 最近では、ガンツフェルトの口述内容からさらなる質的分析も試みられている。たとえば以下のような、ロビン・ウーフィットのガンツフェルト会話分析など。
Wooffitt, R., 'Doubt Marked' Expansion Sequences in Ganzfeld Mentation Reviews, *Proceedings of 49th PA Convention*, pp.259-269, 2006.

*8 ディーン・ラディン『量子の宇宙でからみあう心たち――超能力研究の最前線』（竹内薫監修、石

川幹人訳、徳間書店、二〇〇七年）の一七七頁を参照。原著は二〇〇六年に刊行されている。

*9 モンタギュー・ウルマン他『ドリーム・テレパシー――テレパシー夢・ESP夢・予知夢の科学』（井村宏二監訳、神保圭志訳、工作舎、一九八七年）に詳述されている。

*10 ラインは内的な心理プロセスを別にして、機械的に多数の実験を積み重ねる方法をよしとしていた。この背景には、当時（一九二〇～五〇年代）アメリカの心理学界を席巻した行動主義心理学†の影響が見てとれる。

*11 感覚漏洩《ろうえい》とは、物理的な遮蔽が十分でなく、なんらかの手がかりでターゲットが受け手に知られてしまうということ。たとえば、隣室の送り手の様子が聞こえてしまったり、部屋の配線穴の隙間から盗み見えてしまったり、送り手が使った写真をそのまま受け手に見せたので指紋やキズからどの写真がターゲットかわかってしまったりすることなどが指摘できる。ガンツフェルト実験では、どれも起きないように厳密に対処されている。

*12 多重検定とは、データにいろいろな角度から分析を加え、そのなかから際立った結果が得られた検定だけを発表すること。二〇の異なる（独立の）検定をすれば、偶然でもひとつ程度は（五%水準で）有意になってしまう（詳しくは巻末付録「統計分析の基礎」を参照）。そのため分析法は、データが集まる前に決められている必要があるが、心理学などの通常科学分野でもこの辺りの対処は緩くなっているのが問題である。後期のガンツフェルト実験の分析法はもう確定しており、多重検定の問題はなくなっている。

*13 Hyman, R., The Ganzfeld Psi Experiment: A Critical Appraisal, *Journal of Parapsychology*, Vol.49, pp.3-49, 1985.; Honorton, C., Meta-Analysis of Psi Ganzfeld Research: A Response to Hyman, *Journal of Parapsychology*, Vol.49, pp.51-91, 1985. ホノートン論文は、前掲「チャールズ・ホノートンとガンツフェルト研究」に伊藤信哉の邦訳がある。

*14 Hyman, R., and Honorton, C., A Joint Communique: The Psi Ganzfeld Controversy, *Journal of Parapsychology*, Vol.50, pp.351-364, 1986.　この共同声明も、前掲「チャールズ・ホノートンとガンツフェルト研究」に太田隆明の邦訳がある。

*15 『ヒルガードの心理学』は第一三版から邦訳（内田一成監訳、ブレーン出版、二〇〇二年）が刊行されている。第一四版（内田一成監訳、ブレーン出版、二〇〇五年）以降では、ベムは編者から外れたが、超心理学の記述は維持されたうえ、「先端研究」というコラムで、ベムとハイマンがその成否を論じるという形式に充実している。

*16 日本では、ナカニシヤ出版から刊行された心理学の概論書、磯崎三喜年他編著『マインド・ファイル――現代心理学はどこまで心の世界に踏み込めたのか』（一九九六年）と、磯崎三喜年他編著『マインド・スペース――加速する心理学』（一九九九年）に、それぞれ蛭川立、小久保秀之の執筆による超心理学の章がある。最新の小野寺孝義他編『心理学概論――学びと知のイノベーション』（ナカニシヤ出版、二〇一一年）では、私が超心理学の章を執筆している。

*17 Bem, D., The Ganzfeld Experiment, *Journal of Parapsychology*, Vol.57, pp.101-110, 1993.　前掲「チャールズ・ホノートンとガンツフェルト研究」に井口拓自の邦訳がある。

*18 ibid.

*19 Bem, D., and Honorton, C., Does Psi Exist ? Replicable Evidence for an Anomalous Process of Information Transfer, *Psychological Bulletin*, Vol.115, pp.4-18, 1994.

*20 Varvoglis, M., Ganzfeld and RNG Research, *Journal of Parapsychology*, Vol.57, pp.55-65, 1993.　前掲「チャールズ・ホノートンとガンツフェルト研究」の井口拓自による訳文を参照した。

*21 Milton, J., and Wiseman, R., Does Psi Exist ? Lack of Replication of an Anomalous Process of Information Transfer, *Psychological Bulletin*, Vol.125, pp.387-391, 1999.

＊22 Bem, D., Palmer, J., and Broughton, R., Updating the Ganzfeld Database: A Victim of its Own Success, *Journal of Parapsychology*, Vol.65, pp.207-218, 2001. この副題にある「自らの成功の犠牲者」という意味は、ガンツフェルト実験が成功したので、以後さまざまな条件で実験が行なわれた結果、失敗実験が増え、再現性がないと言われるようになってしまった「犠牲者」ということだ。どのような条件で成功するのかをつきとめるためには、比較するための失敗実験も必要なのである。

＊23 最新のガンツフェルトのメタ分析集計は、ブライアン・ウィリアムズによる以下の論文にあり、超心理学者の主張を裏づけている。
Williams, B., Revisiting the Ganzfeld ESP Database: A Basic Review and Assessment, *Journal of Scientific Exploration*, Vol.25, pp.639-662, 2011.

第2章
米軍の超能力スパイ作戦

米軍は冷戦時代に超能力スパイを養成するプロジェクトを密かにスタートさせ、四半世紀にわたって研究を続けていた。しかし多額の予算を費やしたこのプロジェクトは、批判者たちの政治的な策略によって、無益な努力を続けたプロジェクトとでもいうような印象で幕引きされた。かつて有意義とされていたデータについては、いまでは情報公開されているものの、幕引き時の否定的な印象を払拭するのは容易ではない。

超心理実験において比較的高いスコアをあげられる人物は「能力者」と呼ばれる。一時日本のメディアでさかんにとりあげられたジョー・マクモニーグルもそのひとりである。しかし、能力者といえども、いつも高いスコアをあげられるわけではない。その「能力」をめぐり賛否両論が巻き起こる。

■ マクモニーグルの遠隔視実験

「半分のアーチが見える。このあたりが暗くなっている……道路の下の暗がりだ。ここに橋の土台が見える……幾何学的な庭があり、砂利の上に奇妙な絵が置かれている……」

実験者が定刻になったことを告げるとジョー・マクモニーグルは、太く低い声で「見えた」様子をつぶやきながら、同時に白い紙に黒いフェルトペンでそのイメージを描き出す。慣れた手つきで、平行線の引き方も正確だ。イラストレーターとしても身を立てられるのではないか、と思うくらいの技能だ。

今回マクモニーグルは、それまで会ったこともないカランという人物の写真を前にして、彼女が訪れている場所を遠隔視†している。カランはナショナルジオグラフィックチャンネル（以下ナショジオ）[*1]取材班のひとりであり、三〇分あまり前に一枚の封筒をわたされていた。誰も見ていないところで弁護士がサイコロを振り、六枚の封筒からひとつをランダムに選んだものだ。封筒のなかには、彼女が向かう先のダンバートン橋の写真と、そこへ至る地図が入っていた。[*2]

取材班はダンバートン橋に向かって車を走らせ、約束した三〇分後にはダンバートン橋を一望できる岸に到着した。カランを含む取材班は、車を降りて思い思いに橋や周辺の様子の写真を撮ったり、風景の印象を語ってそれを録音したりした。このとき、十数キロメートル離れた建物の一室では、外部から隔離されたマクモニーグルと実験者のエドウィン・メイが、その遠隔地の透視を試みていた。

所定の遠隔視時間が終了すると、結果の評価に移る。マクモニーグルは部屋を出て、取材班の帰還を待ち、取材班は戻るやいなやマクモニーグルを車に乗せて、またさきほどの場所に向かう。ダンバートン橋に近づき、主要道路から脇道に入り、ぐるっと回っていまきた道の下をくぐると、

「ああ、これは私が見たとおりの光景だ」

マクモニーグルはあたりまえのようにつぶやいた。

遠隔視を行なった者を現地に連れていくことには理由がある。自分の透視結果を、「これは見えていたがこちらは見えていなかった」、「実際はこれだったのだが連想して別のイメージになってしまっていた」などと自己評価する。こうした自己評価を積み重ねると、だんだん遠隔視が確実になってくるという。ただし自己評価は、客観的な実験結果の統計データには組み入れられない。客観的な評価は別途、判定者が行うのだ。

マクモニーグルが出ていったあと、ひとり残された実験者メイの手元には、六つのターゲット候補の写真が入った封筒があり、それらの写真を用いて客観的な判定をする。今回は実験者のメイが、判定者の役割を務める。メイも、マクモニーグルと同様、ターゲットが決定されてから遠隔視が終わる

まで部屋に隔離されていたので、正しいターゲットがどれかは知るよしもない。この判定の結果が厳密な的中率の統計に組み入れられる。

それら六つのターゲット候補の写真がテーブルに広げられた。「ヨットアリーナ」「石切り場」「ダンバートン橋」「パロアルト空港」「アメフト競技場」、そして「アカスギの森」だ。メイは、マクモニーグルの口述とそれぞれをつき合わせ、「ダンバートン橋が第一順位だ」と結論した。的中だ。この一連のプロセスは、ナショジオのドキュメンタリー番組として日本でも放映された。視聴者が客観的に見ても、マクモニーグルの遠隔視結果は「ダンバートン橋」にもっとも合致していたと感じられるだろう。[*3]

マクモニーグルの透視を二〇年以上も見てきているメイは、「メディア取材のときの彼は調子がいいんだ」という。メイによると、これまでの四四回のメディア取材実験のうち三五回が成功している。[*4]通常の第三者によるランキング評定をすれば、容易にターゲットが一位になるほどの精度だそうだ。

超心理学者たちは「透視の働きはまるで触覚のようだ」と、よく指摘する。私たちが眼を使って周囲を一望するときとちがって、透視では部分的な情報が断片的に現れるという。目隠しして象をなでると、どの部分を触ったかによって象のイメージが変わってしまうから、一部の経験で全体を語ることなかれ、という格言がよく語られる。まさに透視ではそうした誤解が起きやすい。

つまり、透視の結果なのかそれともたんなる想像や連想のたぐいなのか、それを見きわめる能力が重要だ。マクモニーグルはきっとその能力が高いのだろうが、メイもなかなかのものだ。「部分的な情報の一致を優先して判断する」、「マクモニーグルがこの手のパターンを描いているときは、透視の結果ではないから無視したほうがいい」などというメイの解説を聞くと[*5]、さきの三五回という高い的中率は、長年実験をやり続けてきたふたりのチームワークの賜《たまもの》なのだろう。

■ スターゲイト・プロジェクト

ジョー・マクモニーグルは、超心理学者のあいだでは定評のある「能力者」だ。アメリカ政府の機密プロジェクト「スターゲイト」の諜報活動と、そのスパイの訓練計画において多大の功績をあげ、ジェームス・ボンドの映画007シリーズにちなんで「遠隔透視者001号」と呼ばれていた。

スターゲイトは、一九七〇年代に発足した前身の極秘プロジェクトがもとになっている[*6]。当時は米ソの冷戦時代であり、軍事競争やスパイ合戦まっさかりだった。おりしも一九七〇年にジャーナリストのシーラ・オストランダーとリン・シュローダーが、東側諸国の超能力研究を取材してまとめた「鉄のカーテンの向こうの超能力研究」レポートを出版して[*7]、ベストセラーになっていた。彼女たちは、東側では生物がもつ能力や生体エネルギーとして超能力がとらえられ、訓練装置も開発されていると報じた。

高電圧をかけて「オーラ」を写真に撮るという幻想的なキルリアン写真や、指で字を読むというローザ・クレショヴァの映像、物体を触らずに動かせるというネリア・ミカハイロヴァの映像などが、次々と西側に流れ込んできた。それを見た当時の米軍関係者が超能力に注目したとしても、なにも不思議ではない。むしろ危機感さえ感じただろうと推察できる。

そのような状況で米軍のプロジェクトは、カリフォルニア州にあるスタンフォード研究所[*8]で行われていた研究に着目する。そこではふたりの物理学者ハロルド・パソフとラッセル・ターグが、遠隔視の手法[*9]を開発していた。その遠隔視は、のちに軍の諜報プロジェクトの中核技術として採用された。以降四半世紀ほど、この研究にアメリカの多額の軍事予算が投入されることとなる。

プロジェクトの大きな目的は、遠隔視を使って敵地の軍事施設や兵器の整備状況を知ること

マクモニーグルが遠隔視で描いたローレンス・リバモア研究所

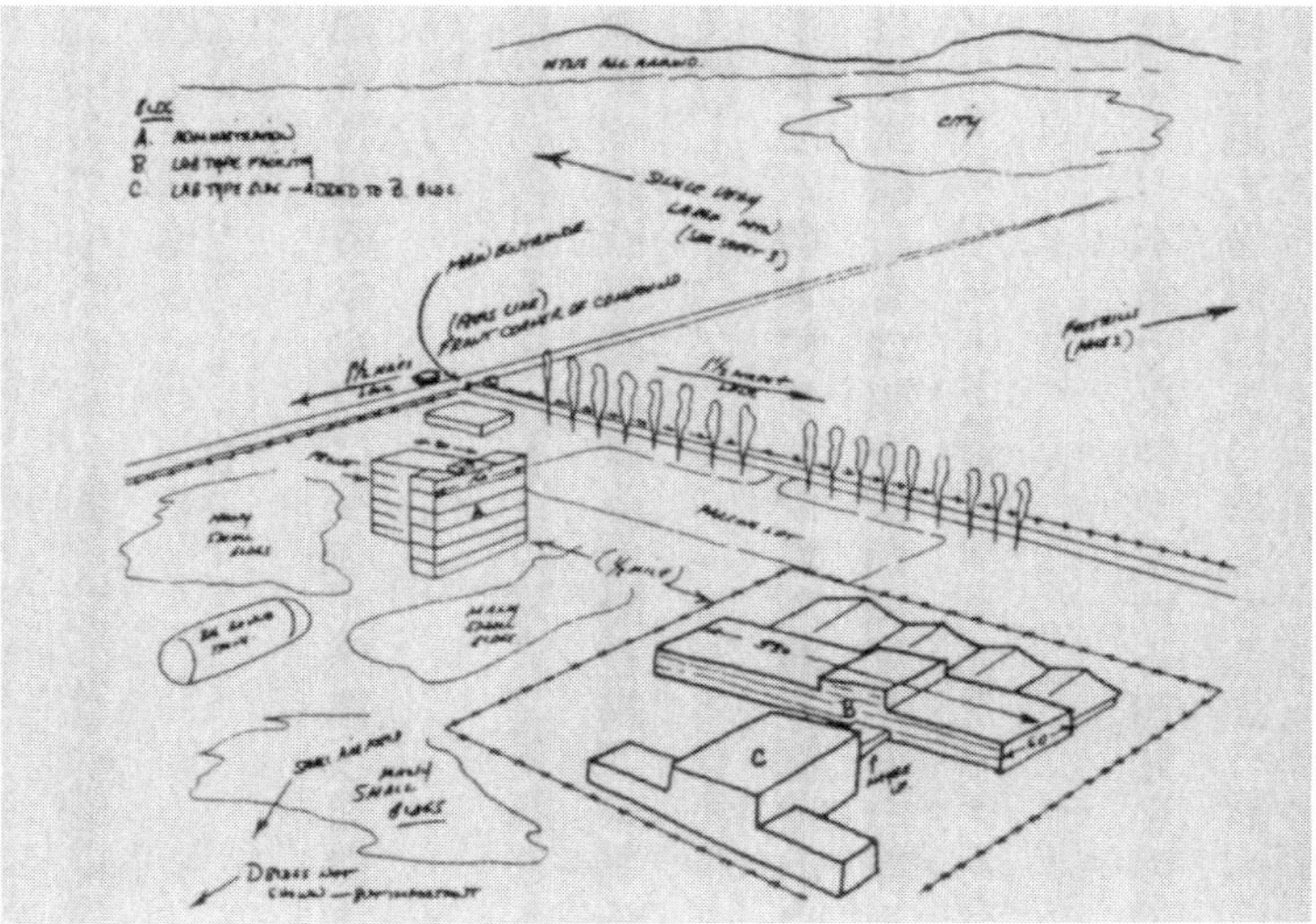

と、遠隔視スパイの養成プログラムを確立することにあった。敵地のスパイの場合は、通常の遠隔視実験のように誰かを派遣するわけにはいかないので、地球上の緯度経度の座標値をもとに遠隔視した。これもスタンフォード研究所の実験で、インゴ・スワンやテラ・ハミッドなどの能力者によって、ある程度の可能性が示されていた。[*10]

マクモニーグルは、こうした初期のプロジェクトのなかで、遠隔視スパイの候補者としてスカウトされた米軍兵士だった。戦場にいたマクモニーグルは砲弾が飛来する場所が事前にわかるので、彼と一緒にいると安全だという噂が立った。それがスカウトのきっかけだったという。[*11]

マクモニーグルの遠隔視スパイの成功例として評価が高いのは、ソ連北部地方の施設で、過去に例のないほど大きな潜水艦を製造していることを透視で感知した事例である。新型のミサイル発射装置を多数装備している様子が見えたという。海から一キロメートルほど離れた施設だったため、軍の誰もが透視結果を信用しなかったが、後日送られてきた軍事衛星からの画像で、施設から海まで水路が掘られ、潜水艦らしき物体が曳航《えいこう》されていくのが判明した。[*12]

また遠隔視で、彼自身よく的中したという感触があったのは、ローレンス・リバモア研究所の建物配置であったという。ライン研究センターの夏期研修会で直接彼から聞いた成功例だが、上から見たらTの字の建物の外観がよく書けているうえに、その建物に「A」という文字が掲げられていることも当たっていた。[*13]

マクモニーグルは、日本では「FBI超能力捜査官」などとされているが、これは日本のマスメディアによる演出である。「陸軍諜報部員」といったところが正しい。どちらにしろ権威ある仕事についていたという表現ではあるが、日本では行方不明者を探すというバラエティ番組にかつぎ出されたために、「犯罪捜査官」となってしまった。事実マクモニーグルはFBIとは無関係であり、アメリカのCIA（中央情報局）やDIA（防衛諜報局）の傘下にあったスターゲイト・プロジェクトで働いていたのだ。詳しい事情は、彼の自叙伝に当たる『FBI超能力捜査官ジョー・マクモニーグル』[*14]に書かれている。

マクモニーグルの透視に定評があると聞くと、日本の人々はすぐに納得してしまうかもしれない。しかし、日本のテレビ番組における犯罪捜査のデモンストレーションでは、彼の透視はあまり当たっていない。[*15]番組を見ていると、当たっていないという事実を、いかに「惜しい」結果に見せるかの苦心が見え見えで、目をおおいたくなる演出ばかりだ（こうしたマスメディアの実態と番組制作の背景については、あらためて第6章で述べる）。

好意的に考えれば、長年遠隔視をしてきた者に犯罪捜査をやらせても、陸上選手に水泳で高タイムを要求するようなことなのかもしれない。犯人の周囲の様子がわかったとしても、それがいったいどこなのかを知るには別の能力が必要だ。マクモニーグル自身、宇佐和道の取材に対してこう答えている。[*16]

こういうと奇妙に聞こえるかもしれないが、遠隔透視をもっとも利用しにくいのは、人捜しだと思う。行方不明者の捜索はもともとむずかしいが、それに遠隔透視を役立てるのには、壁がある。（……）逆に、すぐ役立てられるのは鉱業だ。鉱脈を知るのに、遠隔透視は最良の手段といえるだろう。地中の様子が手にとるようにわかり、埋まっている鉱物の種類も知ることができる。たとえば、土地を買う予定があって、地中に何があるかを知りたいときは、遠隔透視が役に立つ。透視でわかるのは鉱物の種類と、それを掘り起こすことが可能かどうかだ。もちろん、埋蔵量もわかる。遠隔透視が鉱業全般に有益なのは間違いない。具体的な場所を掘るか掘らないか、判断する材料としては十分すぎる情報を得られるだろう。

じつはスターゲイトでも、犯罪捜査をしたことがあった。イラン人質事件で、行方がわからなくなったアメリカ大使館職員たちの監禁場所を遠隔視するという使命だった。マクモニーグルをはじめとして、多くの遠隔視スパイが努力したが、この場合も監禁場所を特定して事件を解決するというような、大きな成果は得られなかった。[*17]

■ 遠隔視実験を改良した透視実験

二〇〇二年のライン研究センター夏期研修会には、マクモニーグルとメイがそろって遠隔視の講師としてやってきた。直接会うマクモニーグルはテレビで見た印象とちがって、ずっと陽気で多弁だ。

声も一オクターブほど高くなっているのではないかという気さえした。研修生たちと超心理学に対する思いなどを雑談し、リラックスしている。そのうちにメイが模擬実験を行なうと言い出した。メイは自ら開発した新しい透視実験の方法を研修生たちに理解させるために、実際と同様の手順で模擬実験をやるという。それもマクモニーグルを透視者としてだ。定評のある「001号」を前にして、研修生たちの期待も自然と高まる。

スタンフォード研究所での遠隔視実験は、アメリカ政府の研究費を得て、一九七三年から一九八九年まで続いた。一九八六年からは、タークとパソフに代わり、プロジェクトメンバーとして一〇年ほど働いていた物理学者エドウィン・メイが代表研究者となった。タークはロッキード研究所へ、パソフはテキサス州オースティンにある先端研究所へと移籍した。[*18] プロジェクトは一九八九年以降、SAIC（国際科学応用会社）に移り、引き続きメイのもとで、この透視実験の開発が行なわれた。

遠隔視にもとづいたこの透視実験では、驚いたことに誰も外に出かけない。ただたんに、無人の隣室においたパソコンディスプレイに表示されている風景を透視するだけだ。この改良によって、遠隔視実験は簡便化かつ厳密化された。ターゲットがなにかを知る派遣者がいないので、実験は容易になるし、ターゲット情報の漏洩の危険も少ない。スターゲイトでよく行なわれた緯度経度を手がかりにした遠隔地の透視では、誰もターゲットを見に行ってなかったので、それで成功するなら、派遣者がいなくとも成功できるはずだ。

遠隔視に対しては、かねてより、派遣者から情報がもれているのではないか、という疑問が寄せられていた。見に行く人々はみなターゲットがなにか知っているし、その車が向かう方向を知った人も、ターゲットの範囲を絞り込めてしまう。その方向に三〇分以内で行ける名所が少なければ、なおさらである。

ターゲットを知っている人や、ターゲットの見当がつく人が増えれば、情報管理が難しくなる。そのうちのひとりが、ターゲットの特徴を透視者に無線で連絡しているかもしれない。たしかに透視者の脇では実験者が見張っているが、無線で動く小さな振動体《バイブレータ》を使用して、実験者が気づかぬうちにモールス信号で通信しているかもしれない。一部の実験では、電波を遮蔽するブースに透視者を入れて実験してもなお成功してはいるが、電波以外の新手のトリックが考案されているかもしれない。その点、ターゲット情報を知る人がいない、実験室内での透視実験は安心だ。

私たちは隣室の様子を確認し、メイがパソコンを起動する。数分後に画面にターゲットが表示されるので、それまでに部屋を施錠して、全員がもとの会議室に戻る。ターゲットとなる画像は、テーマのはっきりした風景写真であり、人間やこまごましたものはあまり写ってない。総計で三〇〇枚準備されており、構成要素のちがいに従って五つの異なるカテゴリーに分けられている。これらはコンピュータによって管理されており、無作為にひとつのカテゴリーからひとつのターゲット画像が選択表示される。

もとの会議室に戻るとマクモニーグルが、深呼吸をすることもなく、おもむろに隣室の透視をはじめる。ターゲットと思われる風景の特徴が、いつものようによどみなく言葉になって流れてくる。私たち立会人は、その書きとめる早さにも驚き、息を飲む。

定刻になって、透視が終了すると、私たちは判定者となる。マクモニーグルを部屋に残し、みなで隣室に行ってパソコンのモニターをのぞき見る。それまでひとつの大きなターゲット画像が出ていたはずのモニター画面には、五つの小さな画像が並んでいる。それぞれが五つの異なるカテゴリーから無作為に選ばれているため、相互にかなりちがった要素をもつ画像となっている。そのうちのひとつが真のターゲットと同一の画像だ。

マクモニーグルが描いた絵を前にして、彼の口述を思い出しながら、各自が近いと思う画像を選び、一番近いものから順にランキング付けする。実際の実験では、この順位データが統計処理される。

私たちの判定では、どれが一番近いかの意見が割れた。その時点で、有無を言わせぬ的中ではないらしいことが明らかになった。各自のランキング付けが終わって、それを記録にとどめたところでターゲットの発表となった。ボタンを押すと、前に表示されていた大きな画像一枚の画面に戻る。私たちはかたずをのんで、その瞬間を待った。真のターゲットはというと、滝の画像だった。

たしかに五枚の候補のうちにあったが、判定者の誰もがノーマークの画像だ。私のランキングではしっかり最下位の五位。他の判定者もたぶん同様だったろう。マクモニーグルの口述には、水の流れはおろか、緑の草や黒い岩などの自然物と思わせる表現はなにもなかった。有無を言わせぬ失敗だ。

劇的な当たりを期待していた研修生たちのあいだには、陰うつな空気が流れた。これが最高の透視能力者の結果なのかと言わんばかりに、それぞれため息をついたり苦笑したりしていた。私たちはどんな態度をとったらよいのかわからず、途方にくれていたにちがいない。ひとりメイだけが淡々とした調子で「彼は水がターゲットになるといつも不調なんだよ」と言って、マクモニーグルを呼びに行った。しばらくして部屋に入ってきたマクモニーグルは、残念そうな表情で画面のターゲットをみつめながら、「これは私の苦手なターゲットだ」とつぶやいた。

第1章でガンツフェルト実験の成功率から、一〇回に一回程度のテレパシーが働いていると試算した。最高の透視能力者ならば、その二倍や三倍の能力があるだろうか。たとえそうだとしても、半分以上は失敗するのがふつうだ。実績の評価は何度も繰り返し行なったうえで、統計的に判断しなければならない。それが超心理学の方法だ。だから、一回の実験に一喜一憂してはいけないのだ。そう理性的に考えていても、なかなか心は思ったように晴れない。超心理学の実験にまつわる心理的な問題を、身をもって認識させられた。

■ ガンツフェルト実験とのちがい

遠隔視の方法が、無人の部屋のパソコン画面を透視するという透視実験に改められ、前述したガンツフェルト実験と類似性が高まった。遠隔視の伝統的方法には批判も多かった[*19]ので、ガンツフェルト実験と似た厳密な実験デザインになったのは当然ともいえる。最終的に両者のちがいはどこにあるのかを、ここでは吟味しておこう。

当初ガンツフェルトはテレパシー実験の一手法、遠隔視は透視実験の一手法として発展した。ガンツフェルトの肯定的結果は、おもに送り手の想念を受け手が受信するといった、テレパシーの枠組みで説明されてきた。ところが、ガンツフェルトもターゲットを直接透視しているのではないか、という疑いが出てきた。よい成果をあげるには、送り手よりも受け手が重要だということが次第に明らかになった。たとえば、スコアが高い熟練した受け手は現れるが、スコアが高い送り手はなかなか現れない。

すると、ガンツフェルトの送り手は、遠隔視でターゲット地点に派遣される協力者のように、たんに受け手がターゲットに焦点を合わせやすいようにしているだけではないか、受け手は送り手の部屋の写真や絵、あるいは映像を直接透視しているのではないか、という考えが有力になってきた。ホノートンも、「ガンツフェルトの送り手はおそらく不要であろう。送り手がいたほうが、受け手が心理的に成功しやすい気分になるので、送り手を設けているのだ」という認識を語っている。[20]

ガンツフェルトが透視の枠組みで語れるとすると、残された遠隔視との差異はなんだろうか。いちばん大きな差異は透視者の意識状態である。ガンツフェルトは感覚制限をして、積極的に夢見と同様の変性意識状態[21]に誘導する。外的な刺激にもとづく日常的な思考が働かない状態にするためだ。遠隔視ではそれを行なわないので、透視者は基本的に通常の意識状態のままだ。しかし遠隔視の場合には、実験者が透視者に寄り添い、むやみに理性を働かせることなく、直感的イメージを大切にする助言を透視の最中に行なう。マクモニーグルのような熟練者になれば別だろうが、初心者の場合は、寄り添う実験者の経験で結果が大きく左右されるだろう。

両者のもうひとつの差異は、評価の方法である。ガンツフェルトでは、受け手が複数のターゲット候補のなかから自ら選択するのに対し、遠隔視の透視者は、真のターゲットを見て透視の感触を反省するだけだ。遠隔視でターゲット候補のどれに合致しているかを判断するのは、透視者でなく、判定者だ。

遠隔視に判定者が導入された理由は、ひとつには当初の伝統的方法では、そもそも透視者が判定することと自体が難しかったからである。[*22] しかし、改良版の透視実験では、ガンツフェルトと同様に透視者が自ら判定を行なうことも可能だ。だが、あえてそうしていない背景には、もうひとつの大きな理由がある。

メイは、実験後に透視者がターゲット候補をいくつか吟味すると、それらの偽のターゲットの情報が予知的に感知されてしまい、透視の精度をそこなうおそれがあると言う。つまり、透視をしているときに現在のターゲットだけでなく、将来自分が吟味する偽のターゲットの情報が誤って混入すると言うのだ。

心配のしすぎのように思われるかもしれないが、マクモニーグルも将来が見えることはよくあると言う。それを逆手にとってＡＢＣ（米国の大手テレビ局）の番組取材[*23]では、カメラの回っているときには精神集中がしにくいかもしれないと予測し、前の晩に翌日の透視をあらかじめ行なっておいた。当日は前日の透視の結果を思い出しながら、浚渫船《しゅんせつ》（水底を掘って土砂を取り除く工事船）を見事に的中させた。このほかにも、ターゲットの時間的な焦点化にまつわる問題は指摘されており（詳しくは第8章で述べる）、心配のしすぎとは言えない。

本節では、ガンツフェルトと遠隔視を比較してみたが、もはやその相違点は大きくない。ガンツフェルトに外部判定者を入れてみたり、遠隔視をガンツフェルトの変性意識状態で行なったりなどの、双方のやり方を混ぜた実験も今後は有望かもしれない。

■ スターゲイト・プロジェクトの幕引き

夏期研修会では、マクモニーグルが帰宅したあともメイだけはライン研究センターに残り、他のいくつかのテーマについて講義をした。そのテーマのひとつがスターゲイトの幕引きであった。この幕引きの事情を知るためには、幕引きに使われたＮＣＲレポート事件について、先に理解しておかねばならない。

この部分に関しては、超心理学者のリチャード・ブロートンも研修の講師に加わった。ブロートンは、情報技術に詳しく、超心理実験の自動化にいち早く貢献した。二〇〇二年の当時は、ダーラムに居を構えて私設の研究所を運営し、しばしばセンターを訪れていた。[*24] 事件の話題になると、彼の顔には、あきらめの色とも秘めた怒りともいえる、複雑な表情が去来する。事件の当時、彼はＰＡの会長の地位にあり、いわば超心理学者の代表だった。

一九八七年、国立研究審議会（ＮＲＣ）によって「超心理学現象は一三〇年間も研究されたが、科学的な正当性はなにも得られなかった」という調査報告が発表された。この背後には、超心理学への強硬なバッシングがある。ＮＲＣの調査は、「人間の能力を高める方法」に関する二年間の調査であり、神経言語プログラミング、バイオフィードバック†、睡眠学習など、効果が十分に確認されてない方法それぞれについて、その現状査定と将来の展望を検証するものであった。その俎上に超心理学がのせられたのである。

通常の審議会の調査は中立的な立場の者が委員を務め、かつその分野の複数の専門家に評定報告を依頼するものだ。ところが、超心理学の検討委員会の座長は批判者のレイ・ハイマンとなり、評定報告の依頼先には超心理学者が選ばれず、これまた超心理学を批判するジェームズ・オルコックが選ばれた。ブロートンは「超心理学の専門家の意見を収集しないのでは正当な調査とは言えない」と抗議したものの、聞き入れられなかった。[*25]

このＮＲＣ調査では、ハーバード大学の社会心理学者であり、メタ分析†の開祖とも言える重鎮ロバート・ローゼンタールが、各方法の研究実績の「品質」を評定することになっていた。彼の厳密な評定によると、超心理学の「品質」がもっとも高く、ガンツフェルト法に至っては、他の分野の研究が三〜一三と評定されるなかで一九の高評価であった。[*26] しかし委員長のジョン・スウェッツは、報告書を読んでローゼンタールにこの評定を取り下げるように要請したのである。ローゼンタールは拒絶したが、最終報告書にその評定は引用されず、たんなる参考の文書にすぎない扱いとなった。

さて、ここからがいよいよスターゲイト・プロジェクトの幕引き話になる。なんと、このＮＲＣ報告書が、一〇年近くたってからスターゲイト・プロジェクトの評価に使われたのだ。プロジェクトを推進してきた当事者のエドウィン・メイは、ブロートンとは異なり、怒りをあらわに強い口調で話をする。

アメリカ政府のスターゲイト研究支援は二四年間続いたが、その間プロジェクトは、おもにＣＩＡとＤＩＡの傘下を交互に移動していた。一九九五年にＣＩＡに管理が移る機会に、ＣＩＡはプロジェクトを再評価にかけたのだ。その報告書では、一連の実験で統計的に有意な結果が示されているものの、諜報活動に有効なデータは得られなかったと見なされた。よって、プロジェクトはあっけなく廃止という結末になった。

同年メイはＳＡＩＣを辞職し、評価報告の内幕を暴露する記事を書いた。[*27] ＣＩＡは、デヴィッド・ゴスリンを代表者とする組織に、四か月で結果を出すように評価報告を依頼していた。そのゴスリンは、ＮＲＣレポートをまとめたかつての責任者でもあったのだ。おのずと、スターゲイト・プロジェクトが過去に出した肯定的な報告書はどれも参照されず、極度に否定的な論調のＮＲＣ報告書が参照された。そのうえ、二〇年以上にわたる活動の調査報告であるはずなのに、過去にプロジェクトに加わった研究者へのインタビューもなく、限定的な実験データから短絡的に結論を導いている。さらに、統計学者の立場から評価に参加していたジェシカ・アッツに、（統計学的には欠陥の多い）

NRCレポートには言及しないよう要請していたという。[*28] メイは、CIAの結論は評価を依頼する前から「廃止」に決まっていたのだ、と断言している。

前章に述べたガンツフェルトの共同声明で研究上の批判は収束したかに見えたが、批判者たちの活動は依然として活発だ。本節で触れた事件では、研究の面で果たせなかったバッシングを、政治的な面で達成したという感がある。

では、スパイ技術としての遠隔視の見込みはほんとうのところどうなのだろうか。情報としての確実性は低く、スパイ衛星などの技術が高まった今日、遠隔視に実用的価値が見いだせなかったというのは、正直なところだろう。軍事技術開発として予算を使い続けるのには問題があったという主張は理解できる。スターゲイト・プロジェクトの詳細は、情報公開法にもとづき二〇〇四年に公《おおやけ》になった。[*29] その公開されたデータを精査すれば、小さな能力を大きくする方法などに、新たな展望がひらけるかもしれない。貴重な情報が蓄積されている可能性もおおいにある。

こうして巨大な予算を投入したアメリカ政府の超心理スパイ研究プロジェクトは、たいした成果がなかったかのように「封印」された。科学的な価値よりは、経済的・実用的な価値が先行して、プロジェクトの成果が丸ごと「役立たず」と判断されたという現実がある。役に立たないと判定されるプロジェクトを、アメリカ政府が四半世紀ものあいだ続けてきたとすれば、そのほうがよほど奇妙と言えよう。過去を総括することなく最終判断をくだした批判者たちは、どういった意図や動機をもっているのだろうか。次章では、こうした批判者と超心理学者の攻防を詳しく追うことで、「封印の構造」に徐々に接近していく。

◆注◆

＊1 自然科学を中心としたドキュメンタリー専門放送。日本では、アメリカで制作された番組の邦訳を、衛星放送やケーブル配信会社を通じて流している。ここで引用している番組は、二〇〇六年に日本で放映された「特集　サイエンス・ワールド〈テレパシー〉」という一時間番組のひとコマ。アメリカでの放映や収録は、さらに一、二年前かと思われる。

＊2 通常の遠隔視ではターゲットの場所は、実験者があらかじめ一〇〇か所ほど選定しておいたなかから選ぶのだが、今回の収録ではターゲット候補が独自に六つ準備された。そこで、ターゲットの選定作業（サイコロ振り）には中立的立場の弁護士が起用された。

＊3 もっとも番組では、三〇分ほどの遠隔視時間の一部のみを編集したうえで放映されており、実態以上に的中した印象をもってしまう可能性があるので注意を要する。また「砂利の上にある絵」というマクモニーグルの口述については、「ダンバートン橋周辺エリアの説明パネルが見えた」という解釈になっているが、このあたりはちょっとこじつけ気味の感がある。

＊4 McMoneagle, J., and May, E., The Possible Role of Intention, Attention and Expectation in Remote Viewing, *Proceedings of 47th PA Convention*, pp.399-406, 2004.

＊5 後述の夏期研修会におけるメイの講義による。

＊6 スターゲイトの当初は、グリル・フレーム（Grill Flame）やサン・ストリーク（Sun Streak）など、いくつかの名称のプロジェクトを経ている。

*7　この邦訳は、一九七三、七四年に上下巻で刊行された『ソ連圏の四次元科学』（照洲みのる訳、たま出版）である。

*8　スタンフォード研究所（SRI）は、カリフォルニア州パロアルトにある産学連携のシンクタンクであり、隣接したスタンフォード大学の教員や研究者を集めては、軍事応用を含めた先端技術開発を行なっている。現在はスタンフォード・インターナショナルと称している。また、スタンフォード大学は設立者の一族が心霊研究に思い入れをもっていたため、俗に「心霊ファンド」と呼ばれる枠組みで、超心理学研究の支援を行なってきた歴史がある。詳細は萩尾重樹『超心理学入門――実験的探究と歴史』（川島書店、一九九八年）を参照。

*9　開発当初の遠隔視の手法と実績については、ラッセル・ターグ、ハロルド・パソフ（共著）『マインド・リーチ――あなたにも超能力がある』（猪股修二訳、集英社、一九七八年）に詳述されている。なお英語圏での「パソフ（Puthoff）」の発音は、正確には「ピュートホフ」や「プトホフ」などが近い。

*10　前掲『マインド・リーチ』。

*11　本章後述*14のマクモニーグルの自叙伝による。

*12　前述のナショジオの番組にも取りあげられたが、本章*14のマクモニーグルの自叙伝の第八章末にも記載されている。しかし私は、そのあたりの施設で潜水艦が作られていることは、予測できる範囲ではないかと考えており、過大評価は禁物だと思う。

*13　ローレンス・リバモア研究所は軍事研究で有名な拠点。マクモニーグルが以前にその研究所に行ったことがあり、その記憶の想起が支えになった可能性がある。リバモア研究所であることの見当がつけば、記憶によって過大に的中したように見えるはずだ。

*14　マクモニーグルの自叙伝は、日本では『FBI超能力捜査官ジョー・マクモニーグル』（中島理

彦訳、ソフトバンクパブリッシング、二〇〇四年）という不適当なタイトルで発売されてしまったが、原題は『スターゲイト年代記（*The Stargate Chronicles: Memoirs of a Psychic Spy*）』である。マクモニーグルの同僚で、遠隔透視者のひとりデイヴィッド・モアハウスが書いた自叙伝は『スターゲイト——ＣＩＡ「超心理」諜報計画』（大森望訳、翔泳社、一九九八年）と、より妥当なタイトルになっている。

*15 すべての番組を見たわけではないが、私が見た範囲で「的中かそれに近いな」と思った犯罪捜査結果はなかった。また、次章に登場する皆神龍太郎などの懐疑論者たちも同意見である。

*16 並木伸一郎、宇佐和通（共著）『ＦＢＩ超能力捜査官マクモニーグルと「遠隔透視」部隊の真実——リモート・ビューイングのすべて』（学研、二〇〇七年）の一二六‐一二七頁を参照。

*17 犯罪捜査に役に立つ透視結果はなかなか得られないものの、いつ解決するかの予想はわりと当たるという感触が指摘されている（直江庸介「ＴＶのチカラ——サイキック捜査の舞台裏」『超心理学研究』第一一巻、三八‐四三頁）。

*18 ターグとパソフの共著には前掲『マインド・リーチ』があるが、ターグはその後、精神世界への興味を高め、以下のような書籍を出版している。

Targ, R., and Houston, J., *Limitless Mind: A Guide to Remote Viewing and Transformation of Consciousness*, New Forld Library, 2004.

パソフは基礎物理学へと回帰し、ゼロポイント・エネルギーなどの先端的仮説を提唱している。詳しくは、リン・マクタガート『フィールド——響き合う生命・意識・宇宙』（野中浩一訳、インターシフト、二〇〇四年）を参照。

*19 伝統的方法では、一〇〇か所ほどの候補地点から一か所を選んで、一日一回の遠隔視を行ない、それを四〜六日連続して行なう。その結果得られた、四〜六日分の透視の口述と、ターゲット

となった現地写真（および訪問記録）をそれぞれランダムな順序にして判定者にわたし、判定者が各日の口述ともっとも合致する順序に、現地写真をランキングする。しかし、判定者に訪問記録をわたして判定させると、当日の天気の記述などで口述との対応関係が判定者に知られてしまうという指摘があった。超心理学者は、この影響は大きくないと主張するものの皆無ではないので、判定者に訪問記録をわたさずに、直接現地に行ってもらって判定するという改善もなされた。しかし、判定の手間がかなりかかるという問題があった。

*20 第1章*4のホノートンらの論文より。

*21 変性意識状態とは、通常の意識状態でないさまざまな意識状態（夢見状態、催眠状態、ドラッグ服用状態など）を指す。超心理学者のチャールズ・タートによる『サイ・パワー——意識科学の最前線』（井村宏次他訳、工作舎、一九八二年）を参照。日本では『アルタード・ステーツ——未知への挑戦』という米国の映画（一九七九年）でこの用語が有名になったが、反面、肉体が変身してしまうような怪しい精神状態を指すという誤解も広まったようだ。

*22 もし、伝統的な遠隔視の判定を透視者が自ら行なうとすると、透視者は一連の実験が終了し、かつ判定が済まないかぎり、真のターゲットを知らされないことになる。透視者に真のターゲットを知らせないように管理することも難しいし、なによりも透視者に真のターゲットをただちに開帳することができず、訓練効果が低下してしまうおそれがあった。遠隔視の実施方法や実施上の留意事項は、マクモニーグルによる『遠隔透視ハンドブック』（杉本広道訳、東洋経済新報社、二〇〇九年）に詳しく記載されている。

*23 一九九四年に制作されたＡＢＣのこの番組「検証にかける（*Put to the Test*）」は、メイが現在所属するCognitive Sciences Laboratoryのホームページにアーカイブされている。
http://www.lfr.org/lfr/csl/media/videoclips/Put2Test/Put2Test.html

夏期研修会でも紹介があったが、一一分間の放映クリップに一五万ドルの制作費がかかったそうだ。本章*14の第一六章に、その予知透視の顛末が書かれている。

*24 ブロートンはその後、職を求めて英国エジンバラに転居し、現在は英国ノーザンプトン大学に滞在している。

*25 Broughton, R., *Parapsychology: The Controversial Science*, Ballantine Books, pp.322-327, 1992.

*26 ローゼンタールによるガンツフェルト実験の評価は、すでに以下の論文として発表されており、ガンツフェルトの分析は科学的方法であるとして高い評価が与えられていた。
Rosenthal, R., Meta-Analytic Procedures and the Nature of Replication: The Ganzfeld Database, *Journal of Parapsychology*, Vol.50, pp.315-336, 1986.

*27 May, E., The American Institutes for Research Review of the Department of Defense's Star Gate Program: A Commentary, *Journal of Parapsychology*, Vol.60, pp.3-23, 1996.

*28 Utts, J., An Assessment of the Evidence for Psychic Functioning, *Journal of Parapsychology*, Vol.59, pp.289-320, 1995.

*29 公開データは一万二〇〇〇項目、九万頁近くの量だという。しかし、部分的にプロジェクトにかかわったチャールズ・タートによると、公開されてない、かなりよい結果のデータがまだあるという。
Tart, C., *The End of Materialism: How Evidence of the Paranormal Is Bringing Science and Spirit Together*, Noetic Books, ch.7, 2009.

第3章

超能力の実在をめぐる懐疑論争

実証科学として発展した超心理学のコミュニティでは、懐疑的な見方も多く議論されており、超能力の存在をやみくもに信じる研究がなされているわけではない。その点では、超能力の信奉から出発する肯定論者とは一線が画されている。むしろ問題が大きいのは、懐疑論者を自称する「かたくなな否定論者」である。彼らのネガティヴ・キャンペーンは辛らつだ。超心理学はそれに対抗して、他の研究分野では見られないほどの厳密な研究方法を確立してきた。超心理学の歴史は、批判との戦いの歴史とも言える。

科学とは、仮説を実証すること、また仮説が反証されたならば、それに代わる新しい仮説を打ちたてることを、絶え間なく繰り返す営みである。どんな主張に対しても、ときには自らの主張に対しても、懐疑的な姿勢で取り組むことが望まれる。超心理現象の証拠を批判的に検討する正統的な懐疑論者[†]は、総じて超心理学の発展に寄与してきた。

■ トンデモ超能力対談

「そうなんだよ。僕はずっと超心理学はかわいそうという立場なんだ」

懐疑論者である皆神龍太郎は言う。彼のスタンスは、UFO＝否定、心霊＝否定、超心理学＝同情なのだそうだ。[*1]

「これまでの超心理学で超能力現象の実在が証明されたとは思っていないけど、それでも超心理学はかわいそうなんだよ。だって超心理学って、懐疑論者の僕が見ても客観性を保とうとしているし、普通の科学のメソッドにのっとった方法で、ちゃんと実験などをやろうとしているんだ。さらに他の社会科学とか心理学とか以上に、『下手な実験をしたら、その間違いに突っ込んでくる人間がいる』わけ。つまり、批判される可能性を常に念頭に強く置いて実験をしているんだよね」

新聞記者でもある皆神の指摘はなかなか的確だ。彼はさらに力強く続ける。

「だから、なるべく批判されないように、穴のない実験をやろうと心がけている。超心理学者個々人には、足を引っ張られないようなちゃんとした実験を行い、かつ超能力があるというプラスの結果を出したいという意欲があるわけ。そういう意味で、超心理学の優良な実験はとても厳密に行なわれていますよ。普通の心理学とか社会学とかの実験では、超心理学ほど厳密にデータを扱っている例はむしろ少ないだろうね」

彼の見立てによると、超心理学者は、科学者社会のなかで超少数派に甘んじており、絶滅が危惧される種族として「レッドデータブック」に載っているそうだ。「絶滅危惧種」がもつ貴重な遺伝子と、超心理学者がもつ貴重な知識やノウハウが対応づけられており、かなり秀逸な比喩だなと、へんに感心してしまう。

私は、二〇〇七年に発足したＡＳＩＯＳ（超常現象の懐疑的調査のための会、会長・本城達也）という懐疑論の団体に、皆神とともに発起人として名をつらねている。二〇〇九年、皆神の提案で、彼と私は対談し、それをまとめて翌年出版されたのが『トンデモ超能力入門』（楽工社、二〇一〇年）だ。

この本では、皆神が超心理学の成果に否定的な懐疑論者、私が肯定的な超心理学者を演じた。「演じた」といっても、対談の最初のほうで、皆神がより否定論者のようにふるまい、私がより肯定論者のようにふるまっただけで、後半のほうはほとんど本心に近い。

本のなかで対談を続けるにしたがって、おたがいに共通のスタンスに近づいていくという構成になっている。つまり、白黒つかないグレーな領域の存在をおたがいに認めるスタンスだ。そのグレーの領域を皆神は、社会的な誤解と悪影響をおそれて黒《ニセモノ》と見る傾向が強く、一方で私は、科学の芽をつんではいけないと、より白《ホンモノ》と見る傾向が強い。

良質な懐疑論を戦わせるのは実りがあるし、なによりも楽しい。ライン研究センターの夏期研修会で、超心理学の重鎮ロバート・モリス（次章参照）は、「超心理学者はみな、懐疑論者であるべきだ」と言っていたが、まさにそのとおりだ。

超心理学者はみな肯定論者だと誤解される向きがあるが、じつはそうではない。私の経験でも、かたくなな肯定論者と話をしていると残念に思うことのほうが多い。そうした人々は、ＥＳＰもスプーン曲げも、テレポーテーション（物体の瞬間移動）からサイコメトリー（ある人の所有物からその人がどんな人か当てる技能）まで、なんでもいっしょくたにしてしまっている。

超心理学は実証科学である。ＥＳＰの存在はデータにもとづいて「ありそうだ」という段階にあるが、ほかの三つはそうではない。それをいっしょくたに「げんに存在するもの」とされてしまうと、それは超心理学の意義を認めていないに等しい。

ほかの三つについて少し解説しておこう。スプーン曲げやテレポーテーションのような特異な物理現象を起こすＰＫの研究は、それができると主張する能力者が少なく、研究が進んでいない。超心理学者のうちでも、ＰＫ現象は存在しないのではないかと考える研究者は

『トンデモ超能力入門』

少なくない。たとえばエドウィン・メイ（前章参照）がそうだ。おまけにスプーン曲げにしろ、物体のテレポーテーションにしろ、奇術のトリックが数多く開発されており、その可能性を排除するための工夫はかなりたいへんだ。

サイコメトリーができると称する「能力者」は多いのだが、超心理学の実験対象になることは少ない。実態としては、ほとんどが占い師の「当たった気にさせる技術」[*2]であろう。超心理学の立場からは、その所有物に指紋や臭いがついている可能性があり、サイコメトリーの厳密な実験は実施が難しいとみなされている。

かたくなな肯定論者はつまるところ、超常現象やオカルトの信奉者《ビリーバー》だ（オカルトや信仰については終章で詳述する）。科学的研究には、信仰は脇に置き、客観的事実やデータにもとづいて検討しようとする態度が必要だ。超心理学者はそうした態度をもつ科学研究者であるべきなので、かたくなな肯定論者とは一線が画されている。

■ かたくなな否定論者

前節では、かたくなな肯定論者の問題を指摘したが、その逆にあたる、かたくなな否定論者の問題もある。懐疑論者を語る者のなかに、この手の否定論者が少なからずまぎれている。かたくなな否定論者とは、次の誤った認識のうち、ひとつまたは複数をもっている者と、本書では定義しておこう。

❶ 超心理学者はずさんな研究をしている
❷ 超心理学者はかたくなな肯定論者である
❸ 自然科学を基礎づける、現在の物理学の描く世界観は絶対に正しい

本書第1章でホノートンと論争し、共同声明を出したレイ・ハイマンは、共同声明の時点で❶❷の認識をとり下げたように見える。ところが、第2章で紹介したNRCレポート事件やそれ以降の言動からすると、超心理学者へのバッシングを弱めていない。それがたんなる恨みからくる行動でないとすれば、ハイマンは、なお❶や❷、とりわけ❸の認識をもっているにちがいない。

最終章で再度詳しく取りあげるが、科学はデータにもとづく経験的なアプローチである。現在の科学の本流となっている理論や世界観が、必ずしも永遠に正しいわけではない。新しいデータとそれに基づく理論で改訂される可能性はつねにある。すなわち、特異に見えるデータは、新しい科学に発展する芽の可能性があるのだから、むしろ大事にされるべきだ。けっして、現在の科学理論に反するように見えるというだけで、さげすまれることがあってはならない。

ところが、かたくなな否定論者のなかには、本流科学の護衛官のように、「異端者」を迫害する者がいる。そういう者は、現在の本流科学の「信奉者《ビリーバー》」とも言えよう。ハイマンもそのうちのひとりなのではないだろうか。

さて、他の否定論者の特徴について、彼らがよく参照している本の内容から推測してみよう。まず一冊目は、心理学者テレンズ・ハインズが一九八八年に書いた『ハインズ博士「超科学」をきる——真の科学とニセの科学をわけるもの』（井山弘幸訳、化学同人、一九九五年）だ。同書の「実験超心理学のあぶない現場」と題する第五章には、次のような記述がある。[*3]

実験を正確に行えば行うほど、超心理現象を支持するデータを得る可能性は低くなってしまう、ということである。こうした相関が生まれる原因は、じつは単純なことである。すなわち、実験の統制がゆき届いた厳密な実験ほど、人為的な操作が加わる可能性は低くなるからである。かりに超心理が存在しないものならば、実験で人為的ミスが生じる原因を断ち切ることにより、超心理現象を肯定する証拠は消えてなくなることだろう。

この本がハイマンとホノートンの共同声明の二年後に書かれたことを思うと驚く。それもこの本が、懐疑論の本をたくさん出しているプロメテウス・ブックス社から刊行されている事実を考えるとなおさらだ。プロメテウス・ブックス社は、ハイマン自身も著書を出しているくらいの出版社であり、ハインズや出版社が、批判の先頭を走っていたハイマンの共同声明を知らないのはおかしい。意図的に共同声明を無視したのだろうか。第1章で述べたように、共同声明では、実験の統制はおおかた行きとどいており、実験の不備では説明のつかない偏りがガンツフェルト実験で出ていること自体は、一九八六年に合意されている。ハインズの本では、さらに次の記述がある。

ごまかしや捏造の問題についても、超心理学者と批判者の間で意見がわかれている。疑いもないことだが、科学のほかの研究分野と比べると、超心理学ではこれまでいかさまや捏造が頻繁にあった。その理由は単純だ。何しろうまくいくことがほとんどないのだから、実験結果をついでっちあげたい気分にかられるのだろう。もちろん、ほかの分野では捏造などないといっているわけではない。本当のところ捏造は行われているのだ。ただ、超心理学よりもその頻度は少ないというだけの話である。
超心理学では、研究者にしても被験者にしても、確かに誠実さに欠ける点が多い。

ハインズの科学者とは思えない侮蔑的な言葉は別にして、これは共同声明でハイマンが言いたくて言わなかった視点が含まれていると思われる。ハイマンは、ガンツフェルト実験において不備が原因というだけでは説明のつかない偏りが出ていることを認めるが、その原因は不明と言っている。この発言は、超心理学者がデータをでっちあげていると言いたかったかのようだ。この点については、次節で見るように、批判されてもやむをえない超心理学史上のでっちあげ事件がある。しかし、ガンツフェルトのメタ分析によって、一九七〇年代後半以降のデータの説明には、全体としてでっちあげ説はあてはまらないことは明らかだ（一〇六頁参照）。
さらにハインズの批判の対象は、ラインの古典的な実験にもおよぶ。

ラインたちが用いたカードあての基本的な実験法では、とうとうＥＳＰを証明することはできなかった。もっとも大きな問題となったのは、ラインが成功したという初期の実験例がいずれも再現できなかったことだ。その理由はたくさんある。たとえば、一見うまくいったかのごとく思われた実験で、使ったカードの印刷に問題があった、つまり図柄の印刷が強すぎて裏から透けて見えてしまったとか、印刷に問題がなくてもカードの素材が薄すぎて透けていた、といった場合が考えられよう。

カードの図柄に関するヒントや手がかりを被験者に与えないようライン夫妻は心を砕いていたが、どうもそのやり方は手ぬるかったようだ。ほとんどの場合カードは面を上に置かれ、小さな木製の覆いで隠されているだけであった。覆いがあってもカードの図柄が何であるかを知る手だてはいくらでもある。たとえば、実験者が掛けている眼鏡のレンズに映った図柄を見るとか、瞳に映る像を利用すればよい。

ＥＳＰカードが社会的に話題になった一九三〇年代以来、大衆本の付録などの形でずさんなＥＳＰカードがたびたび作られたのは事実である。[*4] ラインはその状況を問題視し、デューク大学の

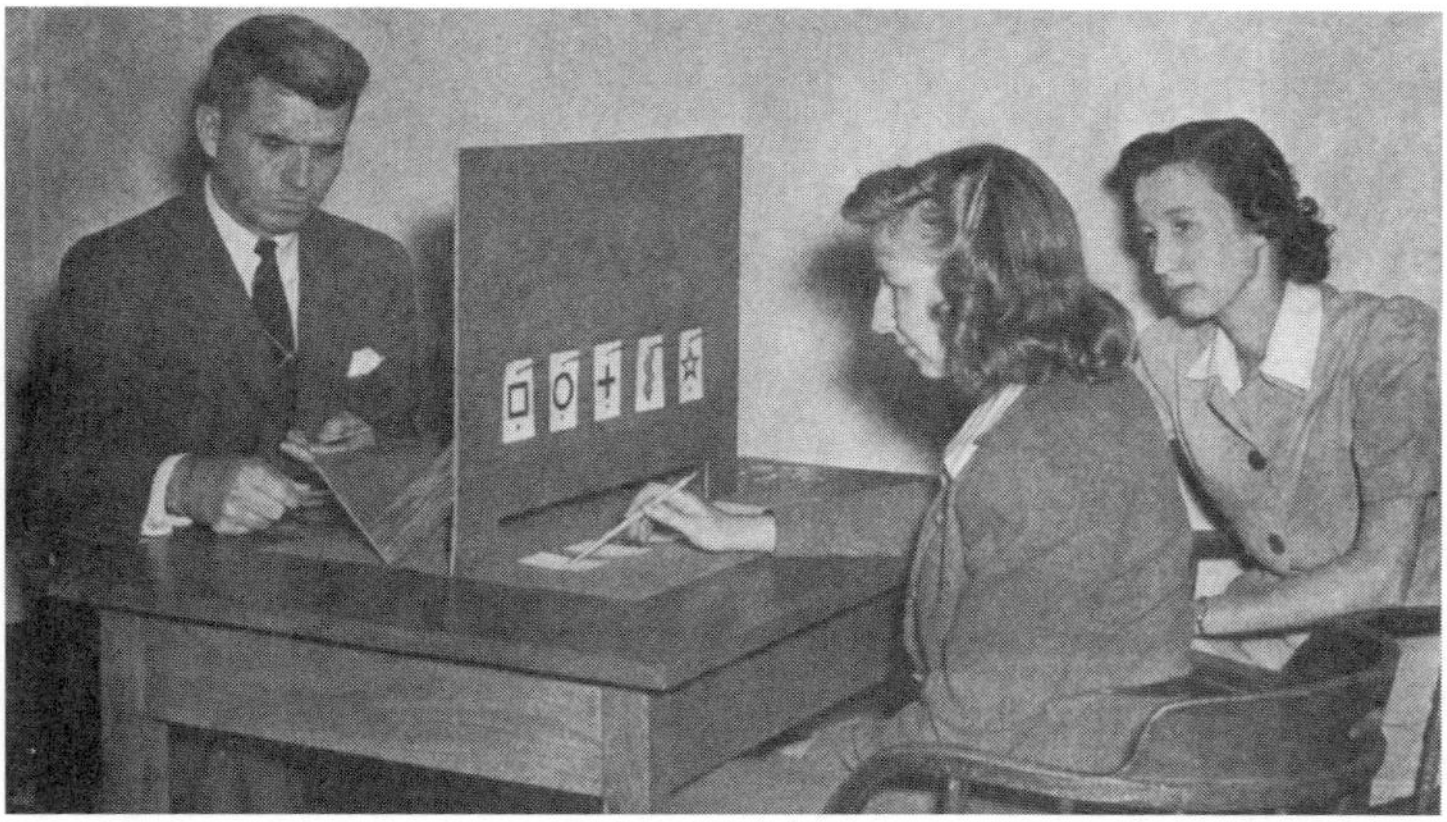
厳密化したESP実験（左はJ. B. ライン）

標準ESPカードを製作している（一八頁写真）。いまではESPカードは超心理学の実験に使われていないが、この標準ESPカードをライン研究センターから購入することができる。私もよく調べてみたが、これは裏から透けてはいない。しかしそもそも、ラインはそういった批判にこたえて、カードが透けるかどうかが問題にならない優れた実験方法を開発している。

その実験では写真にあるように、実験者と透視者を対面させて座らせ、そのあいだについたてを置く。そのついたてには五種のシンボルを実験者に見えないように、横に並べてランダムに貼り付ける。ついたての下部は隙間が空いている。実験者はシャッフルした一組のカードから、一枚ずつ裏向きのまま手に取りあげる。その状態で透視者は、実験者のもったカードがどの位置にふさわしいと思うか、場所を指で指定する。実験者は手にもったカードを指定された場所に置く。二五枚の指定が終わったら判定される。五種のシンボルと対応する五つの位置に同じカードが置かれていれば当たりだ。

私は二〇〇二年に、移転したライン研究センターのオープニング・セレモニーで、かつてその実験を行なっていたというインド出身の研究者B・K・カンタマーニが、自らこの古典的実験をデモンストレーションする機会に立ち会えた。インド特有のサリーをまとった小柄の彼女が、かつて行なっていたようにカードを操る手を見ると、しわのよった細い指が「ESP研究の歴史」を感じさせた。研究を続けた当事者であり、実態を知っている彼女は、ハインズの批判にはさぞかしあきれることであろう。

ハインズは、さらに次のように言う。

これほどまでに手続き上の失敗を繰り返しているとなると、ラインの実験結果からESPの存在を結論することは難しくなってくるだろう。それにほかの実験室で再現しようにも、二度と再現できないとなればなおさらのことだ。

一九四〇年にラインが著した『六〇年経過後の超感覚的知覚（*Extra-Sensory Perception After Sixty Years*）』[*5]では、当時までに世界中で行なわれてきたカード実験を総括しているが、実験がどんどん厳密になっても依然として高い的中率をあげていることが示されている。その報告と右のハインズの記述は矛盾する。

ＥＳＰの証拠とされている事実は、単なるカードあてのような試みで偶然以上の確率を示した、といった程度のものであることに留意すべきである。被験者を大勢かき集めて何度も何度も根気よく実験を繰り返せば、いつかは偶然以上の確率を得ることも統計上ありうる。そうした時にだけ被験者はＥＳＰを示すことになるのか？　答えはノーだ。確率の法則からして当然のなりゆきだからである。

このハインズの指摘は、当たりが多くなったときに報告し、外れが多かった場合には報告されないという「お蔵入り効果」の問題の指摘ととれる。この問題は超心理学にかぎらずあらゆる科学における問題だが、超心理学の場合は一九七〇年代後半以降、本章末に示すようにきちんと対処している。続いてハインズは、同書の第七章で「超心理学者の目は節穴か？」と題して、次のように言う。[*6]

ハイマンはガンツフェルト研究に多くの欠陥が含まれていることを発見した。まず大部分の研究において、目標となるもののランダムな選び方が不十分であることが判明した。また目標となる物体に関する情報が軽率にも被験者に伝わってしまう可能性があったし、盗み見を許してしまうような対策の不備も多く見られた。実際どのように研究が行なわれたか、それを十分詳しくたどってみて評価をくだすには、実験記録があまりにも簡略すぎた。

これは前述したように、ハイマンの共同声明と矛盾するのは言うまでもない。ハインズは先の❶に示したように、超心理学者はずさんな研究をしているという先入観にもとづいて議論を進めている。続けて同書から引用する。

ではなぜ超心理学などという分野が命脈を保っているのだろう？（……）おもな理由は、お互いに関連がないとはいえないものの二つあると筆者は考える。第一に、とりわけ一九六〇年代初め以来、超心理学は大勢の後続研究者を獲得してきた点があげられる。しかし後続研究者といっても、その大半は一線で活躍するような者ではなく科学の修練すら身につけていない者が多いし、何か経験的な証拠があって超心理現象を信じているというよりは、自分たちの世界像に超心理現象が合致するという理由で信じているような連中なのだ。（……）一九八〇年代になってからは、こうした超心理現象支持派の連中は大幅に増殖しており、超心理やそのほかの超常現象に関する無批判につくられた書物やテレビ番組や新聞記事の量産に手を貸しているのである。

この記述から、ハインズは先の❷にも該当することがわかる。彼は、超心理学者は研究能力のない「かたくなな肯定者」であるという先入観に支配されている。さらに彼は、次のように続ける。

学問として超心理学が存続する第二の理由は、この分野で許されている論理的な議論のタイプと深いかかわりをもっている。というのも、超心理学の世界では、反証不可能な仮説が自由に使えるからである。ほかの分野では信じられない話だ。このタイプの仮説を受け入れれば受けいれるほど、超心理学者たちは超心理現象への自分たちの信念が否定されるような事態を考えなくなる。

超心理学者はすべてを肯定しているわけではない。第8章で後述するように、現象が起きやすい条件、起きにくい条件が特定されている。だから、実験の失敗から超心理効果の非在の条件が示されているので、「反証不可能」という批判は当たらない。むしろホノートンがたびたび主張していたように[*7]、肯定的な結果を出した実験がどれだけすぐれたものであっても、批判者は、実験の成功は超心理の存在以外の原因にゆだねているのが実情だろう。ハインズの主張は、むしろ彼が❸にあるような、本流自然科学の理論を妄信していることのあらわれとみなすことができよう。

ブラックモアが一〇年もの間、何度実験しても超心理現象の証拠をつかめなかった時の話だ。もちろんロゴーは超心理が実在しない可能性をはなから考えていない。ブラックモアの失敗の原因は、彼女の心の奥底に隠された無意識の動機にある、という到底テストすることのできない考えをロゴーは抱いていたのだ。科学研究のいかなる分野においても、仮説で予測された効果が見つからなかった場合、その失敗の〝説明〟としてこの種のいい抜けが真剣に取りあげられるようなことは、まず考えられないだろう。経験的な手続きで否定される可能性をほとんど排除してしまうような、こうした超心理学特有の論法は、科学というよりはむしろ宗教の名にふさわしいものである。

（スーザン・）ブラックモア[*8]とは、スコット・ロゴーにかぎらず超心理学者たちのあいだで大きな議論を巻き起こしている人物だ。私が参加した夏期研修会で、子どもについての実験法を講じてくれたアン・ドラッカーは、ブラックモアの話になると不満をあらわにした。彼女とは以前一緒に研究を行なっていたというが、「ブラックモアのきつい性格は心理学の実験にはふさわしくない」という。子どもの発達を見ようと心理学実験をしようとしても、子どもに冷たくあたると妥当な実験結果は得られない。それと同じことがブラックモアの超心理実験では起きているという。どんな分野でも実験の上手な人と下手な人がいるものだ（実験者効果[†]）。こうした検討をすることが、なぜ「宗教」なのだろうか。

ハインズは、自らの著書の第七章を次の言葉で締めくくっているが、それは超心理学者というよりは、彼自身にあてはまっているように思える。つまり彼は、自分の信念が正しくないという証拠にあえて目をつぶり、いっさい自分の態度を変えようとはしないのだ。

こうした研究から浮かびあがってくるパターンは明白である。超常現象を信じる者は、それを疑う者よりも堅い信念をもちやすく、けっして信念を変えたりしないという傾向である。反対に懐疑的な人間は、自分の信念が正しくないという証拠を見せられればそれを認め、進んで自分の態度を変えようとするのである。信じる者はそうでない者と比べて、かなり狭い心のもち主だといえよう。

ハインズの本の批判が長くなったが、この本の日本における影響力は非常に大きい。さまざまな疑似科学の解説本に引用されて問題を深めてしまっている。なかでもよく売れた池内了の『疑似科学入門』(岩波新書、二〇一一年)の有力な参考文献ともなっており、超心理学者の活動の真の姿がまた歪んで伝わっている。

続いて、かたくなな否定論者の二冊目として、より最近の本から、物理学者ロバート・パークが書いた『わたしたちはなぜ科学にだまされるのか――インチキ!　ブードゥー・サイエンス』(栗木さつき訳、主婦の友社、二〇〇一年)を見てみよう。[*9]

一九三二年に分子膜の研究でノーベル賞を受賞した偉大な化学者、アーヴィング・ラングミュアは、一九三四年、デューク大学の心理学者J・B・ラインのESP(超感覚的知覚)研究の論文を読んだ。ラングミュアは、自身が呼ぶところの「病的科学——事実でないことがらの科学」に、ESPがあてはまることに興味をおぼえた。「ESPの実践者はウソつきではない」とラングミュアは論じた。「かれらはただ、自分自身をだましているだけだ」と。ラングミュアにとって、ESPはまぎれもなく病的科学の典型であった。ラングミュアは、病的科学の特徴として「証拠としてあげられたデータが、常に検出可能な限界ぎりぎりの微量でしかない」ことを指摘した。

この出典は、一九五三年のラングミュアの講演記録らしい。そのラングミュアが、その二〇年も前にラインと会った経験を想起して講演した内容が、えんえんとつづられている。一般に、二〇年も前の経験の記憶は、いろいろな思い込みに装飾されて不確かになっているものだ。ましてや著書でなく責任の薄い講演ではなおさらだと推測できる。それをパークは、さらに五〇年近くたって自説の主張のために収録しているとは、いったいどういうことか。この五〇年間に研究が進んでいるとは思わなかったのだろうか。

いずれにしろ、ガンツフェルトなどの最近の動向にはまったく触れられず、古い不正確な話が並び、最後にはこう書かれている。

「ラインが推論をだした過程には欠陥がある」と、ラングミュアはある記者に説明しようとしたが、記者はラングミュアの統計学の話についていけなかった。そこで記者は、「ノーベル賞を受賞した高名な科学者が、ESPを調査中である」という記事を書いた。ラインのもとには大学院生と資金援助の申し出が殺到した。まさに、ラインの思惑どおりに事は運んだ。ラングミュアはラインの実験の欠陥を指摘しようとしたのだが、ノーベル賞受賞者が関心をはらったという事実だけがメディアに報道され、ラインのESPには逆に信憑性が与えられたのである。

一九五三年の講演でラングミュアは、「ラインの統計分析はずさんである」と述べたようだが、その統計分析の方法は、統計数理研究所の所長バートン・H・キャンプ博士が一九三七年に、精査のうえ問題がないと判断して以来、とうに懐疑論者のあいだでも批判の対象になっていない。[*10]パークがラングミュアの講演を収録したのは、ラングミュアがノーベル賞を受賞した批判者だからであろうか。もしそうならば、超心理学の研究者側にもノーベル受賞者は多い。心霊研究の時代には、J・J・トムソン（物理学賞）、レリー卿（化学賞）などが、より最近では、さきに紹介した、超心理学に統計を導入したシャルル・リシェ（医学・生理学賞）、存命の研究者ではブライアン・ジョセフソン（物理学賞）がいる。

議論の最後の部分で、ラングミュアがメディアの問題を述べているが、これに対して超心理学者側は、別な問題を再三指摘している。超心理学がいかに厳密な実験をしていても、それがなかなか正確にメディアで紹介されないという問題である。結果として、ずさんなデモンストレーションと同一視される扱いが、超心理学に対してなされている。このメディアの二面的な問題については、改めて終章で詳しく述べる。

否定論者の三冊目には、経済心理学者のトマス・ギロビッチ『人間この信じやすきもの——迷信・誤信はどうして生まれるか』(守一雄、守秀子訳、新曜社、一九九三年)をあげよう。[*11] 同書の第一〇章「超能力への誤信」には、超心理学の実情を無視した記述が目立つ。

超常現象がほんとうに存在しているのかどうか、まず、こうした領域の専門家の意見を吟味してみることにしよう。アメリカ国家学術協議会からこの領域の研究を委託された科学委員会は、次のように結論している。「この領域の130年にわたる研究結果を検討したが、超常現象の存在を科学的に裏づける証拠は見いだされなかった。超常現象が存在することの証拠とされてきたもののほとんどは、証拠となるに十分なものではなかった。」長年にわたって、超常現象とされるものの再検討を続けてきている心理学者のレイ・ハイマンも、「超常現象が実在することを認めるだけの科学的根拠は現在まったく存在しない」と述べている。超常現象の存在を強く信じている人々の多くも、結局は同様の主張をしている。たとえば、スタンリー・クリプナーは、超心理学の熱心な研究者であり、超常現象を堅く信じている学者であるが、そんな彼でさえ、次のように述べているのである。「(……)誰がやっても一貫して同じ現象が観察されるような実験的方法は、その後いまだに開発できていない。さらに、超常現象の背後にどのようなメカニズムがあるのかも解明できていない。そして、厳密な実験室での研究では、超能力が実在するという証拠は、まったく得られていないのである。」

この引用の前半のトピックはＮＲＣレポートであり、その記述の背景は前章で述べたとおり。レイ・ハイマンの引用も共同声明以前の論説、クリプナーの引用にいたっては一九七七年の論説だ。一九八〇年代に、ガンツフェルト実験によって一貫した方法が確立した。否定論者は「過去」の超心理学研究を批判するというが、まさにこれもその状況におちいっている。

科学においては、ある現象が真のものであると認められるためには、いくつかの実験室において同じ現象が再現できることが要求されるのである。ある現象を発見したと主張する研究者は、他の研究者であっても、同じ手続きを採ればその現象が起こることを確認できるように、その現象を生起させるための手続きを詳細に記述しなければならないのである。こうした再現性の要求は、科学のいかなる分野においても必要とされるものである。それでも、もし再現性の要求が他の分野よりも特に強く期待される分野があるとすれば、それはまさしく、超心理学の分野であろう。この分野こそは、不正とインチキに悩まされ続けてきたからである。

結局のところ、超能力が存在することを主張する人々にとって、超能力を実験室で再現できないことこそが最大の弱みなのである。ある実験室で見つかった超常現象が、別の実験室では見つからない。時には、超能力の肯定派の研究者によって、超常現象が再現されたかのような報告がなされることもあるが、懐疑派や中立的な研究者によっては、けっして再現されないのである。

本章末で詳述するメタ分析の手法により、ガンツフェルト実験についてはさまざまな実験室での再現性が認められている。統計学者アッツの論文[*12]によれば、超能力と思われる効果の大きさ[†]は、通常の人間や社会にかかわる学問分野の実験でとらえられる現象と比較すれば、けっして小さくない。

この本の大きな問題は、右の引用のすぐ先に付されている注に、「超能力の否定派は、その有効性を疑問視し、手続き上の問題点や統計学的なひずみの生じる可能性を指摘している」とし、参照すべき論文に、なんとハイマンとホノートンの共同声明論文が掲載されているのだ。何度も言うようだが、共同声明論文は「手続き上の問題点や統計学的なひずみの生じる可能性は小さい」と合意した論文である。ギロビッチはこの論文を読まずに注に掲載し、誤った結論に至ったと思われる。

さらに不可解なのは、ギロビッチはコーネル大学心理学部の教授であり、ダリル・ベムの同僚だ。ギロビッチ本の謝辞にはベムに対して「原稿を何度も読んで、有益なフィードバックを与えてくれた」とある。また第六章にもベムが超常現象の批判者として登場している。

ところがベムは、一九八六年の共同声明などを目の当たりにして懐疑論から転向し、超心理学研究をはじめたと一九九三年の論説に書いている。[*13]すでに一九九〇年版の『ヒルガードの心理学』には超心理学の解説を執筆しているので、一九九一年にギロビッチのこの本が発行された時点では、すでにベムは超心理学に通じていた。そのベムが、このギロビッチの第一〇章を読んでそのまま放っておくとはとても考えられない。ベムの助言を反映せずにギロビッチが出版におよんだのではないかと推測できる。

しかし、このギロビッチの本は、第一〇章以外はよく書けている。私も授業の教科書として三年間採用した。[*14] 日本では現在でも売れ続け、二〇年近くのロング・セラーになっている。超心理学の実情を正確に記した本[*15]は通常五年もしないうちに絶版になるなかで、その実態を誤解させる本はずっと売れ続けて誤解を広めるという悲しい現実である。

■ 超心理学の不祥事

超心理学の実験では詐欺が行なわれているという指摘（たとえば直前に掲載した引用文）は、なにかにつけて懐疑論者から寄せられる。そして、それは残念ながら事実無根ではない。本節では、懐疑論者がよく引き合いに出す二件の詐欺行為の例を挙げる。加えて、それに対する超心理学コミュニティの対処と対策を述べる。

ひとつ目はレヴィ事件である。この事件は一九七〇年代の初頭、ライン研究センターの前身、当時の研究所で起きた。ウォルター・レヴィという若い医学生が、ネズミを用いた超心理実験を実施し、有意な結果を次々と挙げたのだ。レヴィは小柄で色白、髪を七三に分けて大きな眼鏡をかけ、「優秀さ」を絵に描いたような青年であった。彼が取り組んだのは、卵の孵化実験や、檻《おり》に流される電気ショックをネズミが予知的に避けるのを記録する実験であり、その仕組みがほとんど自動化されていたところに大きな特徴がある。

彼はこの実験結果をもとに、ネズミにも特異的な能力があると指摘し、超心理学のコミュニティに大きな期待を抱かせた。ネズミが使えれば、これまでよりも実験が容易になる。ところが、レヴィの活躍が二年ほど続いた一九七四年、真実が暴露された。あまりに「きれいな」データが、それもネズミに対して安定的に得られていることに不信感をつのらせた研究所のスタッフたちが、レヴィの実験結果が別の装置にも記録されるように細工をした。案の定、その記録はレヴィの申し出る結果とは異なっていた。有無を言わさぬデータを突きつけられたレヴィは、コンピュータのデータを改ざんしていたことを白状する。いい結果が出ないと研究が続けられないと思ったと、彼は口にした。

レヴィは、ラインによって超心理学のコミュニティから永久に追放された。その後、同様のネズミの追試実験がなされたが、いまだに安定した有意な結果にはなっていない。多くの超心理学者は、ネズミでは特異的能力は発揮されないと考えている。

ふたつ目はソール事件である。この事件は、一九四〇年代に起きたのだが、最終的な決着がついたのは、なんと一九七八年であった。事件の主役は、ロンドン大学の数学者サミュエル・ソールだ。彼は長らくライン流のカード当て実験を繰り返していたが、有意な結果が得られないために、ラインの実験に対して批判的になっていた。ところが一転して、顕著に有意な結果をおさめるようになった。その代表的な実験は、一九四三年に報告された、写真家のシャクルトンらを被験者にしたテレパシー実験である。

このテレパシー実験では、送り手が五種類の動物カードうちの一枚の絵柄をターゲットに指定されて念じ、受け手がどの動物の絵柄かを当てるものだ。送り手の絵柄は、乱数表に現れる1から5までの番号によって決定された。ソールの実験結果の特徴は、そのころ話題になりはじめた「時間的転移†効果」であった。すなわち、そのときのターゲットよりも、ひとつ先の回のターゲット（将来のターゲットだから結果的に「予知」になる）と有意にマッチしたという。さらに実験をすばやく短時間で行なったところ、ふたつ先の回のターゲットと有意にマッチしたというのだ。

ソールの実験にはその当初から怪しい指摘があった。送り手側の実験を管理していた共同実験者のグリータ・アルバートは、ソールは判定用紙上のターゲット番号に記載されていた1の番号を上からなぞるかたちで、4や5に書き換えたうえで自らがマッチの判定をしていたのだと主張した。しかしこの指摘は、根拠のない濡れ衣だとして葬られ、ソールは三〇年ものあいだ、一流の超心理学者としての名声を保っていた。

調査の本格的なメスが入ったのは、一九七〇年代に入ってからであった。一九七四年にスコットらによって、アルバートが実験者に加わっていたセッション†では、アルバートの指摘どおり、4と5の「当たり」が有意に多いことが明らかにされた。さらに、事態を決定的にしたのは、一九七八年のベティ・マークウィックによるコンピュータを使った分析である。[16] この分析で、ターゲットに同一パターンの乱数系列がたびたび使われていることが判明（これ自体は、被験者が異なればさほど問題ではない）し、その乱数系列から逸脱したところどころの数字が、まさに「当たり」に該当していることが明らかにされた。つまり、ターゲットとなっていた乱数系列にあった1を4や5に書き換えることで、ソールが「当たり」を「作り出して」いたことが強く示唆された。

ソール自身は一九七五年に死去したが、それ以前もしばらく認知症の状態になっていたため、この七〇年代の調査に対して反論はできなかった。超心理学のコミュニティは、ソールの研究成果をすべて超心理学の実績から外すと宣言した。

これらの超心理学の汚点ともいうべきふたつの事件は、大きな波紋をおよぼした。批判者たちは、「すべて研究者のでっちあげ」という仮説が具体的に例証されたと、あたかも鬼の首を取ったかのように、その後の主張にこれらの事件を引用するようになった。[17]

超心理学者は、詐欺的行為がおもに超心理学者の手によって暴かれてきたことを強調し、コミュニティに健全な自浄作用があることの証しだと主張した。加えて、コミュニティの倫理綱領の強化を図った。[18] また、超心理学の実験は、きちんと企画・実施されたものであれば、たとえ有意な結果が得られなくとも価値あるものとして、PAは一九七五年に、すべての実験結果の発表を奨励するようにした。これは、有意なデータが得られないと研究が続けられないといった、不適当な社会的圧力を防ぐ効果がある（さらにもうひとつ、メタ分析に伴う「お蔵入り効果」を防ぐ効果もあるが、これについては次節で述べる）。

どんな科学のコミュニティであっても、それが人間の営みであるかぎり、ある程度の詐欺行為はつきものかもしれない。むしろ、コミュニティ自体が詐欺行為に対して頑強になっている必要がある。他の科学では、「でっちあげ」が起こっても再度確かめれば白黒つくことが多く、疑わしい研究や研究者は自然に忘れられていくものである。超心理学では、再実験に手間がかかることが多いので、そうした自然な作用に期待がかけられないのだ。再実験が容易な研究方法を開発することも、詐欺問題のひとつの解決法となるだろう。

■ 厳密化する超心理学

つきつめて考えれば、否定論者の批判で比較的長く残ったものは、「お蔵入り効果」[*19]と呼ばれる限定的な報告と、研究者の詐欺であった。前述のとおり一九七五年にPAが、どんな失敗実験にも価値があるという方針を打ち出し、失敗した実験結果の発表が奨励され、この問題は急速に改善した。なかでも一九七四年からデータが累積されはじめていたガンツフェルト実験には大きな寄与があった。ガンツフェルト実験のメタ分析を容易にしたのである。

メタ分析（「分析についての分析」の意）とは、複数の研究報告をとりまとめて、全体としてどんなことが言えるかを分析する方法だ。一九八〇年代から、生物学や医学、社会心理学などに本格的に導入

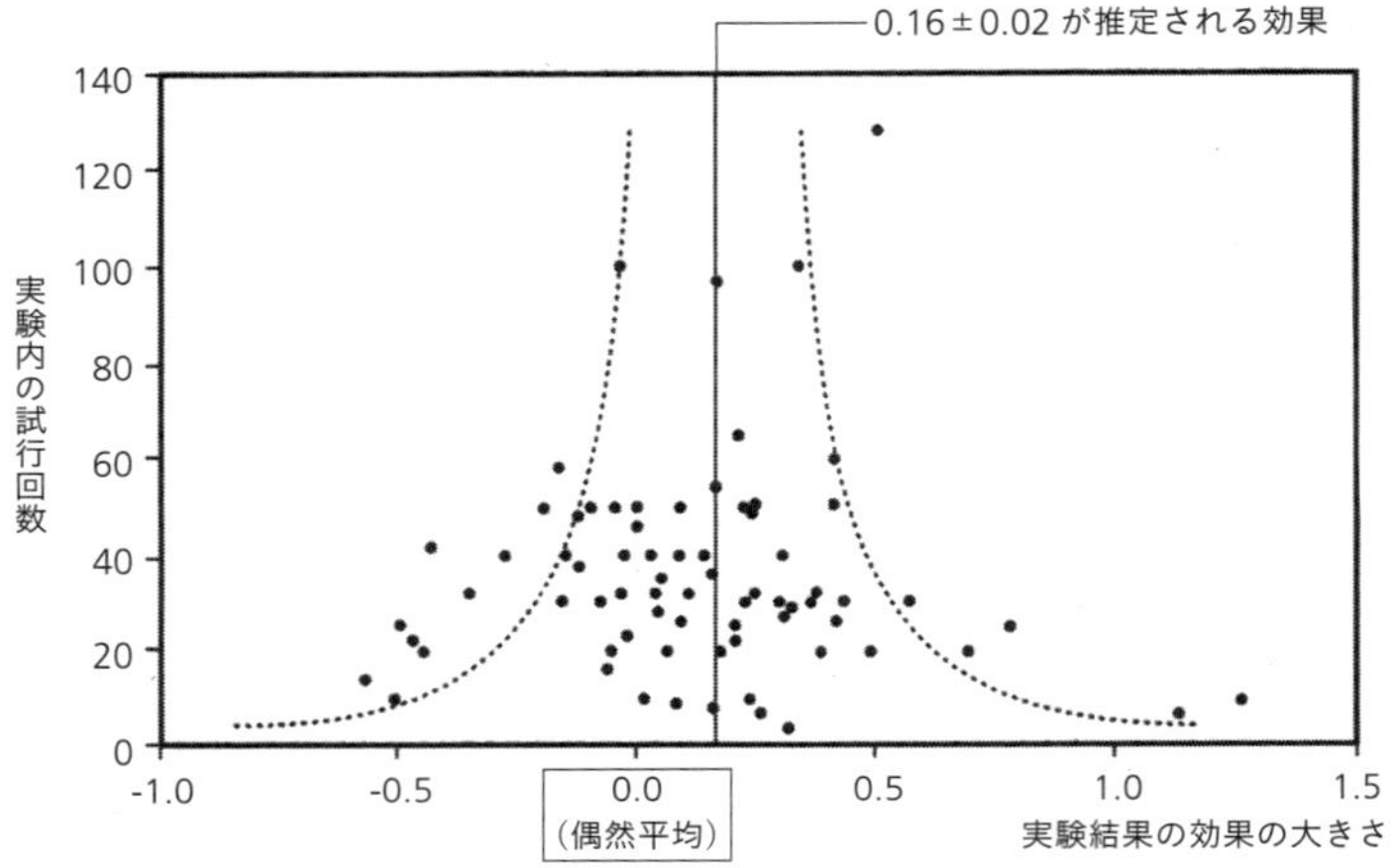

図 3.1　ガンツフェルト実験のメタ分析
［図は、ラディン『量子の宇宙でからみあう心たち』（徳間書店）より］

された、小さな効果を調べるのに威力を発揮してきた。超心理学の領域では、限定された論文誌にほとんどすべての研究が載るので、研究を網羅する必要があるメタ分析は超心理学向きの分析方法である。

ラディンは一九七四年から二〇〇四年までに発表された八八のガンツフェルトの研究報告を、じょうごプロットでメタ分析した。[*20] 図3・1に示すように、横軸がその研究報告での効果の大きさ、縦軸がその研究報告での試行回数であり、図中の黒点ひとつひとつが、八八の実験報告を示している（総試行回数は三一四五回）。横軸の0の位置が偶然平均なので、それより右は効果が見られた成功実験の報告、左は効果が見られない失敗実験の報告だ。つまり失敗実験がしまいこまれていることはほとんどなく、しっかり報告されている状況が判明した。

図の上部から下部に至るにしたがって、じょうごを伏せたように黒点が左右にひろがっている。上部の試行回数が多い実験報告は誤差が少なく点が中央付近に集中し、下部の試行回数が少ない実験報告は誤差が大きく点が左右にばらつく。このじょうごの形状が左右対称の場合、報告の「お蔵入り」がなく、健全な研究報告が長年にわたって行なわれていることを示している。また、そのじょうごの中心線が、推定される効果の値（0.16±0.02）を指し示す。図では中心線が右にずれているので、八八の実験報告全体として、ある程度のＥＳＰ効果が存在すると図示されている。

こうして、失敗実験を「お蔵入り」にして、偶然成功した実験だけを限定的に報告したという疑いは、メタ分析によって晴らされた。三〇年間のデータが示すじょうごの形状にゆがみが見られないからだ。

さらに、研究者の詐欺の疑いも続けることが難しくなった。というのは、詐欺があったとすると、三〇年間にわたり将来のメタ分析に備えて、多くの超心理学者が共謀して一定の効果があがるようにガンツフェルト実験の成功を水増ししたという、ほとんどありそうもない説明をしなければならないからである。

超心理学は批判を受けることによって実験品質を向上させ、わずかな現象でも確実に把握する統計的分析法を確立してきた。科学的には今や、超心理実験の結果は有無を言わさぬ水準にまで向上したと言える。しかし依然として、かたくなな否定論者を論破することは難しい。彼らは同一の土俵にはのらずに、過去の不完全さを誇張しながら指摘し続けるからだ。メディアを介してその不当な指摘がどんどん増幅してもいる。この手の「封印の構造」は、ある種の情報操作の色合いが強い。次章では、それに加担していると見られがちな奇術師たちの、意外な実情にせまる。

◆注◆

＊1　皆神龍太郎、石川幹人（共著）『トンデモ超能力入門』（楽工社、二〇一〇年）二四〇－二四一頁。

＊2　占い師のテクニックについては、イアン・ローランドの『コールド・リーディング――人の心を一瞬でつかむ技術』（福岡洋一訳、楽工社、二〇一一年）が参考になる。

＊3　『ハインズ博士「超科学」をきる』一〇六－一一七頁。なお、「サイ」という単語は、本書の訳語に合わせて「超心理」などに改めた。また、説明の都合で、原著の掲載順に対して、本書の引用順を一部入れ替えている。

＊4　不完全なＥＳＰカードの制作にライン自身が巻き込まれた経緯もある。これについては前掲『超常現象を科学にした男』八四－八六頁を参照。裏から透けるＥＳＰカードの例には、ジェームズ・ランディ（次章参照）が書いた『あなたのＥＳＰ能力を知る（*Test Your ESP Potential*）』（未邦訳）の付録がある。私もライン研究センターの図書館で同書の実物を見たが、まったく役に立たないずさんなカードで、この書籍自体がパロディではないかと思うほどだった。

＊5　前掲『量子の宇宙でからみあう心たち』一二九頁に、図入りでわかりやすく整理されている。

＊6　前掲『ハインズ博士「超科学」をきる』一四五－一六二頁。

＊7　Honorton, C., Rhetoric over Substance: The Impoverished State of Skepticism, *Journal of Parapsychology*, Vol.57, pp.191-214, 1993.　前掲「チャールズ・ホノートンとガンツフェルト研究」

に小久保秀之の邦訳がある。

＊8 スーザン・ブラックモアは、英国サリー大学において超心理学研究で博士号を取ったのちに、懐疑論に転向した。意識論やミーム論の論客としても有名。

＊9 『わたしたちはなぜ科学にだまされるのか』八九－九二頁。

＊10 前掲『超常現象を科学にした男』八七頁。ターゲットとその応答をクロスチェックすると偶然期待値になることからも、統計分析法はおおかた問題ないと判断されている。クロスチェックとは、ターゲットとそれに応答した†コールの対応関係をランダムに入れ替えて、同じ統計分析法でチェックすることをいう。ターゲットとコールは実験に対応したものではないので、超心理的効果は出ていないはずである。それが分析上、偶然期待値になるので、問題ないとみなされている。

＊11 『人間この信じやすきもの』二六八－二六九頁、二八二－二八五頁。

＊12 アッツ論文は、第2章＊28に掲出。

＊13 ベムの論説は、第1章＊17に掲出。

＊14 このギロビッチの本を私は、「認知情報論」という授業で二〇〇五年度から二〇〇七年度まで教科書に採用した。講義が第一〇章におよぶと、私はこの章がいかに大きな問題を含むかを講じたが、教科書に誤りがあるという状況に学生は当惑する傾向が高く、教育的効果は十分でないと痛感した。

＊15 たとえば、私が翻訳したラディンの『量子の宇宙でからみあう心たち』は、出版後三年を待たずして品切れ（事実上の絶版）状態だ。よく超心理学関係の本はあまり出版されてないと言われるが、日本では過去に一〇〇冊以上出版されている（巻末付録「読書ガイド」参照）。しかし実証的な議論を載せれば載せるほど、一般の人々の興味から遠ざかってしまい、売れなくなる。したが

って超心理学の本格的な書物は、安直な肯定論や否定論の本に比べて目立たないのだろう。他のマスメディアの話題については第6章を参照されたい。

*16 ソールの捏造を暴いたマークウィック論文は、英国の心霊研究協会（ＳＰＲ）の論文誌に発表されている。

*17 Markwick, B., The Soal-Goldney Experiments with Basil Shackleton: New Evidence of Data Manipulation, *Proceedings of the Society for Psychical Research*, Vol.56, pp.250-281, 1978.

ソール事件を超心理学批判に使っている例には、たとえばチャールズ・ウィン、アーサー・ウィギンズ（共著）『疑似科学はなぜ科学ではないのか――そのウソを見抜く思考法：占星術やＵＦＯ、超能力が科学と言えない理由、あなたは説明できますか?』（奈良一彦訳、海文堂出版、二〇〇九年）一五六頁がある。

*18 ＰＡの倫理綱領（Ethical and Professional Standard for Parapsychologists）は、イアン・スティーヴンソンを座長とし、ジョン・ベロフ、ジョン・パーマー、モンタギュー・ウルマンをメンバーにして一九七七年から検討がはじまった。一九八〇年にスティーヴンソンが会長に就任したため、座長がレックス・スタンフォードに交代し、メンバーにウィリアム・ブロードを加えて、まとめられた。

*19 「お蔵入り効果」の分析法の開発は、前章に登場したローゼンタールの主要成果である。Rosenthal, R., The "File Drawer Problem" and the Tolerance for Null Results, *Psychological Bulletin*, Vol.86, pp.638 - 641, 1979.

報告論文のメタ分析の有意性から逆に、お蔵入り報告の数を見積もり、お蔵入りがどの程度問題なのかを評価する方法（巻末付録「統計分析の基礎」を参照）を示している。

*20 前掲『量子の宇宙でからみあう心たち』一七六頁。

第II部

封印する社会とメディア

第4章 奇術師たちのアリーナ

奇術トリックによって「超能力（のようなもの）の実演」の多くが可能なことから、超心理学の研究には奇術の知識が必要である。そうした事情から、じつは懐疑論者側だけでなく、超心理学者側にも奇術師が多くいる。奇術師たちが超能力の研究にひかれる理由があるのだろうか。超常現象への信奉を調査した研究の成果から、超能力に興味をもつ人々の心理傾向を見ていく。その傾向の一部には、信奉に固執する行動をひき起こし、信念論争を助長する要因がある。信念にもとづく過度な主張のやりとりも、超心理学の「封印」をもたらす一因であると指摘できる。

私が参加した夏期研修会では、奇術の実演や理論の解説がたびたび行なわれた。奇術トリックに精通しておくことが超心理学者として必要不可欠であるからだ。そのなかでも霊感占いに使われているトリックの解説は、とくに参加者の興味を引いた。

■　ホットリーディング

「二階にあがっていくと左手があなたの部屋ですね。ベッドに赤いチェックのカバーがかかっているのが見えます」

リーディングははじまったばかりだが、スーザンはすでに驚嘆の叫び声をあげる。

「部屋の右手には、茶色のクマのぬいぐるみがありますね。最近手に入れたのではないですか」

スーザンは目を丸く見開いて、私たち一同を見回した。その表情から、リーディングが「的中」していることがありありと見てとれる。

実演者は、両手をこめかみに当て、両目を軽く閉じながら、詳細なリーディングを続ける。スーザンの家の間取りから、家族構成、最近あったできごとなどと、リーディングは百発百中だ。スーザンは、あまりの驚きのためか、床にすわりこんでしまった。こんなに当たる占い師がいたら、誰でも見てもらいたくなるにちがいない。いや恐怖さえ感じるかもしれない。

実演の開始前、部屋に集まった私たち九名は、部屋の中央に置かれた箱から好きなトランプカードを一枚もっていくように指示された。三〇センチ四方程度の浅い箱のなかを見ると、五二枚のカードが表を上にして乱雑におかれていた。私はダイヤの3を選びとった。皆の笑いをとって人気者のディックは、いったん自分で箱のカードを混ぜる仕草をしたのち、目をつぶって一枚を取りあげた。

各自にカードが行きわたったのを確認すると、実演者は、パソコンを操作しながら、「これから、このパソコンを使ってみなさんのなかから協力者を一名選びます。みなさんのもっているカードを他の人々に見えるように掲げていてください。では行きます。最初はカードの色を決めます」と言うと、パソコン画面には、赤い丸と黒い丸が交互に数秒間点滅して、赤い丸が残った。

実演者は「赤が指定されましたので、赤いカードをもっている人は、そのまま掲げていてください。黒いカードをもっている人はおろしてください」と指示した。部屋を見まわすと、私を含めて五名が手をあげたまま残っている。「続いて偶数か奇数かです。行きますよ」という言葉が終わらぬうちに、画面にはEVEN（偶数）とODD（奇数）という文字が点滅しはじめ、数秒ののちにEVENが残った。「奇数の人は、手をおろしてください」という指示に従い、私は手をおろした。

この時点で残ったのは、ハートのQを選んだスーザンと、ダイヤの8を選んだディックだった。実演者は、「最後に二人残りましたので、数の大小で行きますよ。いいですね」と言うと、手をあげ続けていたスーザンとディックは反射的にうなずいた。画面にはLARGEとSMALLが交互に点滅し、LARGEが残った。

「お嬢さん。あなたが選ばれました。前に出てきてください。お名前はなんと言いますか？」

スーザンが、ややとまどいながら前に出て名前を述べると、実演者はスーザンの顔をのぞきこむように、じっと見つめた。数秒の沈黙ののち、実演者は目を軽く閉じて、スーザンの印象を心に刻みこむように、大きくひとつ深呼吸した。

「黄色い屋根の二階建ての家が見えます。玄関からはいると、右手に二階にあがる階段があります。階段を二階にあがっていくと左手があなたの部屋ですね……」と、本章冒頭のように実演者は語り出した。

ホットリーディング。高精度のリーディング（占い口述）を、ひそかに得た事前情報にもとづき実演する、奇術師のトリックだ。ひととおりの実演が終了すると、実演者はタネ明かしをする。これも超心理学の学習の一部である。

実演には協力者がいた。コーディネーターとして、この研修プログラムをそれまで一か月にわたり指揮してきたジョン・パーマーである。いつものように部屋の片隅で研修の進行を脇からみていたジョンが、おもむろに口を開いた。ジョンによると、協力の手順は以下のとおりだ。

あらかじめ「犠牲者」を決める。リーディングに対して印象的な反応をするのは、なんといっても若い女性だそうだ。今回は、最初にカリフォルニアからきた女優志望のメアリーが候補にあがった。三日前に研修参加者名簿からメアリーの電話番号を調べ、自宅に電話をかけたが誰も出なかったので、次の候補者スーザンの自宅に電話をしたところ、彼女の母親が電話に出た。

ジョンはスーザンの母親に実演の趣旨を述べ、協力を依頼した。自宅の外観、間取り、スーザンの部屋の様子、最近あったできごとなどを詳しく聞いて録音しておいた。ジョンは最後に「この件は三日後までスーザンに絶対に言わないでくださいね」と念をおした。スーザンの母親は笑って承諾したという。

ここまで聞いてスーザンは、やられたとばかりに大声をあげた。
「ママとは昨日の晩も電話で話したのになにも言ってなかったわ」

ジョンは事前に、実演者にスーザンとは誰かを知らせ、電話の録音を聴かせていた。スーザンは、今日はじめて会う実演者が自分のことを知っていようとはとても予想できなかった。

では、なぜ九名のうちから「たまたま」スーザンが選ばれたのか。それは奇術師がよく使うフォース（強制的選択）という技法だ。選ばれる「犠牲者」はあらかじめ決まっているのだが、選ぶ手順を工夫することで、偶然に選ばれたかのような印象を与えることができる。今回の場合は、スーザンが掲げたカードがハートのQであることを見てとった実演者が、パソコンのソフトを動かすときに仕掛けをしていたのだ。

つまり、赤か黒かを指定するソフトは、ランダムにどちらかに決まるのではまったくなく、起動するボタンの上半分をクリックすると赤に止まり、下半分をクリックすると黒に止まるように仕組まれていた。実演者はハートのQが選ばれるように、ただたんにボタンの上部をクリックしただけだったのだ（その後の数字の選択も同様だ）。

■ 奇術師VS奇術師

かつて否定論者によって、能力者を名乗る奇術師が、超心理学者のもとへ送りこまれたことがあった。[*1] そのときの教訓から、奇術師の手口を見抜く目を養っておくことは、超心理学の研究には不可欠の研修項目となっている。夏期研修会で奇術の重要性を力説していたのが、ロバート・モリスである。彼は、スコットランドにあるエジンバラ大学のケストラー超心理学ユニットの教授を長年務めている、超心理学界の重鎮だ。[*2] この研修会のためだけに、イギリスからアメリカ東海岸のここダーラムにきて半月にわたって滞在し、いくつもの講義をしてくれているのだ。大柄で温厚な彼が繰り出す論理的な言葉は、誰をも自然に納得させてしまう力が感じられる。

ロバート・モリス
©Koestler Parapsychology Unit

エジンバラ大学の超心理学ユニットは、作家のアーサー・ケストラー[*3]の遺言にもとづいて、彼の遺産を基金にして設置された大学講座だ。一九八五年、モリスが初代の教授に抜擢されて以来、超心理学で博士号を取得した研究者を多数輩出している。今では卒業生がイギリスの一〇か所ほどの大学に散って、超心理学の研究拠点を築きつつある。

モリスは超心理学にとどまらず、心理学などの周辺分野にも影響力がある。懐疑論者の団体に招かれ講演することもたびたびあるが、モリスの誠実で厳密な説明を聞けば、懐疑論者の矛先《ほこさき》も超心理学からUFOや星占いにそれていくという。[*4]

モリスの奇術に対する思い入れには、並々ならぬものがある。奇術は心理学、芸術学、演劇理論などと深くかかわるし、トリックのタネを考えるうえでは、数学や物理学、化学の素養も必要なので、「大学教育のカリキュラムに入れてもよいくらいだ、むしろ入っていないのが不思議だ」と言う。

エジンバラ大学でのモリスの教え子には、舞台マジシャンでもある心理学者リチャード・ワイズマンがおり、最近ふたりの共著で出版した書籍[*5]では、奇術の面から超心理実験への指針を論じている。超心理学の実験計画法の講義では、モリス自身が奇術トリックの一部を披露した。そのようなトリックの可能性を除去した実験が、どうしたら進められるかを学ぶわけだ。

テレパシーや透視の実験では、ターゲット（透視などの対象となる画像の類）が決定されてから、受け手などの参加者のコール（ターゲットの推定）がなされ、その記録がつき合わされるまで、参加者とターゲットを完全に隔離しておかねばならない。「ターゲットがなにかを知っている人物が、参加者と会ってしまえば、実験はもうそこでおしまいだ」とモリスは言う。奇術では、対面時の密かな情報伝達手段が多数考案されており、そうした実験計画では懐疑論者を説得できないからだ。第1章で紹介したガンツフェルト実験では、この点が厳密に対処されていると理解できる。

このように超心理実験では、奇術あるいは奇術師の貢献は大きい。ガンツフェルト実験をはじめとした過去の実験でも、相談を受けた奇術師が実験計画にお墨付きを与えている。ところが、超心理学で奇術師が活躍している実態はなかなか知られていない。むしろ、超能力の実演トリックを暴く奇術師というかたちの、懐疑論者としての奇術師のイメージが一般には先行している。

懐疑論のいちばん有名な伝統的団体は、サイコップ（CSICOP）である。[*6] サイコップは、「超常現象とされるものの科学的研究のための委員会」として一九七六年に設立された。無神論運動で知られ、『ヒューマニスト』の編集長でもある哲学者のポール・カーツ、プロの奇術師ジェームズ・ランディ、数学パズルなどの作家で奇術師でもあるマーティン・ガードナーが中心になった。サイコップはその後さらに多くの奇術師（ミルボーン・クリストファーやペルシ・ディアコニスら）と多くの知識人（アイザック・アシモフ、カール・セーガン、フランシス・クリック、リチャード・ドーキンス、ダニエル・デネット、スティーヴン・ピンカー、スーザン・ブラックモア、B・F・スキナーら）を会員に加えた。活動的メンバーはほとんど男性で、女性は一割にも満たない。

サイコップの初期の活動は、「科学的研究」というよりは、超常現象への信奉を嘲笑する活動が主であった。確立された「科学」に対して、超常現象は「危険」だというのだ。超心理学については論文を詳しく読むこともなく、一方的で感情的な批判が相次いだ。超心理学の研究所が閉鎖になると、機関誌に「よろこびの声」が載るほどであった。またサイコップの活動に呼応して、各地に同様な「批判的」小グループが数十の単位で生まれていった。[*7]

サイコップは設立当初、奇術師でもある社会学者マルセロ・トルッツィを編集長に『ザ・ゼテティック（*The Zetetic*）』という機関誌を発行していた。ところがトルッツィは、同誌が健全な議論の場になっていないことを嘆きサイコップを早々に去り、一九七八年に自ら『ザ・ゼテティック・スコラー(Zetetic Scholar)』を創刊して、超心理学者も交えた議論の場を提供した。[*8] しかし残念なことに、後者は一九八七年を最後に休刊となっている。その後トルッツィは、懐疑的超心理学者として活動した。[*9] 一方の『ザ・ゼテティック』のほうは、『スケプティカル・インクワイアラー(Skeptical Inquirer)』と誌名を変更して一般読者を取り込み、人気雑誌となっている。ただし内容については、星占いや民間療法、創造説などの批判へと重心を移している。

サイコップの活動をみると、懐疑論の中心が奇術師たちによって構成されている実態がわかる。ならば、奇術師は超心理現象を信じない傾向があるのだろうか。ところが、バードシェルの調査(一九八一年)ではカリフォルニアの奇術師の八二%が、トルッツィの調査(一九八三年)ではドイツの奇術師の七二%がESPを信じており、一般の人々の信奉率(第6章参照)を大きく上まわっていた。[*10] 奇術師は超心理学に意外と肯定的なのだ。

さきのホットリーディングのような、道具を使わない心理マジックを専門的に行なう奇術師を「メンタリスト」という(いま、世間を賑わせているDaiGo氏もメンタリストを名乗っている)。アメリカではメンタリスト協会という団体が結成されており、懐疑論者でホノートンを最後まで苦しめた心理学者レイ・ハイマンはその会員である。しかし驚くべきことに、ホノートンの仕事をとりまとめた社会心理学者ダリル・ベムもまた、メンタリスト協会の会員だ。じつは、前節のホットリーディングの「実演者」とは、このベムだったのだ。超心理学者にも奇術師は多い。

奇術師だから能力者と称する者のトリックが暴けるのかもしれないが、同時に奇術師だからこそ、トリックとして片づけられない超心理現象の特異性がよくわかるのかもしれない。超心理学の土俵には、東にも西にも奇術師が多くあがっている。まさに超心理学は奇術師たちのアリーナ（闘技場）の様相を呈している。

余談になるが、昨年「ほこ×たて」というテレビ番組で、超能力者対奇術師のコーナーを企画したので相談にのってほしいという依頼が、とある制作会社からきた。「超能力の実演」を奇術師が見抜けるかどうか対決するようだ。一見よさそうな企画に思えるかもしれないが、明らかに能力者である人（そんな定評のある人はそうはいない）が出演しないかぎり、この企画は成り立たない。

もし能力者らしき人が出演し、奇術師が「超能力の実演」を見抜けなかった場合、現状では能力者と称する人は有能な奇術師だという可能性が高い（そもそも奇術師どうしでも、相手が使っているトリックがすべてわかるわけではない）。逆にもし、出演した奇術師が「超能力の実演」を見抜いたときは、奇術師はそのトリックを暴かねばならない。これは同業者の営業妨害であると同時に、奇術界の掟破りにもなる。これではどちらにしても、あらかじめ仕組んだに等しい、奇術師どうしの対決になってしまう。

企画の相談はお断りしたが、この超能力者対奇術師という企画の構図は、一般の人々の先入観を的確に表わしていた。一部のテレビ番組は、そうした先入観の増幅装置となっている（マスメディアの問題については、次章でより深く議論する）。

ライン研究センターの夏期研修会で実演された数々の奇術はごく初歩的な内容で、私にはすべてのトリックがわかっていた。なにをかくそう、私自身もかつては奇術師の卵だった。

■私の来歴

私は中学一年生のときの学園祭で、奇術研究サークルの実演を見て、その魅力に釘付けになった。独特の手さばき、華麗な話術、意表をつくパフォーマンス。中高一貫教育だったため、サークル活動の中心は高校生で、すぐに先輩に弟子入りした。三年ほどたつうち、そこそこ技能もあがった。テレビで売り出す前のミスター・マリックこと、松尾昭先生の講習会に通ったこともある。

私は、おもにカードを使うクロースアップ・マジックを得意としていたが、他のジャンルのマジックもひととおりこなした。何回か舞台にも立ったし、ディーラーといって、デパートの奇術用品売場で売り子のアルバイトをしていたこともある。マジシャンズ・バーの実演担当も頼まれたが、さすがにこれは高校生だからと言って断った。

私が奇術にいれこんでいるときに、日本では超能力ブームが巻き起こった。一九七四年、日本テレビの矢追純一プロデューサー（当時）が、イスラエルの自称能力者ユリ・ゲラーを日本に呼んだのだ。そしてそれから数年、スプーン曲げや透視などを実演する番組が、特集番組として何度か放映されていた。

ユリ・ゲラーの技は、超能力なのかそれとも奇術なのか、ほんとうのところを確かめたい。高校生の私は、そうした「奇術師魂」とでも言うような観念にかられ、あれこれ手がかりを探した。だが、外国に住むゲラー本人に、おいそれと会いに行くわけにもいかなかった（なにせ一ドル三〇〇円の時代だ）。

ゲラーはそれに先立つ一九七三年、スタンフォード研究所のタークとパソフによる画像の透視実験（第2章参照）を受けていた。その結果は、一〇回中少なくとも八回がかなりの大当たりであった。この結果を報告した論文は、科学界の名高い学術誌『ネイチャー』に掲載されたのだが、「実験に不備がある」、「奇術が行なえる余地がある」など、数々の問題が指摘された。[*12] 通常は実験に問題が指摘されれば、改良して再実験するのが科学的研究方法だが、ゲラーはその後、今日に至るまで、超心理学の実験にいっさい応じていない。このため、超心理学者のあいだでさえもゲラーの評価は二分され、実態はわからずじまいとなっている（二〇一二年四月二九日放送の「ほこ×たて」では、日本製の「絶対曲がらない」という硬いスプーンと対決して、ゲラーは「曲げられない」と敗北宣言をしていた）。

ゲラーに会うのは難しかったが、ゲラーに触発されて超能力が芽生えたという、ゲラーチルドレンと呼ばれる日本の子どもたちには会うことができた。幸運なことに、そうした子どもたちに対する実験に立ち会い、研究者の補助をさせてもらう多くの機会を得た。その際、まだ高校生であった私が、透視のターゲットを準備するという責任ある仕事を担ったこともある。

立ち会った実験の一部で、第1章で紹介した「大当たり」に相当するような事例にはいくども遭遇した。ガンツフェルト実験のように厳密な実験ではなかったが、ほとんどが中学生だった素朴な彼らが、私の知らない奇術のトリックを弄《ろう》しているとはとても思えなかった。もし彼らが中学生の奇術師ならば、奇術師らしさの感触が同業者にはわかる、そういう自信が私にはあった。また、周辺では多くの大学生も立ち会っており、奇妙な能力の目撃が日常的になっていた。

しかし、個人的な体験では科学にならない。複数の人間が立ち会っていたとしても、極端に言えば、集団暗示などにかかってしまっている可能性も排除できないし、人間の記憶があてにならない事実は、認知心理学が明示した大きな成果だ。[*13] だから、なんとしても科学的にとらえたかった。科学的にみて、彼らのESPは本物なのだろうか？

本物だとすると、感覚器官を通さずに知覚できることになろう。それははたしてどういうことなのかと改めて考えてみると、これがまったく想像がつかない。その前に、ふだん視覚を通して物を「見て」いるわけだが、私自身このごくあたりまえの「見る」という行為自体についてまったく理解できてないことに気づき、愕然とした。

眼球がカメラのように働いていることは知識として知っていたが、では網膜の像をどのように「見て」いるのか。それがわからなければ、ESPの知覚（眼球を使わない知覚）があっても、通常の知覚（眼球を使う知覚）とどこまで同じで、どこからが特異的なのか、まったくわからないではないか。つまり、たとえESPが存在すると確認されたとしても、研究が進まないということだ。

こうして私は、ESPの存在確認の研究からはひとまず距離をおき、人間の感覚や知覚に関する生理学・心理学的理解を達成するために、大学で「人間の科学」を学ぼうと決意した。

そのあとで私は、この知覚に関する科学的検討自体がまだ十分に進んでいない、科学における難問だということを知る。三〇年以上経過したいまでも難問に変わりないが、少しは見通しがよくなる兆しが見られてきたと思われる。[*14]

■ 超心理現象に興味をもつ人

本章で紹介してきたように、超心理学とその周辺には奇術師がきわめて多いが、奇術師は超能力のような特異現象に興味をもちやすいのだろうか。超常現象への信奉に関する研究から見てみよう。

超能力をはじめとした超常現象信奉に関する代表的な研究者は、オーストラリアの超心理学者ハーヴェイ・アーウィンである。彼は、改訂を重ね第五版が刊行されている『超心理学入門（*An Introduction to Parapsychology*）』の著者でもある。[*15]

超常現象というと、前述したように超心理学が研究対象とする超能力だけでなく、UFOやピラミッドパワー、ネッシーや雪男などの未確認生物（UMA）、超古代文明や数々の占いまでが含まれる。したがって、超常現象を信奉する人が必ずしも超心理学に興味をもつとは言えない。しかし、超常現象信奉の背景分析は、超心理学に惹かれる人々の一定の傾向を示唆するだろう。

アーウィンの調査データにもとづく分析では、超常現象を信奉する人々は、空想傾向が高く、コントロール欲求が高い。その両者があいまって、超常現象の信奉に至るとされる。[*16]つまり、超常現象を信奉する人々は第一に、独自の幻想《ファンタジー》の世界を作り出し、それに思い入れる傾向が高いということだ。あまりに思い入れが強く、空想が現実になってしまうこともあるのだろう。これはまさに奇術師の動機を言い当てているようだ。私を含めて奇術師のほとんどは、ファンタジーを愛し、ファンタジーを表現したいと思うタイプの人間にちがいない。

第二に、超常現象を信奉する人々は偶発的な出来事に対して不安を抱く傾向が高く、それがなにかによってコントロールされていると思うことで不安が軽減されると思いがちだと、アーウィンは分析している。第一と合わせると、現実の偶発的な出来事が、空想世界の存在によってコントロールされているとみなす傾向性が、超常現象信奉につながっていると判断できそうだ。たとえば、事故にあってけがをしたときに、それはなにかによってもたらされた試練であり、祈りによって快方に向かうなどと、コントロールの信念を深めているわけである。

考えてみれば、宗教が描く空想世界は、まさに有史以来人々の不安を引き受けてきたのだから、超常現象信奉と宗教への信仰は同類なのかもしれない。奇術師たちが、不安解消のためのコントロール欲求をもっているかの調査データはなく、ほんとうのところはわからない。さすがにこれは、各個人それぞれではないかと推測している。

さて、日本でも超常現象（以下の引用文中では「不思議現象」と表記されている）信奉の背景を分析した例がある。生活意識調査を定期的に行なっているライフデザイン研究所が、一九九一年、九三年、九五年と、首都圏の高校生九〇〇名に対し超常現象信奉を調査したデータを、松井豊が分析して次の結論を得ている。[*17]

「占い」は3～4割の女子が信じ、2割弱の男子が信じていた。同様に、「手相」「おまじない」「血液型性格判断」「神社などのお守り」「霊」「前世の存在」など、占いや霊魂などにかかわる不思議現象は、女子の方が多く信じていた。とくに、「占い」と「血液型性格判断」は、女子が信じる比率が高かった。（……）他方、男子が多く信じていたのは「UFO」であり、4～5割の男子が信じていた。同研究では、これらの現象を信じている度合いを数値化し、どのような原因で高校生が不思議現象を信じているかを分析している。その結果、男女とも、宗教に関心をもち、科学には限界があると感じている生徒ほど、不思議現象を多く信じていることが明らかになった。女子においては、友人と同じような行動をとりたがる性格特性（同調性）が強い生徒ほど、こうした現象を信じていた。女子には「友達が信じているから自分もついつい信じてしまう」という心理が見られるのである。一方、男子においては、学校では適応しているが家出や暴力をふるいたいという気持ちが強い生徒ほど、多くの現象を信じていた。不思議現象を信じる男子生徒のなかには、表面的には学校でうまくやっているが、内面では問題を抱えている者が多いのである。

一九九七年には、松井が調査をさらに大人にまで拡大し、同様な傾向性をつかんだ。松井は、「成人であっても、二割強の人々が『霊』や『神仏の存在』を信じ、二割強の男性が『ＵＦＯ』を、三割の女性が『血液型性格判断』を信じている」という傾向性から、「将来や生活への不安が強いために占いなどに頼り、占いや神秘現象の知識を人に話して注目されたいという気持ちをもっている」と推測している。[*18]

松井の諸分析を通して、男女の差異が明確に見える。一般に女性は、周囲との融和を図るために超常現象を信奉するのに対し、男性はむしろ逆で、周囲とはべつに独自の世界や論理を構築する目的で超常現象を信奉する「不適応者」なのだ。自分をふりかえってみて、男性の私は、とくに高校生時代、この男性の典型的傾向にやや当てはまっていた気がする。しかし、こうした男女の差異は、超常現象信奉にかぎらず、認知や行動のうえでの平均的男女差として広く知られている。[*19]

アーウィンと松井の分析の大きな共通点は、超常現象信奉の背景に「不安」があるという点だ。たしかに超常現象の真偽論争をみていると、論争者の心理構造のなかで、不安解消がひとつのテーマになっている気配がある。というのは、論争者は判断の根拠が十分にないにもかかわらず、ホンモノだニセモノだと白黒つけたがる。そこには、負けてしまうと自分の信念はもとより、自分を支えている世界が崩壊するような不安感がかいま見える。

私は、ここ五年くらい超常現象に批判的な人々とよく話をするようになったが、徹底した否定論者のなかには、かつて信奉者であった人々が少なからずいることを知った。昔信じていたことが真っ赤なニセモノだと知り、正義感にかられて撲滅に走るというのであれば、どこか異教徒の迫害にも似たメンタリティを感じてしまう。なぜグレーのままおいておけないのか。

それはきっと、グレーのままでは不安だからだ。肯定するにしても、そもそも超常現象の興味の背景に不安の解消があるから、白黒つけずにはいられないのであろう。不安解消の動機があると、科学的な研究アプローチと両立しない。なぜなら、信じるよりも前に実験や調査をすべしとする科学の先端は、つねに不確定なグレーの状態なのである。

すでに述べたように、奇術師たちは超能力を研究する側にも批判する側にも関与しているが、それらの多くは実証探究という土俵に立っている。しかし、超常現象を信じるか信じないかの論争はそれとは異なる「信仰の土俵」だ。信念によって不安の解消がなされているのであれば、「信仰の土俵」で熱をおびた多くの論争がなされてしまう。こうした論争のほうがマスメディアでも取りあげられやすく目立つので、超心理学の実証的な論争の焦点をゆがめてしまうのだ。したがって超心理学は「不毛な論争」に終始しているなどという誤解が生じ、結果的に超心理学の「封印」につながっている可能性が指摘できる（この点については終章で整理する）。

超能力の批判をしていた奇術師が、超心理学者として超能力の研究にのりだす事例が多くあることを本章では述べた。特異的な能力の真偽を究明するうえでは、奇術トリックに精通している必要があるからだ。超常現象信奉の背景には、多くの奇術師がそうであるようにファンタジーを好む性格特性が指摘できる。しかし、もうひとつ指摘されるのは、不安解消のためのコントロール欲求が、底深い真偽論争をもたらしている可能性だ。次章では、この真偽論争の対象となるいくつかの事例から、その判定の難しさについて述べる。奇術師でさえも、能力者と称する人の真偽を特定するのは困難なのだ。

◆注◆

＊1　この「潜入おとり能力者」の事件は、懐疑派の奇術師ランディによるプロジェクト・アルファとして知られる。顛末の詳細は以下の論文を参照。
Thalbourne, M., Science Versus Showmanship: A History of the Randi Hoax, *Journal of American Society for Psychical Research*, Vol.89, pp.344-366, 1995.

＊2　モリスは日本に何度も訪れている親日派でもあるが、残念なことに、二〇〇四年のＰＡ大会の直後、心臓発作で急逝した。享年六二歳。一周忌にあたる二〇〇五年夏、私は当時幹事を務めていた日本超心理学会月例会で、二回にわたってモリスを偲ぶ企画を運営した。

＊3　ケストラーは『偶然の本質』（村上陽一郎訳、ちくま学芸文庫、二〇〇六年）や、『ホロン革命』（田中三彦訳、工作舎、一九八三年）の著者として、かつて日本でも有名だった。

＊4　私の同僚で、共同研究者でもある蛭川立による私信。彼はエジンバラ大学や懐疑論の学会（European Skeptics Congress）などで、何度もモリスと会っている。たしかにモリスが言うように、最近の懐疑論の本では、超心理学が批判の対象にならない傾向が出てきている。たとえば、半世紀前の一九五二年に書かれた『奇妙な論理（Ⅰ、Ⅱ）』（市場泰男訳、ハヤカワ文庫、二〇〇三年）で痛烈な超心理学批判を展開した数学者マーティン・ガードナーは、二〇〇〇年に書いた『インチキ科学の解読法——ついつい信じてしまうトンデモ学説』（太田次郎訳、光文社、二〇〇四年）で

は、超心理学を批判対象にあげていない。

*5 Wiseman, R., and Morris, R., *Guidelines for Testing Psychic Claimants*, Prometheus Books, 1995. この本はおもに超心理学者に向けて書かれており、私はＰＡの年次大会でワイズマンと会ったときに、直接彼から一冊いただいた。彼の邦訳最新刊『超常現象の科学――なぜ人は幽霊が見えるのか』（木村博江訳、文藝春秋、二〇一二年）では、懐疑論の立場から、超常現象と思われるものは錯覚だと論じている。

*6 サイコップは、二〇〇六年に団体名をＣＳＩ（Committee for Skeptic Inquirer）に改名した。詳しくはホームページ http://www.csicop.org/ を参照。

*7 Hansen, G., CSICOP and the Skeptics: An Overview, *Journal of American Society for Psychical Research*, Vol.86, pp.19-63, 1992.

*8 笠原敏雄編著『サイの戦場――超心理学論争全史』（平凡社、一九八七年）の第一三章、第一五章を参照。

*9 トルッツィは二〇〇三年に六七歳で逝去したが、一流の超心理学者としてＪＰに弔辞が掲載された。

*10 Hansen, G., Some Comments on the Role of Magicians in Parapsychology, *Proceedings of 32nd PA Convention*, pp.77-92, 1989. 本章で触れた超心理学にかかわる奇術師の実情もこの論説にまとめられている。なお、著者のジョージ・ハンセン自身も奇術師である。

*11 このゲラーの実験の様子については、第2章*9に記した『マインド・リーチ』の第七章に掲載されている。

*12 前掲『サイの戦場』第一四章を参照。

*13 記憶の変容については多くの参考文献があるが、一般向けに書いた拙著『人はなぜだまされるのか――進化心理学が解き明かす「心」の不思議』（講談社ブルーバックス、二〇一一年）を参照。

*14 心の科学や哲学について書かれた拙著（共編著）を参照。『心とは何か――心理学と諸科学との対話』（北大路書房、二〇〇一年）、『入門・マインドサイエンスの思想――心の科学をめぐる現代哲学の論争』（新曜社、二〇〇四年）。

*15 第五版については、エジンバラ大学でモリスの仕事を引き継いだ超心理学者キャロライン・ワットとの共著となっている。

*16 ハーヴェイ・アーウィンは信奉の背景について、幼少期の経験も含めた機能モデルを提唱している。Irwin, H., Origins and Functions of Paranormal Belief: The Role of Childhood Trauma and Interpersonal Control, *Journal of American Society for Psychical Research f*, Vol.86, pp.199-208, 1992. また最近、この研究を集大成した、*The Psychology of Paranormal Belief*, University of Hertfordshire, 2009 を刊行している

*17 松井豊・上瀬由美子『社会と人間関係の心理学』（岩波書店、二〇〇七年）の第一章を参照。

*18 前掲『社会と人間関係の心理学』二三頁。

*19 近年、男女の行動傾向の差異は、従来の文化由来の側面に加えて、遺伝由来の側面が強調されつつある。この点については、拙著『だまされ上手が生き残る――入門！ 進化心理学』（光文社新書、二〇一〇年）を参照。

第5章 能力者と称する人々

能力者と称する人々について、これまで懐疑論者や超心理学者による数々の実験や調査が行なわれてきた。大半はニセモノと見なされるが、なかにはホンモノと見なせる水準に近い成績をあげる人々もまれにいる。しかし、決定的な実験結果が安定して得られることは一向にない。そこには、不明瞭な状況で終わる一定のパターンがある。懐疑論者や超心理学者の要求する水準は高く、仮にホンモノがいたとしても、検知されない可能性がある。そうだとすれば、能力者判定に対しても「封印」に至る構造があると言えよう。

自称「能力者」や彼（女）らを取り巻く人々は、あまり厳密でない状況での能力発揮をとらえて「超能力」と称している。そんな彼（女）らに対し、科学者は厳密な実験への協力を提案するが、双方の折り合いをつけるのはきわめて難しい。

■ナターシャの人体透視

「七人のうち五人当たったら、私たちはあなたの透視能力を認めます」

サイコップの主要メンバーのひとり、リチャード・ワイズマンが言う。

「七人のうちには、左肺の上部を切除した人、心臓手術をしてステープルで縫合した人、脳腫瘍の切除のあと脳にプレートを埋め込んでいる人、人工股関節の手術をした人、食道を切除した人、盲腸を手術した人、そして健康な人がいます」

「食道が短いくらいじゃ、健康な人と区別つかないわ。それに盲腸だって再生しているかもしれないわよ」と、ナターシャが抗議する。

「この人の食道は、見たらわかるくらいに短いのです。それから盲腸は再生しません。絶対に」

立会人の医師がそう説明するが、ナターシャは不満だ。

すかさずワイズマンが語気を強めて言う。

「このふたりをまちがえても、残り五人があっていれば、あなたの能力は認められます」

しぶしぶナターシャは承知する。

ロシアのサランスクで生まれたナターシャ・デムキナは、その土地では定評のある人体透視能力者である。長い金髪と薄いブルーの眼が特徴の、可憐な少女だ。まだ高校生の彼女が医学的な言葉を交えながら体内の様子を語れば、なにか不思議な力があると人々が思うのも無理はない。現地を取材した新聞記者が彼女の能力に驚き、サイコップの能力判定を勧めたのだ。スポンサーはディスカバリー・チャンネルで、その判定の一部始終を番組にして放映することで話がまとまった。[*1]

ナターシャは、判定のために二ューヨークに到着すると、まず予備実験として、いつもの方法で来訪者の人体透視を行なった。

「心臓と脈拍の乱れがあります。左の心室の動きが遅いです」

「信じられない。当たっています」

ナターシャはさらに続ける。

「背中の右下に影が見えるわ」

「左の卵巣がただれています」

しかし、来訪者たちの評価は二分された。

「私の知らないことを言われましたが、先日CT検査を受けたばかりで、ちょっと疑っています。ほんとうにかわいらしい娘さんなのですが」

ワイズマンは、当たっているという印象をもった来訪者は少なくないが、事前に提出してもらったカルテと病名が合致したのは、予備実験の六名中一名しかいなかったとして、「かけひきによる錯覚が起きているにすぎない」と指摘する。

サイコップの重鎮レイ・ハイマンは、「ナターシャは、患者との対話のなかから病気の情報を引き出している。『私は医者が見逃していることもわかる。なるべく早く検査した方がよい』などと言われると、言われたほうは不安な気持ちになるから、当たっている場合はまだしも、当たってない場合が問題だ」とコメントする。

予備実験のようなふだんのナターシャの方法では、能力を示したことにならないのは明白だった。本実験では、厳密で有無を言わせぬ方法をとる。手術歴のある六名と健常な一名とを前にして、手術箇所を体内透視する。透視される側から情報が与えられないよう、七名は一列に並んで無言で座り、目隠し用の紙を貼ったサングラスをかけている。視線でナターシャに合図が送られないようにするためだ。立って背中を見せてほしいというときも、その動作で情報が送られないように、七人が立ちあがって背中を向けるあいだは、ナターシャはうしろを向いていないとならない。情報を完全に遮断したとは言えないが、よく考えられた方法である。能力があると主張する人と懐疑的な実験者とのあいだで実験デザインの合意をとるのは、通常骨の折れる仕事だ。

いよいよナターシャの透視実験がはじまった。同行していた母親も妹も外に出され、ナターシャは不安そうだ。最初は、肺を切除した患者を探すように指示される。いつものようにすぐには「見えて」こないらしく、ナターシャは悩む。口を一文字に結んで、大きく息をつく。四〇分が経過し、「いつもの方法ならすぐにできるのに」と彼女はつぶやく。

「そのやり方はもう昨日やりました。厳密な条件でやらないと判定にならないのです」とワイズマンが繰り返す。それでも、回答を躊躇《ちゅうちょ》するナターシャに、「とにかく回答してください。そうしないと先に進めないのです」と、強く催促する。

「先に進めない」とは「番組にならない」という意味で、マスメディア側に配慮した発言だ。一方の能力者は、ここで外れてしまえばニセモノというレッテルを貼られると、心理的に追い込まれる。この段階で回答を拒みだす「能力者」も数多い。ワイズマンも過去の経験から、このハードルをなんとしても越えねばならないと、強く要求したのだろう。

ナターシャは不満をあらわにしながら、やけくそ気味に5番に丸をつけて、すばやく署名をした。すでに一時間を経過していた。部屋の外ではナターシャの母親が、「この六年間一度もまちがえたことはなかったので、今回もきっと大丈夫よ」と、落ち着かない表情で応援している。そのあとの五つの透視（最後の残り一名が健常者と見なされる）も難航し、すべてが終わるには四時間以上がかかった。

一連の実験が終了し消耗しきったナターシャは、透視結果のつき合わせに立ち会うのを拒んだ。きっと、精神的なプレッシャーにそれ以上たえられなかったのだろう。つき合わせは、実験中は待機していた医師の主導でなされた。1番は健常者で的中。2番は盲腸の手術と透視したが食道の切除で外れ。3番は心臓の手術で的中。4番は食道の切除と透視したが脳腫瘍の切除で外れ。5番は肺を切除した人で的中。6番は脳の切除としたが盲腸の手術で外れ。7番は人工股関節で的中。七名中四名の的中で、偶然だとすれば五〇分の一の確率だ。[*2]

部屋に戻ってきたナターシャにワイズマンが結果を伝える。ワイズマンには心なしか安堵の表情が見える。なにしろサイコップはかつて三〇年間一度も「能力者」を認めたことがない。今回認めるとすれば、その反響ははかり知れない。[*3]

「七名中四名の的中でしたから、一名差で不合格です。とはいえ興味深い結果でした。ただ、脳にプレートを埋め込んでいるという、間違いようがない人を外していましたから、私たちが眼で見るように、ありありと人体透視ができているのではないことははっきりしました」

実験を終えてナターシャはコメントする。

「実験は私にとってよい経験でした。脳のプレートの事例で自分の弱点を知りました。浅いところしか見えてなかったようです」

ナターシャは医学部にすすんで、人体をさらに勉強して透視の精度をあげたいのだそうだ。一方ハイマンは、「ちゃんとした医学を学んで、早く根拠のない体内透視から卒業して、社会に貢献してほしい」と言う。

ナターシャをサイコップに仲介した新聞記者は、「私が紹介したばかりに、ナターシャをつらい目にあわせてしまった。科学者たちは最初から能力を否定するつもりだったのだ。彼女の周りには、透視能力を信じてくれる人がたくさんいる」と言って、これ以上の実証実験は断るべきだと主張する。

両陣営の溝はますます深まった感がある。

ところで、ナターシャは日本にもきてテレビ出演している。二〇〇五年七月に来日しているが、この来日はサイコップによる実験の翌年のようだ。私と同じASIOSメンバーであり、「と学会」（トンデモ本の批判的愛読者集団）の会長でもある懐疑論者の山本弘が立ち会い、記録を公開している。[*4] その冒頭で「僕が見た中ではいちばん『本物』と感じられる超能力者」だと記載している。『超能力番組を10倍楽しむ本』（楽工社、二〇〇七年）などで、超能力のやらせの裏側を的確にスクープしている同氏のレポートには重みがある。

しかし、当の番組のほうは、立ち会った印象とはかなりかけ離れた内容に編集されて放映されたようだ。このあたりにはマスメディアの問題が見え隠れしており、次章で改めて取りあげる。

■ 御船千鶴子の千里眼事件

およそ一〇〇年前、明治末期の日本に、彗星のごとく現れ消えていった「能力者」、御船千鶴子の千里眼事件について紹介し、ナターシャとの類似点を考えてみよう。千鶴子については、日本近代文学の研究者、一柳廣孝が次のようにまとめている。[*5]

御船千鶴子は明治十九年、熊本県の士族、御船秀益の次女として生まれた。明治四十一年、陸軍歩兵中尉河地某と結婚したが、同四十三年四月、離婚。旧姓の御船にもどった。彼女は右耳が難聴であったが、宗教心が深く、また極度の集中力の持ち主だった。彼女は明治四十一年、義兄、清原猛雄の誘導によって透視に成功したという。

清原は、明治三十六年から催眠術をおこないはじめた。のちに彼は、千鶴子を催眠術の被験者にする。ほどなく彼は、千里眼ができると千鶴子に暗示をかけてみた。そのとき、当時、日露戦争下で常陸丸の遭難が話題になっていたため、常陸丸に第六師団の兵士が乗っているかどうか見てくるように、千鶴子に命じた。千鶴子は、「第六師団の兵士は、いったん長崎を出発したが、途中故障があって長崎に引きかえしたので、常陸丸には乗船していない」と答えた。三日後、千鶴子の「千里眼」が的中したことがわかった。

当時東京帝国大学で心理学の助教授をしていた福来友吉は、熊本県の中学校長の訪問を受け、千鶴子の能力を具体的に知る。福来はまず、明治四三（一九一〇）年に郵便による予備的な実験を行なった。

福来は手元にあった多くの人々の名刺から、任意に一九枚を選び、名前の全部または一部に錫箔《すずはく》を貼り付けたうえ、一枚ずつ不透明なカードを重ねてそれぞれ袋状に封じ込め、薄い紙を貼って割り印をした。それらを中学校長に送って、千鶴子に透視を依頼した。

しばらくのちに、透視ができたという未開封の七枚と、その透視結果の紙が送られてきた。福来は

御船千鶴子（写真：（財）福来心理学研究所提供）

七枚とも開封した痕跡がないことを確認して、名刺と透視結果をつきあわせた。七枚中三枚が完全的中[*6]、他の四枚も部分的に的中していた。名前の多様性を考えると驚くべき結果だ。また錫箔を貼ったことによる透視力の減退はなさそうであった。

また、千鶴子は人体透視にも成果をあげていたようだ。以下、寺沢龍による解説から引用する。[*7]

千鶴子の語るところによると、人体内部の透視はますます熟達して、いまでは無生物の物体の透視よりも容易であるという。また、人体透視のときは三、四人を面前に座らせ、身体に触れることなく、診断を求められた臓器を容易に透視することができる。しかし、その場合は患者が彼女の透視能力に対して信頼をもつことが必要だという。患者が彼女の透視に疑いの気持ちを抱くと、その人とのあいだに隔壁が生じたような感情が起きて透視が通じない状態になる。患者が自分に深い信頼を寄せてくれると、その人と一致融合した感情が生じて透視が容易になるらしい。彼女は、患者の臓器の肥大や腫瘍、色彩などの変化も透視し、胎児の性別も予言した。

同年四月、予備実験の成功を受けて福来は熊本におもむき、実際に千鶴子に会って、京都帝国大学の今村新吉博士とともに五日間の実験を行なった。千鶴子は対象物を手にもって、立会人に背を向けて透視するのを常としていた。実験初日、福来はそのやり方を変え、対象物を手にもたず背を向けずに行なうことを要求したが、あえなく透視は失敗する。ここで福来は、きわめて心理学者らしい鋭い考察を加える。*8

この実験で福来が思ったことは、透視の成功には彼女の精神状態を安定させることが必要だということだった。今回の実験において、千鶴子の心に不安を与える要素が三つあったと彼は考えた。

一つは、某新聞がこの実験に福来が視覚試験に関する実験器械を使用すると報道し、その新聞を読んだ千鶴子が一種の不安感を抱いたことを福来は清原から聞いていた。実験後、彼女の話によると、実験中は後方から電気をかけられている心地がしていたという。

二つ目は、彼女は今村博士とは二度目の対面であるが、福来とは初めての実験であり、やはり緊張感があって平常心でない面があったことと思われる。先々月に今村が出張して初めて実験したときに、千鶴子は緊張と心配で実験の前夜は心悸が高ぶってほとんど眠れなかったという。今回はそのときほどの緊張と不安は起きなかったと彼女はいっているが、それでもある程度の不安感があったと思われる。

第三の点は、千鶴子が従来から習慣的におこなってきた透視の作法を、福来は意識的に無視して実験物に手を触れないよう指示したことによって、彼女は福来から疑念をもたれていると感じ、心の平静を保てなかったことが想像できる。千鶴子は性格的にもろい面があり、些細なことに執着して過剰に反応する性癖がある。ことに、透視のような微妙な精神作業をおこなう場合には、細心の配慮をもって彼女に接しなければならないのだが、最初の実験ではその点の配慮が足りなかったことを、福来は反省していた。


以上のように福来は、実験の成功には心理的な諸条件が整う必要があると考えており、長年、超心理学者たちが指摘している、このような実験の難しさに通じるところがある。能力者の心理状態をコントロールしながら、新しい課題への挑戦を促さねばならない。本章冒頭のナターシャの実験を企画したサイコップの面々には、これほどまでの心理的な配慮があっただろうか。

千鶴子はその後、旧来の方法で、名刺を入れて厳重に封緘《ふうかん》した錫壺《すずつぼ》を透視するのには成功した。そこで福来は、対象物を手にもって背を向けても厳密さが管理できる方法を考えることにした。その結果編み出されたのが、鉛管《えんかん》透視である。

立ち会っていたならば、ひそかに中身を見たという疑念が湧かないにしろ、簡単に開いてしまう壺を使っていたのでは、伝聞者には疑念が残ってしまう。そこで、短く切った鉛管をたたいて平たくつぶし、なかに文字を三字書いた紙を折り畳んで入れて、両端をハンダづけした。これなら容易に中身をのぞくことはできない。

同年九月に京都で行なわれた実験で、福来は鉛管透視が可能なように千鶴子を誘導して、成功する。ハンダづけしない鉛管内の透視ができたら、次にそれを筒に入れた透視をさせるという手順だ。筒に入れて成功するならハンダづけしても大丈夫だと言い聞かせながら、ハンダづけの様子も目の前で見せて少しずつ鉛管になじませると、ようやく千鶴子は成功した。

同月東京で大々的な実験が行なわれる。東京帝国大学の元総長でもある物理学者、山川健次郎教授を含め、十数人の科学者が取り囲んでの実験だ。山川教授は自ら鉛管内に三文字を書いて入れた透視物を二〇個作り、当日そのうちの一個を適当に選び千鶴子にわたした。

千鶴子は屏風《びょうぶ》の陰で透視を開始したが、しばらくすると「盗丸射」という文字が見えたと報告した。鉛管に異常がないことを調べノコギリで切り開いたところ、なかの紙にはたしかに「盗丸射」が書かれていた。

的中かと一同が目を丸くすると、山川が「私の

福来友吉（写真：（財）福来心理学研究所提供）

提供した透視物には『盗丸射』はなかったはずだ」と、不審な声をあげる。二〇通りの文字列を控えたメモを取り出し、山川がチェックすると、そこに「盗丸射」はなかった。

じつは、千鶴子が透視したという鉛管は、前日に見本として福来がわたした三つの鉛管のうちのひとつだった。千鶴子は、肌身はなさずもち歩いていると透視しやすくなるとして、その見本をひとつ身に付けていた。当日わたされた鉛管はどうもよく透視できないので、透視できた見本を山川教授のものとすり替えて当てて見せたという。「同じ物なのでどちらでもよいと思った」と、のちに述べているが、当日はだまっていたという行動が不審さを増長させた。

その後、鉛管透視はなされなかったが、旧来の壺を封緘した実験では成功をおさめた。立ち会った参加者はそのときは透視を認めたものの、あとから否定するようになる。これは後述する「目撃抑制」[†]に当たると見られる。福来も「壺では認められないだろう」と懸念していたが、やはり批判が巻き起こり、しだいに疑念が呈されるようになってしまう。

千鶴子は翌年一月に服毒自殺する（享年二五歳）。地元では、実父が千鶴子の能力を利用してひともうけを考え、たびたび自宅で能力の発揮をせまったため、千鶴子がふさぎこんだのが原因と見ていたようだ。[*9]

結局、千鶴子の能力の真贋《しんがん》は定かではない。山川が東大総長に返り咲いた一九一三年に、福来は大学を追われ（公的には休職だったが、のちに退職）、ここから日本のアカデミズムにおける超心理学の「封印」がはじまる（次章で詳細を述べる）。

■能力者研究の背景

ナターシャや千鶴子の事例は、能力者に対する実験進行の典型的な問題を示している。

❶能力者だと騒がれる人が現れる。
❷厳密な実験が企画される。
❸不十分な実験結果に終わる。
❹批判者は能力を認めない。むしろ厳密な状況でできないことこそ、トリックがある証拠だと考える。
❺能力者および支持者たちは、実験のやり方を批判し、厳密な実験を嫌うようになる。

考えてみれば、厳密な実験に参加する能力者の利益はあまりない。超心理学者が行なう厳密な実験というのは、能力者にとっては学問の成果に寄与したいという高尚な動機でもないかぎり、参加する利益はないも同然である。ましてや、精神を消耗させるような厳密な実験であれば、「二度とごめんだ」と思ってしまう。マスメディアがかかわって、経済的な見返りや、有名になるという役得があるのならば別問題だが、成功させようという心理的動機が高まらなくては、つまりやる気にならなければ、能力は発揮されることはまずないと言っていい。そうなればもう失敗だ。

しかし一方で、真に学問の発展を願う気持ちの協力的な「能力者」に対しては、不確定であってもその能力の可能性をいったん認めて、能力を育てながら取り組んでいきたいものだ。私自身そう思っているし、他の超心理学者たちも一般にそうしたいと願っているだろう。ところが、過去の事件をふりかえると、そう簡単にことはすまない。前章でふれたが、超心理学者のもとに、否定論者が奇術師を送りこんだ事例さえあるからだ。

緩い実験条件ではトリックの可能性がある。しかし最初から厳しくすると、能力も発揮できなくなってしまうおそれがあるので、やむなく緩い条件での成功をもとに励ます。「よしできたじゃないか。立派な超能力者だ」と元気づけられた能力者は、難しい実験に挑戦する意欲が湧くものだ。

しかし、「能力者」というのが、じつは奇術師であったらどうだろうか。「立派な超能力者だ」と言われた時点で、「思ったとおり、トリックを見破れなかった」と吹聴されるおそれがある。そうすれば、超心理学はインチキだという謗《そしり》をまぬがれなくなる。

私の研究室では、以下のガイドラインにしたがって実験のレベルを設定し、参加者の了解のもとで実施するように企画している。レベル2までは、超能力とトリックを分離していないと公言しておくのである。

レベル0　ゲーム、遊びを通して、実験企画のヒントを得る。実験とは言えない。

レベル1　実験企画を具体化するための試験的実験。結果を公表することはない。

レベル2 被験者や実験者の練習を主眼においた、設定を緩和した実験。
レベル3 事前の企画設定を充分に厳密にした実験。
レベル4 実験者による監視のある実験だが、懐疑論者の関与はない。
レベル5 懐疑論者が関与し、その批判に耐えられる対策をした、周到で厳密な実験。
（否定的データのお蔵入りを防ぐために、レベル3以上は必ず論文報告する）

いずれにしても、能力者の実験は困難を極める。ラインが能力者に対する実験をやめて、早々に一般人を対象に切り替えた背景には、こうした問題があったからだ。

■「自分には超能力があります！」

私は、ライン研究センター滞在を終えて帰国し、二〇〇三年三月に超心理学研究のホームページを立ちあげた。そこに「超心理学講座」というコーナーをもうけ、夏期研修会をはじめとして、滞在中に収集した情報をまとめて載せた。[*10] インターネットの世界で徐々に知られるようになってくると、「テレパシーができる」という人々から何人も連絡がきた。

メールで延々とテレパシーと思われる体験が送られてきたり、手紙で便箋に何枚もテレパシーの悩みがつづられてきたりした。なかには、「精神科医の先生が私の頭のなかでつぶやいている」と訴える方や、「空中から得体の知れない物体が落ちてきた」といって写真を送ってきた方もいた。学会で知り合った複数の精神科医の先生に相談し、こうした訴えにはとりあわないこととした。

以降ホームページのＦＡＱ（よくある質問と回答）には、次のように記載している。

Q　普段からテレパシーができてしまって困るので、相談したいのです。

A　当研究室では、専門家がいないため、困っている方の対応が残念ながらできません。お近くの精神科医に相談されることをおすすめします。

この対策のためか最近はこの手の連絡は減ってきたが、それでも二か月に一件程度の頻度でいまだにある。

前章でも触れたが、個人的な体験や偶発的な現象を科学的に検討するのは、きわめて難しい。やはり厳密な条件管理のもとで、ある程度反復的に現象が起こらないと、科学の検討対象にはならない。そこでホームページには、次のように掲示して実験に協力していただける「能力者」の募集をしている。


コントロールされた実験環境でも安定して「超能力」を発揮できるという方。

どのような実験に対応可能かお知らせください。

これまで「なんでも確実に透視できます」などの強い主張をする人が、五名ほど申し出られている。ほんとうに確実ならば、周りの人々が放っておくはずがない。わざわざ見知らぬ私に連絡をよこすということは、確実でないから「(大学という権威による)お墨つき」を求めているのだろう。冷たいと思われるかもしれないが、実験を行なうコストは非常に高い。偶然当たったらもうけものという態度でこられてはかなわない。

しかしその都度、可能なかぎり誠実に対応している。たとえば、研究室にある箱の写真を撮って送り、中身がなにかを透視するようにお願いしている。これまでの方々は見えなかったらしく、透視結果が送られてきたことはまだない。どんな条件ならばできるのかなどと、自分の能力を客観的に見られるのでなければ、実験を行なうことはできない。

過去に比較的合理的な思考を伴った申し出がふたつあったので、それらをもとに、能力者と称する人々にとって、超心理実験のハードルはかなり高いという現実を紹介しよう。[*11]

ひとり目は、数字をテレパシーで送ることができ、受け手にほとんど確実に「正しい」数字を選択させることができるという人だ。私は、超心理学の研究において、過去に「送り手の能力者」が出現していないことから、大きな疑問をもった。「ほとんど確実」というのもよくある発言だ。しかし、自信がありそうな発言を伝え聞き、そこに判断能力を伴う言葉も見えたので、次の実験設定で努力してみたらどうですか、と勧めた。

❶ 相性のよい受け手の人を探してください。
❷ 誰かに実験者をお願いしてください。
❸ 絵札とジョーカーを取り除いたトランプ四〇枚を用意します。
❹ 受け手と送り手で、実験を行なう一〇分間の時間を決め、受け手は別の部屋に行きます。
❺ 実験者は四〇枚をよくシャッフルして、一〇枚のカードを選びテーブルに伏せておきます。
❻ 実験開始時間になったら、送り手は一分ごとにカードを一枚ずつ表に向けて、そのカードの数字をテレパシー送信します。（10のカードの場合は0を送る）
❼ 別の部屋にいる受け手は、実験開始時間から一分ごとに思い浮かぶ数字（0〜9）ひとつを紙に記録します。
❽ 実験が終了したら、実験者がカードと送り手の記録用紙を回収し、いくつの数字が合致しているかを数えます。三つ以上合致していれば成功です。
❾ 一〇文字中三文字以上いつも当たるようになったら、連絡してください。

後日、最初の実験は失敗したが、受け手が見えてないとやりにくいと言うので、受け手の様子をカメラで中継していてもいいですよ、と伝えた。今後もがんばる所存だということを伝え聞いたが、その後の連絡はまだない。

ふたり目は、風を起こす能力があるという人からの申し出だった。私は、息を吹きかけたり、手であおいだりすれば誰でも風を起こせるので、証明にならないと主張した。しかし本人は、まったく動かない状態で遠くの紙切れを浮きあがらせる「念力」があるという。この方の場合も、論理的な主張の展開をされていると判断し、次の課題を提示した。

大きなペットボトルの底に近い側面に比較的大きな穴を開けて、なかに紙切れを入れたものを作ってください。それを、穴の部分が自分の向こう側になるように机に置いて、なかの紙切れが浮きあがるように練習してください。それができるようになったら、同じ物を三つ用意して、あなたに向かって横一列に並べ、左のボトル、右のボトル、真ん中のボトルといった不規則な順番でひとつずつ、なかの紙切れを浮きあがらせることを訓練してください。そこまでできたら私を呼んでください、とお願いした。

じつは、この実演は奇術のトリックでもできるので、訓練が成功したという場合には、トリックが設定できないよう、こちらでボトルを準備して会いに行こうと考えていた。ところが、ボトルのなかの紙切れは一向に動かないという連絡がきた。天井に吊した紙切れならば、自分は段ボールのなかに入ってもできるというが、それでは空気の対流現象と区別がつかないので、残念ながらお断りした。これまでの経験では、そう簡単にホンモノの能力者など連絡してこないだろうと実感している。

サイコップの主要メンバーである奇術師のジェームズ・ランディ（一時サイコップを脱会するも、現在のＣＳＩには復帰している）は、超能力をはっきり示した能力者には一〇〇万ドルを進呈するという懸賞企画をもうけている。一九六四年の開始以来、一〇〇〇人以上がチャレンジしているようだが、獲得する者はいまだ現れていない。ハードルが高すぎるのかもしれないが、超心理学の実験も同様にハードルが高い。ランディの懸賞付きチャレンジと異なり、がんばって成功したところで金銭的には報われない超心理学研究では、能力者の実験はなかなか進まないであろう。

■ 職業欄はエスパー

実験室で能力者の発揮する力を見出すことが難しければ、厳密とは言えないが、その者に密着して取材し、能力が現れる現場を記録するという手段がある。ある程度これに成功したのが、一九九八年二月にフジテレビで放送された「職業欄はエスパー」だ。[*12] 映像作家の森達也が、ＵＦＯコンタクティの秋山眞人、スプーン曲げの清田益章、ダウジングの堤裕司という三人の日常生活に密着し、制作した。ホンモノの能力者かどうかの判定を棚上げにしたまま、超能力の現れ方の背景を究明する手法だ。

映像のなかで森は、三人の「エスパー（超能力者）」に対して超能力の発揮を求める。おのおのはそれなりに成功をおさめるが、状況設定は厳密でなく、トリックの可能性は排除されない。しかし、各人の映像に現れる、超能力発揮に対する冷めた態度、あきらめにもとれる達観した姿勢から、彼らと社会を隔てる「見えない壁」の存在が感じとれる。

霊感を生かした企業コンサルタントとして身を立てる秋山眞人は、臆面もなくＵＦＯや宇宙人に数百回も遭遇したと語る。しかし同時に、「それを信じないでください」とも言い添える。自分の体験としては事実だが、体験しない人々が信じようとすることは、混乱を招くのだと言う。

求めに応じてけだるそうにスプーン曲げを実演する清田益章は、「超能力に未来はない」と断言する。益章が子どものころから現象を間近で見てきた彼の父親は、「何十年もあるなし論争ばかりで、一向に変わらない」と、マスメディアや研究者に対する批判に語気を強める。私は、ある種の「責任」を感じずにはいられない。

三人目の堤裕司は、日本にダウジングを普及させた重鎮である。ダウジングとは、振り子やＹ字棒を道具にもち歩いて、その道具の動きからターゲットとなる物品などを探し当てる手法だ。道具を媒介とした超能力発揮と見られ、それを得意とする者はダウザーと呼ばれている。つまりダウジングは、無意識下に感知したＥＳＰを、器具を使って意識上に知らせるテクニックと解釈される。

このダウザー堤は奇術師でもあり、「トリックを使った手品のほうが簡単ですからね」と言いながら、成功するとはかぎらないダウジングをたんたんと実演する。二〇一一年には、堤を私の勤める大学に招き、ダウジングについて講演してもらった。そのときに行なった実演は、それなりに興味深い結果だった。[*13]

ドキュメンタリー「職業欄はエスパー」は、能力者を自称する人々の孤独と苦悩を浮き彫りにすると同時に、彼らの特異な視点から社会を見ることで、逆に私たちは社会の特異性に気づかされる。

仮にホンモノの超能力者がいたとしても、超常的な能力を自由に発揮できる水準にはないことだけは明らかである。陸上選手のように、特定の競技種目をひたすら練習して、その種目だけ好成績を残せるようになっている状況なのかもしれない。「超能力」というと私たちは、いつでもどんなことでもできると想定しがちだが、超心理学者の見立ては、せいぜい「ある条件が整ったときに限定したことだけができる」程度だ。私たちの過度な思いこみや社会の対応が、多少は期待できる能力者を、それこそ「封印」しているおそれもある。次章では、能力者を取り巻く状況をマスメディアが複雑にしている実情を、さらに明らかにしていく。

◆注◆

*1 ディスカバリー・チャンネルは、ナショジオと並ぶドキュメンタリー専門有料チャンネルである。ナターシャの番組は「体を透視する少女」として二〇〇八年二月に日本で放映された。アメリカでの放送はその数年前と思われる。なお、サイコップによる実験は二〇〇四年に実施されたようだ。

*2 七回中四回が的中する偶然期待確率「五〇分の一」とは、より正確には「五〇四〇分の九二」である。七つをランダムに回答する組み合わせが五〇四〇通りあり、そのうち七回中七回的中

する場合が一通り、七回中六回的中する場合が〇通り、七回中五回的中する場合が二一通り、七回中四回的中する場合が七〇通りである。七回中四回が的中して驚くなら、五回以上ならもっとたいへんな事態だ。それらの場合をすべて足して算出される確率をp値と呼ぶ。詳しくは巻末付録「統計分析の基礎」を参照。

*3 第3章に登場した懐疑派の皆神は、サイコップをおびやかした唯一の人間として、ナターシャに一目おいている。

*4 山本弘のナターシャ立ち会いレポート（二〇〇五年）。
http://homepage3.nifty.com/hirorin/natasha.htm

*5 一柳廣孝『〈こっくりさん〉と〈千里眼〉——日本近代と心霊学』（講談社選書メチエ、一九九四年）一〇二頁。

*6 この的中のうちのひとつは白紙であり、「見えず」との透視結果が的中と判断された。

*7 寺沢龍『透視も念写も事実である——福来友吉と千里眼事件』（草思社、二〇〇四年）六三頁。

*8 前掲『透視も念写も事実である』六九－七〇頁。

*9 前掲『透視も念写も事実である』一四七頁。

*10 超心理学講座は http://www.kisc.meiji.ac.jp/~metapsi/ に公開されている。

*11 この二件はともに、私のホームページではなく、発起人メンバーとなっているＡＳＩＯＳのホームページにアクセスされた方々であった。

*12 森達也による同名の書籍『職業欄はエスパー』（角川文庫、二〇〇二年）も出版されている（『スプーン——超能力者の日常と憂鬱』（飛鳥新社、二〇〇一年）を改題して文庫化）。

*13 『職業欄はエスパー』の次作として出版された、森達也『オカルト——現れるモノ、隠れるモノ、見たいモノ』（角川書店、二〇一二年）に、このダウザー堤の来訪について詳しく記されている。

第6章

マスメディアの光と影

超常現象の話題はマスメディアでしばしば取りあげられるが、超心理学の学術的研究の実態が描かれることはほとんどない。マスメディアが一般の人々のおもな情報源となっている現状では、超常現象の軽薄な話題と超心理学の研究成果が同じものと考えられやすい。その誤解は、マスメディアを通じて多くの科学者にも波及しており、超心理学の「封印」につながっている。超心理学を取り巻く社会的な問題の状況は、マスメディアを中心に複雑にからみあっている。本章では、私がかかわったテレビ番組の舞台裏を手がかりにしながら、その問題の構図をあぶり出す。

私は二〇〇八年のNHKドラマ「七瀬ふたたび」の科学監修を担当した。第四話の収録の日、[*1]超能力を究明する研究室のデザインや配置物のレイアウトにひととおりの指導をしたのち、スタジオの大型モニターを見ていた。

■ドラマの科学監修

「お願いです。研究は私たちの力をなくすためにしてください。そうじゃないと協力できません」

人の心の声が聞こえる火田《ひだ》七瀬《ななせ》は、その能力ゆえに日常生活がうまくいかず、数々の悩みを抱えている。大学で人間工学を研究する漁《すなどり》藤子のもとで研究に協力し、ガンツフェルト実験を行なった。すると、七瀬がたぐいまれなる透視能力を発揮したので、藤子は驚き、その能力に興味を抱く。

七瀬の「力をなくする方法を研究してほしい」という切実な訴えに対して藤子は「もちろんそのための研究よ」と口では言うが、「見きわめたい、未知能力がなんなのか」と心のなかでつぶやいて

「七瀬ふたたび DVD-BOX」[*2]
©2009 NHK

しまう。それを聞き取ってしまった七瀬は、すがるような思いで藤子を見つめる。
画面は七瀬を演じる蓮佛《れんぶつ》美沙子から、白衣を着て藤子を演じる水野美紀に切り替わり、当惑の表情をうつし出す。好奇心がかり立てるまま科学の進展のために努力することが、かならずしも七瀬を助けることにつながらない可能性に気づき、藤子は苦悩する。画面はもう一度七瀬に戻る。不安を抱きながら哀願する表情が、言葉以上の説得力をもっていた。

私の心のなかでは過去のさまざまな事例や、それにかかわった人々の思いが去来し、なんともやりきれない気持ちになり、自然に目頭が熱くなった。そして、この監修の仕事を担当できたことの喜びを噛み締め、感無量だった。

ディレクターがカットを宣言し、続いてすぐにＯＫを出した。一気に緊張感がゆるみ、現実に引き戻された。すこし離れた位置で見まもる、演出の笠浦友愛《かさうらともちか》と目が合った。私が「いいですねぇ」と言うと、笠浦はにっこりと笑い返してくれた。

笠浦との出会いはその四、五か月前だった。二〇〇七年の秋に、私は大学の人文科学研究所公開講座『声なき言葉・文字なき言葉』の第二講目の講師を務めた。講演タイトルは「声なき言葉：テレパシー研究の真相*3」であり、本書で示したような超心理学の現状について概略を話した。思いのほか盛況で、会場には一三〇名ほどの人々が集まった。そこにＮＨＫエンタープライズでエグゼクティブディレクターの地位にある笠浦と、フリー脚本家の伴一彦が来場していた。彼らは一九七五年に刊行された筒井康隆のＳＦ小説『七瀬ふたたび』を、ＮＨＫが再度ドラマ化するため、過去の作品とは異なる現代化の切り口を求めていたようで、私の講演を聴いた二人から、すぐに協力の依頼があった。

ドラマ「七瀬ふたたび」は、私が中学生時代、同じ筒井康隆の「タイム・トラベラー」（原作は『時をかける少女』）によってスタートした「ＮＨＫ少年ドラマシリーズ」のうちのひとつだ。「七瀬ふたたび」のころ私はもう大学生になっていたが、多岐川裕美が主演して話題になり、印象に残っている。このドラマへの協力はまたとない話で、私はふたつ返事でＯＫした。

話を聞いていちばん驚いたのは、放映予定時期までなんと一年もあるということだ。民放のバラエティ番組などは、放映予定の一、二週間前に「なんとかお願いします」と電話がかかってくるのが通例だった[*4]ので、逆に驚いた。くわえて、一年もあれば満足できるものになるだろうと期待を高めた。

仕事は、登場人物のイメージづくりからはじまった。七瀬や、同じくテレパシーが使える広瀬朗《あきら》少年などの能力者たちと、彼（女）らを取り巻く人々の心理描写や状況設定の具体化が、新しい「七瀬」の成功の鍵だった。もちろん原作があるので、大きなトピックや流れは変えられないが、個々のシーンの描写やそのリアルさで現代的な味わいが出せ、昔の「七瀬」とはかなりちがったドラマに仕上げられる。私も森達也の「職業欄はエスパー」が試みたように、能力者の視点から社会を描くようなドラマになることを期待した。

こうしてイメージづくりのための情報収集がはじまった。私自身で超心理実験を実演したり、私の紹介で、周辺分野の実験がなされている研究所を訪問したりと、調査が重ねられた。この調査スタッフはおもに、演出の笠浦と脚本の件、そして私であったが、ときにはエグゼクティブプロデューサーの谷口卓敬《やぐちたかあき》が加わった。

■ 能力者へのインタビュー

イメージづくりの鍵となるのは、やはり能力者とされる人々へのインタビューだ。この点は、TBSの本間修二プロデューサーに依頼した。本間は、「ギミア・ぶれいく」という番組制作に伴い中国の能力者を日本に呼び[*5]、一九九〇年ごろの超能力ブームの火付け役になった人物である。このとき、耳で字を読む透視術が流行したが[*6]、中国での実演をまねて本間が日本の子どもたちにも体験させたところ、同じようにできるという子どもたちが複数現れた。このころの子どもたちにインタビューしたいので、仲介してくれないかと申し入れた。

本間は少し考えてから、やりましょうと言ってくれた。二〇年近くたつと、子どもたちもいまでは第一線の社会人だ。行方のつかめる者のなかから、仕事の都合をつけてもらえそうな二名、佐藤くんと田中さん（仮名）に交渉し、本間はなんとか約束をとりつけてくれた。

インタビューは渋谷のNHKで行なわれたが、かつての子どもたちふたりは、いまはともに地方に住んでいるため、前日の夜は本間の家で過ごすことになった。NHKの調査スタッフも私も、その夜の宴に参加して一同おたがいに顔見知りになった。いきなりのインタビューでは彼らも緊張するだろうと気づかっての、いきなはからいだ。本間の、こうした雰囲気づくりは絶妙だ。超心理学の実験者には、ラッセル・ターグのようにうまい実験者と、スーザン・ブラックモアのように下手な実験者がいるというが、本間はうまい実験者に含まれるだろうと、私は心のうちで確信を深めた。

ふたりへのインタビューにより、現代版「七瀬ふたたび」の具体化は急速に進んだ。現在彼らは社会的な弱者のケアをするという似た仕事に就いている。佐藤くんは介護の仕事をきわめ、独立して事業を営むほどであり、田中さんも心理カウンセラーの資格をとって、専門的な職場で働いている。介護の場では話すのが不自由なお年寄りがいるが、佐藤くんは、そんなお年寄りの体の痛みや要望が手にとるようにわかると言う。

田中さんの職場では、心に問題を抱えたクライアントが多数訪れるが、田中さんのカウンセリングはかなり効果があるようだ。彼女は、「ふつうの人の心は複雑でわかりにくいけど、来談する人々の心はわかりやすいのです」と言う。だから「そうした職場は働きやすい」のだそうだ。「ふつうの人の心は複雑だ」とあらためて指摘され、私は他人の心が見えてしまう状況をあれこれ想像した。

彼らの現在の仕事から、七瀬の職場は老人ホームがよいだろうと意見が一致し、ドラマの冒頭シーンもそこからはじまる設定にして、脚本作りがスタートした。ドラマの脚本では、第一話にもっとも労力がかかる。第一話の調子やタッチが全体の印象を決めてしまうし、のちの話におよぶ数々の伏線がここにこめられる。第一話の台本ができるまで、準備稿と呼ばれる冊子が三回改訂されている。それ以前の電子テキスト版の草稿を入れれば、六、七回の改訂を重ねた。

ほかにも彼らのインタビューから、多数のヒントを得ている。たとえば、佐藤くんがテレビ番組でテレパシーの実演をひととおりこなしたあと、新幹線で帰宅の途上たいへんな目にあったという体験がそれだ。彼は、ふだんは心の声が聞こえないようにスイッチをオフにしておき、能力を発揮するときだけオンに切り替えると主張する。その日は、テレビの実演であまりに集中して長くオンにしていたため、なかなかしっかりとはオフにならず、そのまま新幹線に乗ってしまった。すると、新幹線の車内に入るやいなや、座席に座っていた人々の想念が騒音のように心に反響してきたと言う。耳をふさいでも効果がなく、しばらく辛抱するしかなかったそうだ。佐藤くんの体験は、七瀬がテレパシーのコントロールに悩むところ、朗少年の助言にもとづいて七瀬が窓を閉じるイメージでテレパシーの排除に努力するところに生かされた。

このドラマには能力者が多数登場するが、彼らがくつろげる場所の設定が必要だった。その検討を任された私は、彼らの話から、自閉症の症状のひとつで、刺激に敏感になる状態を思い出した。自閉症では、音や光、触覚刺激などに敏感になり、それを抑制できずに異常行動を呈することがよくある。その症状を自分で克服して社会的にも成功したテンプル・グランディン博士のドキュメンタリー[*7]では、彼女が酪農場で牛と一緒にリラックスして過ごすシーンが放映されていた。「牛と相対していると、牛の気持ちがわかる。牛の気持ちは単純で、人間のように複雑ではない」という彼女は、動物心理学で博士号をとり、酪農場の設計をまかされるほどの高度な仕事に従事していた。これを手がかりにして、私は能力者たちがリラックスする場として「動物園」を提案した。その後の検討で、最終的には空想世界に向いた「水族館」で落ち着いた。

■ 大衆の受容と排除

インタビューに戻るが、田中さんの昔をふりかえった話の一部には、私たちはかなり驚かされた。小学生のころの彼女は、本間の番組で超能力を実演していた。それなりに時の人と注目されていたが、日常で超能力の実演を迫られるのはつらい。奇術のようにおいそれとできるものではないので要求には応じられないのだが、そんな彼女の言動を快く思わない人々も現れた。ここまではある程度予想の範囲である。かつて御船千鶴子も、人体透視をせまられ消耗する一方、いかさま師呼ばわりされて、子どもたちに石を投げられている。*8

田中さんの話はさらに続く。ある日、駅のプラットフォームでうしろから「どん」と背中をこづかれた。振り返ると見知らぬおじさんだった。「テレビでインチキをやるんじゃない」とひどく怒られ、身の危険をも感じたという。子どもを相手にそこまでするのか、というショッキングな話だ。引っ越しを期に、田中さんはいっさいの活動から身を引くことを決意したという。

人々の感性はアンビバレントだ。矛盾した気持ちを合わせもち、強く興味をひかれたと思えば、同じ対象に一転して反感を感じることもある。

ロボット研究では「不気味の谷」（図6・1）と呼ばれる現象が知られている。人間のようなロボットを工学者が開発し、その挙動が人間に似てくると、だんだん人々は興味を抱いてくる。子どものようにぎこちなくふるまうロボットに対して、人々は愛くるしささえ感じるが、技術が進歩して、より人間らしく歩いたり、笑ったりするロボットが出てくると、人々は気味悪がって拒絶するようになるという。いままさにロボット技術は、不気味の谷にさしかかっている。この谷が越えられれば、人間はロボットを仲間として認められる状態になり、普及が進むという。

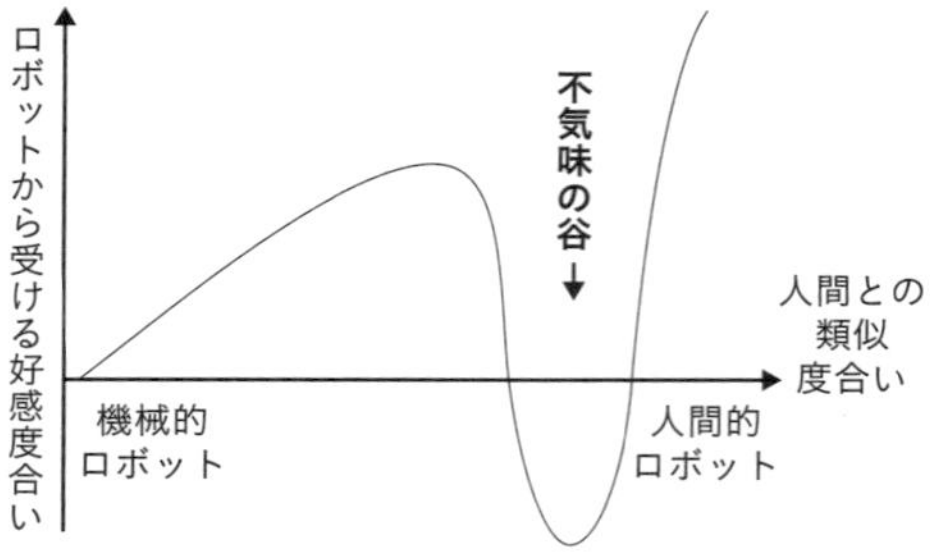

図 6.1　ロボットにおける不気味の谷

能力者がいるとすれば、その「不気味の谷」もあるにちがいない。超能力に興味があっても、透視がちょっと当たるのはいいのだが、目の前ではっきり見せられれば脅威を感じる。こうした心理がかつての魔女狩りにつながった可能性も否めない。

超心理学者は、超能力を目撃した人々が自分の体験をも心理的に排斥する傾向をつかんでいる。「目撃抑制」といって、明確に目撃したはずの現象でも、あとから記憶を想起するときになって、現象が常識を超えていると「やっぱり見ていなかった」などと、その記憶があいまいになってしまうのだ[*9]。

本間はこの辺の感覚も鋭い。子どもたちが行なった超能力実演はたくさんビデオ映像に撮れているのだが、物体移動がノーカットで撮れた決定的シーンは放送しなかったという。透視が当たったシーンであれば、「超能力かもしれないけれど、たぶん偶然に当たったんだよね」と許容される余地があるが、物体移動であれば、偶然では片づかない。インチキをやるなというクレームが番組にたくさん寄せられると推測してのことだ。

物体移動のトリックはたくさんある。奇術の番組を制作したこともあるという本間自身も、トリックには造詣が深い。奇術番組から一線を画して、超能力の魅力を引き出した番組制作の秀逸さに頭がさがる。ちなみに、奇術番組が超能力にすり寄って、日本テレビが「ミスター・マリックの超魔術」を打ちあげたのも、このころのことだ。

ドラマ「七瀬ふたたび」では、超能力者たちが結集していく場所をマジック・バー（マジックショーが見られるバー）とした。超能力の発揮が目撃されても、トリックであると言いのがれる隠れみのになるからだ。第四話では、念力が芽生えてしまったヘンリーという登場人物（七瀬の友人）が、奇術の実演中に観客の前で念力を使ってしまったうえに、「いまのは超能力だ」と白状するシーンが設けられた。観客は一瞬静まりかえるが、当然ながら笑い出す。ジョークとしてしか受容できない客たちを背景に、結集してきた超能力者たちの世界が浮き彫りになってくる。このあたりの間のとり方は、件の脚本の真骨頂だ。

■ 心理学より工学だ

ドラマの設定がどんどん具体化していくなかで、スタッフも増えてきた。なかでもセットを実際につくる美術関係のスタッフとの意見調整は重要だった。私は、ライン時代のＥＳＰ実験をＮＨＫの会議室で実演した。七瀬の父が行なっていたであろう実験のイメージを固め、スタッフで共有するためだ。そのころ父親がつけていた実験ノートがのちの話の展開の鍵になるので、それらしくしっかり作らねばならない。

七瀬の父親は、電機関連の会社で秘密の実験を行なっていたという設定になった。これは、実際にソニーにあった通称ＥＳＰＥＲ研究所がモデルになった。[*10]

具体物のデザインで私がいちばん大きく関与したのは、ガンツフェルト実験の風景であった。一般的なガンツフェルト実験で使うような、目を覆うピンポン球（三〇頁写真）は使用しないことにした。七瀬の能力は高いので、赤いライトとヘッドフォンだけで十分に集中効果が得られるはずだ。また、ピンポン球を七瀬の顔に貼り付けたら、その異様さばかりが強調され、蓮佛美沙子の演技が隠れてしまう。

七瀬の父の元同僚である藤子が働く研究室は、大学の人間工学分野とした。見栄えのする生理測定機器が並んでいても違和感がないし、なにより現代的なひびきがある。さらに、心理学研究室とはしたくない理由があった。超心理学は名称からすると「心理学」の一部と思われがちだが、そうではない。かつてラインが「超心理学（Parapsychology）」の用語を採用したときは、将来にわたって心理学と並走する「パラ－心理学」という意味を込めていたようだが、現在は心理学とのあいだに大きな溝がある。

なにしろ科学者のなかでは、心理学者がもっともＥＳＰを信じていない。人類学者で超心理学者でもあるジェイムズ・マクレノンの米国科学振興協会（ＡＡＡＳ）メンバーへの調査[*11]では、工学者の四〇％がＥＳＰを信じていてもっとも多く、生物学者は三四％、医学者は二八％、物理学者は一八％で、心理学者に至ってはわずか五％でもっとも少なかった。

日本で調査すればもっとちがいが出るのではなかろうか。心理学分野でポピュラーな日本語の辞典に『誠信　心理学辞典』[*12]があるが、その「超心理学」の項は、ひととおり超心理学の研究を説明したあと、なんと「いずれにしても見せもの効果をねらうまやかしにすぎない」と書いてあるほどだ。

心理学者は、誤信念の背景を知っているからこそ、やたらに超能力を信用しないのだという見方もあるが、じつはそれ以上の背景が指摘されている。心理学には、超心理現象を排除することで研究分野が固まってきたという、歴史的な経緯がある。いわば超心理学は、心理学の現代化の犠牲者というわけだ。

日本ではじめて心理学の博士号を取得した福来友吉が、御船千鶴子らの実験を行なって、前述したように東京帝国大学を追われた。ここから日本における超心理学の「封印」がはじまったと言ってよい。『通史　日本の心理学』の第二章「心理学規範の明確化」には、この千里眼事件の説明に丸ごと一章が割かれているが、その章末には次のように書かれている。[*13]

（……）福来の失脚とを《ママ》契機に、公正な手続きによって客観性を確保でき、かつ「近代科学的」方法で説明可能である（さらに加えれば、周囲からの承認が得られるような条件に合致する）、そういうテーマだけが、心理学の対象として生き残るようなベクトルが、形成されていくのである。

心理学者たちには、「やたらなことに手を出すと科学として成り立たない」という危機感からの自己規制があるようだが、工学者《エンジニア》たちは進取の気性に富んでいる。実用的な製品ができればそれだけでも分野の意義があるから、工学者は、理論的な説明はあと回しにしても、使えるものはどんどん使ってしまおうという意識になりやすい。つまり工学のほうが、新しいことに寛容な風土がある。

こうして私が制作に深く関与したドラマは、当年の秋から放映された。私は家でテレビを見ながら、このドラマ制作にたずさわった人々の情熱が視聴者に伝わってほしいと願った。

■ マスメディアは両刃の剣

超心理学にとってマスメディアは「両刃《もろは》の剣《つるぎ》」である、とライン研究センター夏期研修会でコーディネーターを務めたパーマーは言う。マスメディアは超心理学の研究を前進させる働きもするが、後退させることもある。どちらにしてもその作用は強力であり、また変化も激しい。

基本的なマスメディアの使命は、一般市民が必要とする情報を、正確に伝達することを通して、秩序の維持や社会福祉の向上に資することであろう。しかし、マスメディアがこの使命を見失い、近視眼的に運営されると、大衆がよろこぶセンセーショナルな情報の発信にばかり偏る場合がある。視聴率があがり（販売部数が伸び）、広告収入もあがるからだ。超常現象の体験や超心理学の研究結果は、そうしたセンセーショナルな情報発信に使われやすい。

一九九〇年のアメリカにおけるギャラップ社の意識調査では、一般の人々のうち、四九％がＥＳＰを信じ、二五％が幽霊を信じているという数字が出た。[*14] 一方、一九八一年のマクレノンによる調査では、学術会議レベルの一流とされる科学者（三三九人）のうち、ＥＳＰの可能性を信じるものは二〇％にすぎない。[*15] また、このマクレノンの調査によると、科学者でさえも他の分野を知る情報源としては、新聞などのマスメディアに頼っている。したがって一般の人々と同様、科学者の知識を形成するうえでも、マスメディアの影響は大きいことになる。

私が二〇〇七年と二〇〇九年の新入生三三五名で調査した結果では、[*16] 超能力に肯定的な者も否定的な者も、ともに三六％で拮抗しており、過去のギャラップ調査より肯定者が少なめの数字が出た。新しい試みとして、周りの人は超能力をどうとらえているかという認識を聞いたところ、周りの人は肯定的とする者が一九％に減り、否定的とする者が五五％に増えた。さらに、社会一般の人々は超能力をどうとらえているかという認識を聞くと、肯定的とする者が一二％に減り、否定的とする者が七〇%に増えた。

つまり、周りの人や社会一般の人が否定しているらしい（実際のところはそれほどでもないにもかかわらず）ので、自分も否定すべきだ、少なくとも肯定していることは公言できない、という状況が、これらの調査結果からかいま見える。一九九五年のオウム真理教事件以降の現代日本では、「超能力はキワモノとすべき」という総意が、より深まっているのかもしれない。

一般の人々は、そこそこ超能力の存在を肯定的にとらえているが、一流科学者は否定的にとらえているという、両者の信念の開きがテレビ番組制作では利用されがちである。すなわち、超常現象を肯定する番組を制作すれば人々の信念を刺激して注目され、一流科学者によって否定される番組を制作すれば「ほんとうは否定すべきものなんだよ」と、また視聴者を刺激できる。まさに大衆が「求めるもの」ができるわけだ。

千鶴子の千里眼事件のときもそうだった。能力を追試する実験が行なわれない状態が続くと、新聞各紙は、実験に立ち会ったこともない理学博士の中村清二という人物の否定的意見を取りあげ、センセーショナルに書きたてた。*17 大衆が求める話題について情報が不足してくると、きちんと裏を取れていない手軽な情報をもとにした、なりふりかまわずの報道がなされてしまう。

一方、マスメディアに取りあげられることで、超心理学の進展が見られることもある。第一に、研究に協力する能力者が得られる可能性がある。マスメディアに登場する能力者が直接協力する場合もあるが、新たな能力者が発掘されて研究に協力する場合もある。マスメディアでの能力者の「活躍」

を見て自分の「能力」に気づくというケースもあるからだ。第二に、研究に必要な人的・金銭的援助が得られる可能性がある。マスメディア自体が制作の過程で、取りあげる超心理実験を直接援助する場合もある（前章ナターシャの例など）が、マスメディアの広報力によってボランティアの参加が促されたり、研究費の寄付の申し出があったりする。第三に、うまく運べばこれが超心理学にとってもっとも重要なことだが、超心理学の社会的認知度があがる可能性がある。これによって超心理学は将来の有能な研究者を獲得できるかもしれない。

これらのマスメディアの作用は、超心理学が後退してしまう作用とせめぎ合っている。たとえば、超心理実験のあとに否定的な科学者がとつぜん登場し、頭ごなしに批判される番組が流されれば、超心理学の社会的認知は下がり、研究資金が途絶え、研究者も去っていくといった反作用があるだろう。

ここでの注目すべき点は、超心理学の否定番組が、肯定番組よりも制作しやすいことである。超心理現象の決定的瞬間がビデオに撮られることはめったにないし、統計的繰り返し実験はなかなか印象的映像にならない。一方で、一流科学者には否定的立場に回れる者が多くいるので、「大学教授」などの肩書を背負った「重み」のある否定コメントを集めるにはこと欠かない。

また、能力者にトリックを使えるような状況をわざと設定しておき、「あなたは本者だとわかっている。ただ印象的映像がほしいんだ」などと心理的に追いこんでトリックを犯させ、その現場を撮影するのも、そう難しくはない。いったん肯定するトーンの番組を流して視聴者の期待をかき立てておおいて、「真実が明かされた」などと否定される番組を制作すれば「二度おいしい」のだ。「肯定 vs 否定」式の討論番組も安易なものになりやすい。真の懐疑論争は論理が入り組んでいて、とても一般視聴者がかぎられた時間内で理解できるものではない。結局、権威を笠にきた議論や、感情的な議論に終始してしまう。これに金や名誉がからむとさらに事態が複雑になる。能力者の側における問題がとくに大きい。真の能力者は（もし存在するとすれば）社会的な価値が高いため、マスメディアで超能力があるなどと取りあげられれば、結構な職業になる。研究者が自称能力者の真偽論争に巻きこまれる事態も、過去にたびたび発生していることだ。

■ 演出かやらせか

前章で、ホームページに超心理学関係の情報を公開したところ、能力者と称する人々から連絡が多数寄せられるようになったと述べたが、マスメディアからも同様に連絡が多数くるようになった。ただ、「今週超能力番組の収録があるので、立ち会ってほしい」というたぐいの緊急電話をかけてくるパターンがほとんどだった。そうした番組で取り扱う「超能力」は十中八九がニセモノなのだが、ホンモノかどうかの可能性をコメントするには、たんに立ち会うだけでは不十分だ。前章で述べたように、まずは能力の発現状況を精査して、トリックの可能性をなるべく排除した実験企画をしなければならない。単純に立ち会ってしまうと、番組の都合上、能力にちょっとは可能性があると言わされてしまったり、途中の発言をカットされて妙に肯定的な印象のコメントに編集されてしまったりする。社会心理学者で、疑似科学信奉研究の第一人者である菊池聡《さとる》は、番組で霊能者と不本意な対決をさせられたときの顚末を述べたうえで、以後そうした番組に出ないことにした理由を、次のように書いている。[*18]

私の対決を観戦した研究仲間からは、もう対決はやめた方がいいだろうというアドバイスがあった。なぜなら、マスコミの舞台では権威的な学者の側より、霊能者側が同情を集めやすい。霊視失敗で気まずい雰囲気が流れたのは、そのあらわれである。にもかかわらず、科学者は勝って当然というハンデがある。もしも、トリックや偶然によって一度でも負けることがあれば、科学も認めた霊現象ということになり、インパクトはたいへんなものになる。

右の指摘は否定的な立場からだが、肯定的立場からも同様な主張が成立する。「マスコミの舞台では霊能者側より、学者の側がその権威ゆえに強力な主張が通る。霊能は成功したように見えるだけというのは、そのあらわれである。もしも、体調が悪くて一度でも負けることがあれば、霊能者にはニセモノというレッテルが貼られてしまう」という具合だ。白黒つけたいと思う一般の人々の気持ちをくんで、マスメディアは場をお膳立てするが、実際は白黒つかないものなのだ。

私のところには、ほかにも、「ホントかウソかの議論をやりますので出演してください。肯定派でも否定派でもどっちでもいいですよ」というテレビ番組制作会社からの依頼も寄せられたことがあるが、これには苦笑してしまった。とにかくいろいろやらせて、おもしろいところをあとで編集するという意図が見えみえだ。番組づくりのポリシーはないのかと、叫びたくなったがとどまった。

あまりに安直な電話が多いので、ホームページ開設から一年ほどたったところで、私は次のFAQを掲載した。[*19]

Q こちらはプロダクションですが、取材させてほしいのです。

A 放送番組（あるいは特集記事など）の企画書（あるいは企画の概要）を電子メールで送ってください。それをもとにして対応します。ほとんど何も勉強しないまま、大学に「電話」をかけてくる方が多数いらっしゃいます。そうしたツケヤキバの番組制作には協力いたしません。放送法で認可されたマスメディアに携わる方は、それにふさわしい職業倫理をもっていただきたいし、職業倫理が醸成される仕組みづくりに努力していただきたいと希望します。

その結果、電話はあまりこなくなった（皆無ではない）が、かわりに送られてくる企画書の質は低く、ほとんどメモ書きのたぐいだ。「超能力はほんとうにあるのかという検証番組」の出演依頼では、もう実験をしてしまった段階で送られてきて、「現代における超能力実験やその結果」についてコメントしてほしいという。電話をかけてみたら、スタッフは誰も「現代における超能力実験やその結果」について知らない。こんな体たらくでなぜ実験ができたのだろうか。番組制作に対する姿勢を批判して、私は電話を切った（この番組はジェームズ・ランディが出演した超能力否定番組に仕上がっていたが、想像したほど悪くはなかった）。

別の機会には「第六感を探る」という企画のメモ書きも送られてきた。芸能人が第六感を発揮して競いあうようだが、「第六感」とはなんだろうか、超能力ならばそんな簡単に発揮できないのだがと、不思議に思った。これは収録が進んでいない企画段階だということなので電話してみると、スタッフは「第六感」はなにかがわからないので、私に考えてほしいという。丁重にお断りした。

二〇〇九年秋にはかなり大きな話が舞いこんだ。二〇一〇年の正月三時間特番でスタジオに千人集めて超能力実験をしたい、予算もかなりあるとのことだった。透視課題をうまく設定すれば「もしや超能力かも」と思わせるような結果も得られるだろう、超心理学の観点からも興味深い実験ができるにちがいないと、私は乗り気だった。

そこで、制作担当者と会って打ち合わせをもった。千人超能力実験には注意すべき点があった。千人のなかに番組サイドのサクラが紛れこませてあって「超能力と思わせるような結果」を演出していると見えてしまう点である。そう視聴者に思わせてしまったら失敗だと私は力説して、うまい実験を考えましょうと提案した。この千人超能力実験だけの企画ならば話がうまくまとまったと思うのだが、別のところで問題が起きた。予算がかなりあるので、すでに芸人をたくさん集めて超能力養成合宿を行なっているという。

私は「それは危険です」と指摘した。「年末までに超能力が養成できなかったら、どうするのですか。超心理学ではスターゲイト・プロジェクトをはじめとして、長年超能力養成方法を研究しているのですがいまだに成功していません。芸人をたくさん集めたところで超能力は現れない公算がきわめて高いのです」と問題を指摘した。私は内心ではさらに「売れない芸人であれば、なおさら自ら進んで番組をおもしろくしようと超能力を演出する傾向が予想できるので、低俗なヤラセ番組になってしまう」ということを懸念していた。

担当者は当惑しているので、能力者の扱いに実績がある前出の本間修二プロデューサーを紹介した。かつての本間の番組のように、よい映像がとれたらそれをもとに番組にするという循環ができあがっている場合は比較的安心できるが、オンエアの日取りが決まっている場合の制作手順は、私には想像がつかなかった。

制作担当者はもう一度こられ、私も協力を約束したものの、それっきりなしのつぶてであった。いろいろ助言をしてもそれっきり挨拶もないマスメディア関係者の事例は、それまでひとつやふたつではなかったので、とくに気にもかけなかった。私が協力するメリットよりも、立ち会うデメリットを選択したのだろうと判断した。

二〇一〇年の正月、私は大きな不安と小さな期待とともに、当の特番を一視聴者として見たが、残念ながら懸念は的中した。千人超能力実験については、実際は一五〇〇人で行なわれ、スタジオにも持ち込まれる大きな箱に入ったピアノの透視がなされていた。そのうちでピアノと答えたのは三二人、回答が多かったものは順に、自転車、バイク、人間、トラであり、ピアノは五番目だった。箱の大きさが手がかりになるので、偶然の一致未満だと私は感じた。こうした実験を当日何回やったか知らないが、通常はもっともよい結果が得られた実験だけを放映する。他の実験はこれ以下の成果であったと推測されるので、千人超能力実験は失敗であった。すると特番の三時間は他のコンテンツ（番組素材）で埋めねばならない。案の定、芸人の超能力養成合宿が多くの時間を占めていた。*20

番組での超能力養成法は、紙コップのひとつの底を黒く丸く塗り、その上に別の紙コップを二段重ねにしてターゲットを作り、ほかの黒く塗ってない多数の二段重ね紙コップ群から、そのターゲットを選ぶ。芸人たちが執念でがんばったら、数人が「透視」できるようになったという。紙コップでターゲットを作ったら、爪で印をつけてもトリックが可能だし、黒丸ならば光の具合によって実際に透けて見えてしまう（文字どおりの透視だ）。訓練段階ならそれでもいいかもしれない。最終的にはESPカードかなにかを使うのか、と思いきや、なんと最後まで紙コップであった。

体育館に数百個の二段重ね紙コップを並べ、そこからターゲットを探すのだが、ターゲットでないものをひとつずつ排除していき、最後のひとつにターゲットを残すという実験だ。これなら、「途中でターゲットが出てしまったら失敗だ」という緊迫感とともに、えんえんと放送時間を埋めることができる。芸人のなかには、あきれた企画にいやけがさしているようにみえる者もいたが、最後は迫真の演技の女芸人にスポットが当てられた。彼女が、たいへんな苦悩とともに「透視」を続け、最後には首尾よくターゲットがひとつ残され、成功の歓喜とともに番組が終わるという算段であった。

最近のテレビでは、バラエティとドキュメンタリーが同居する傾向にあるが、それは大きな問題だ。たとえば午後六時前後に放送されている「報道バラエティ番組」というのは、矛盾を抱えている。バラエティは娯楽を目的としているので、事実よりもおもしろい演出が先行する。ニュースやドキュメンタリーは逆に、事実が先行すべきである。となると、ニュースやドキュメンタリーにふさわしいテーマを扱っているのに、おもしろさを求めて演出がたくさん入るという構図になりやすい。

二〇〇七年に表面化した生活情報提供番組「発掘！　あるある大事典Ⅱ」の捏造事件も記憶に新しい。納豆が健康によいという実験、データ、専門家の意見を、ことごとく捏造して放送していたのだ。演出がこうじて、科学的事実までが作られてしまったのである。しかし視聴者はすっかり信じ、全国各地で納豆が売り切れ、生産が追いつかない（のちにはダブついて価格低下）という異常事態になってしまった。

超心理学は科学的事実を探究する学問である。したがってその真摯《しんし》な取り組みは、妥協を許さないドキュメンタリー番組として取りあげて欲しい。それを超能力者のエンターテインメントのようなかたちでバラエティ番組の枠におさめようとすると、どうしても事実が歪められてしまう。結果として超心理学の成果は、演出や捏造のたぐいとして一般市民に誤解されてしまう。

ただ、まっとうなドキュメンタリー番組であっても、依然として限界があるだろう。現在の超心理学が扱う超心理現象は、ごく小さな効果だ。何十回と繰り返す実験状況を番組として流すのは現実的ではない。かといって、メタ分析†のような統計の議論はただでさえ伝わりにくく、限られた時間内での一般の人々の理解はほとんど望めない。超心理学の成果をテレビ番組で伝えることに、ある種の限界があることの認識も必要に思われる。この続きは最終章で議論したい。

マスメディアは大衆を映す鏡であると言われる。人々はどちらかというと、物事をなるべく単純化してとらえようとする。あれこれ考えずに白黒つけられれば、その知見を簡単に使えるからだ。一方で、超心理現象は複雑であり、それをひもとく超心理学の成果は、どうしても伝え方が難解にならざるをえない。こうした背景のもとマスメディアは、人々の超常現象への興味と恐怖を刺激しながら、白だ黒だと両極端を往復する。そして迷える人々に最後に大きな影響を与えるのは、超心理学者でも心理学者でもなく、自然科学者の主張だ。こうして超心理学は、最大の理解者であるはずの心理学者たちに敵視され、迷信として「封印」の憂き目を見るわけだ。次章では、超心理現象を複雑にしている心理的要因を取りあげ、超心理学の実験がどこまで解明してきているかを解説する。

◆注◆

*1 ドラマ「七瀬ふたたび」の収録立ち会いは二〇〇八年三月に行なった。ドラマ後半の収録は四月以降となり、そちらは大学の仕事の関係で立ち会えなかった。

*2 NHK DVD「七瀬ふたたび DVD-BOX」出演：蓮佛美沙子ほか、発行：NHKエンタープライズ、販売元：ポニーキャニオン。

*3 明治大学公開文化講座（第二七回、二〇〇七年）の講義録は、風間書房から『声なきことば・文字

なきことば』(二〇〇八年)として刊行されている。その第二章が私の担当分である。

*4 二〇一二年一月に放映された、同じ筒井康隆原作のドラマ「家族八景」(毎日放送/TBS)についても、部分的に私が科学監修を担当した。しかし、こちらは残念なことに、私に声がかかったのは収録一か月前であった。

*5 中国の自称能力者には奇術師も多いので注意が必要だ。たとえば、瓶から錠剤を出すなどというのは、私はトリックだと推測している。

*6 耳で字を読むというのは比喩である。小さな紙に絵を描いて丸めたものを耳に入れて透視するのだが、手にもっても同じだ。ただ耳に入れておくと、その間、紙の保管場所が公然としているので、トリックの余地が少ないということだ。それでも、耳に入れる前にすり替えるなどのトリックも可能なので、完全に厳密な実験ではない。

*7 「脳 未知のフロンティア」というドキュメンタリーで、二〇〇五年にドイツで制作され、二〇〇七年にNHKで放映された。その後、ディスカバリー・チャンネルでも二〇一一年に再放映された。自閉症の科学者テンプル・グランディン博士は『自閉症感覚——かくれた能力を引きだす方法』(中尾ゆかり訳、NHK出版、二〇一〇年)などの著者としても知られている。

*8 千鶴子が実際のところ子どもたちに石を投げられたかどうかは定かではないが、日本テレビの「日本史サスペンス劇場 千里眼千鶴子」(二〇〇八年)という番組では、そのような演出をしていた。当たらずとも遠からずであろう。

*9 「目撃抑制」に加えて、「保有抵抗」という心理現象も知られている。自分に能力があるという事態におそれをなし、自分で否定することである。詳しくは第9章を参照。

*10 当時のソニー名誉会長、井深大が一九九一年に設立したソニーESPER研究所の経緯や活動の一端は、佐古曜一郎『ソニー「未知情報」への挑戦——科学のニューフロンティアを求めて』

（徳間書店、一九九六年）に詳述されている。なお、同研究所は一九九八年の井深死去の翌年に閉鎖された。

*11 マクレノンの調査は、以下の著書の第五章に詳しく報告されている。なお本書では、回答が二〇人に満たなかった学術分野は統計的に不正確なので、除いて説明してある。
McClenon, J., *Deviant Science: The Case of Parapsychology*, University of Pennsylvania Press, 1984.

*12 外林大作他編『誠信　心理学辞典』（誠信書房、一九八一年）は、二〇一二年七月時点で三七刷が発行されており、三〇年間にわたり改訂されていない。

*13 佐藤達也、溝口元編『通史　日本の心理学』（北大路書房、一九九七年）一五五頁。この第二章の執筆担当は鈴木祐子。なお、前掲一柳の本の第三章「千里眼と科学」でも同様の趣旨の議論が展開されている。

*14 ギャラップ調査結果は、社会学者アンドリュー・グリーリーの以下の論文からの引用。
Greely, A., The Paranormal is Normal: A Sociologist Looks at Parapsychology, *Journal of American Society for Psychical Research*, Vol.85, pp.367-374, 1991.　この論文では数々の調査結果から、一般大衆の超常現象信奉は高く、超常現象はけっして「超常的」ではなく、「ふつう」の現象だと論じている。

*15 マクレノンの調査結果は、本章*11の本に加え、彼の以下の著作にもまとめて記されている。
McClenon, J., *Wondrous Events: Foundations of Religious Belief*, University of Pennsylvania Press, p27, 1994.　こちらの本では、日本を含めて国際的に行なわれた超常信奉の意識調査についても報告がある。

*16 山本輝太郎、石川幹人「超能力信奉の総意誤認効果」『超心理学研究』（第一四巻、二〇〇九年）二〇－二八頁。また、この調査では他に、肯定者も否定者もその八割方が信奉の根拠となる情

報をテレビ番組から得ていること、松井の分析（第4章＊17）と整合的な男女の信奉傾向の差異があることが判明している。

＊17 満足に実験が行なえてなかった藤教篤《ふじのりあつ》の記者会見から否定的立場からの報道合戦が起きた顚末が、前掲『透視も念写も事実である』の二〇九－二一八頁にある。その過程で福来は、「私も今までは世間はもっと単純なものと思っていましたが、千鶴子、郁子の両婦人で千里眼の実験をやって以来、世間の非常に複雑なものであることを知りました」（『報知新聞』一九一一年二月二七日）と述べ、学術的な議論と報道内容の齟齬に憂慮していた状況をのぞかせている。

＊18 菊池聡『超常現象の心理学――人はなぜオカルトにひかれるのか』（平凡社新書、一九九九年）一〇二頁。

＊19 ＦＡＱの内容は、次の私のＷＥＢページに公開している。
http://www.kisc.meiji.ac.jp/~metapsi/faq.htm

＊20 この番組ではほかに、千人の来場者が数字を透視（テレパシー受信）する実験も行なわれていた。ターゲットは数字の「3」であり、透視結果も「3」が多くて「成功」とされていた。これは、多くの日本人は一般に「3」という数字を好み、それを高い頻度で答える傾向があることの影響にほかならない。たぶんそれを知っての演出トリックであろう。ＥＳＰカードの五つのシンボルを使えば、このような好みの偏りは小さく、実験として意義があったはずだったので残念だ。

第III部

封印は破られるか

第7章

心の法則を求めて

超心理現象の発現のためには、その周囲の人々の心理的な条件が整うことが必要だ。超心理学の実験データが示すところによると、超心理現象は、けっして力まかせの自覚的能力に由来してはいない。人々が無意識に発現を願うような社会的な状況を整えると、そこにあたかも、向こうから現象が立ち現れてくるように見えるのだ。したがって、実験結果の成否には、被験者のみならず実験者も関与していることがわかる。この性質がまた批判者からの疑惑を招き、「封印」の原因にもなっている。

ライン研究センターの夏期研修会も半ばに入ったところで、臨床心理学者でありながら超心理学の研究をしてきたジム・カーペンターが登場した。卵型の頭部に真っ白なあごひげだけを残したジムの大きく見開いた目でみつめられると、「話さねばならない」という妙な義務感におそわれる。軽く笑いかけるジムの目の周囲では、超心理学に寄り添って生きてきた長い時間を刻んだしわが、いっそう深くなる。

■ 東洋的な問い

「何があなたをここへと導いたのか話してください」

ジムの問いには東洋的な色合いがあった。通常の西洋社会では、「なぜここにきたの」と、主体的な自己を前提にした問いにするのがふつうだ。しかし、テーブルを囲んだ八人の研修会参加メンバーには、ジムの問いに違和感をいだく者はいなかったにちがいない。超心理学の実験成果を的確に解釈するには「社会的な状況」と「無意識の心理」を理解する必要があると、私たちは学んできたからだ。ジムの講義は、その理解をさらに深めることを意図したものだ。

当日たまたまジムの左手に座っていたサムが一番先にジムにみつめられ、口火を切った。サムは「レイキ・マスター」を自称する民間療法家だ。日本で昭和初期に普及した「手かざし」を主体とする療法がアメリカにわたり、霊気《レイキ》と称してにわかに流行している。その療法の理論的なバックグラウンドをつかみたいというのが、サムの参加動機だった。[*1]

続いて時計回りに、参加メンバーは各自の動機を披露した。一か月も一緒に研修を続けてきた者同士にとっては、あらかた知っている話だ。私の番がきたので、かつて奇術のファンタジーに魅惑されたこと、能力者とみられる少年たちと過ごした経験、アカデミズムに身をおくようになって科学社会論の観点から超心理学に新たな興味を見出したことを話した。

参加メンバーの話がひととおり終わると、ケイトがすかさずジムに「なにがあなたをここへと導いたの」と問いかけた。私たちにとっては、ジムの話が一番興味あるところだから、的確な問いだった。

ジムは、ケイトの質問を予想していたように冷静に受け止め、自らの半生を話しはじめた。このダーラムの地で、ライン夫妻と超心理学の研究を続けてきたこと、かつての活気あふれるラインの研究所の様子、そして自分の本業である心理クリニックの仕事についてと、話が展開した。

超心理学の研究を続けるためには、なるべく周辺分野の安定した仕事をみつけることだ、その点ではいまの心理クリニックの仕事は最適だ、とジムは言う。「私はほんとうにいい仕事をみつけられた幸せ者だ」と臆面もなく笑うジムに、メンバーから拍手と歓声が送られた。

ジムのクリニックは、奇しくも私が居を構えたチャペルヒルのアパートから歩ける距離にあったので、アメリカ滞在中に何度かジムの仕事場を訪問した。州道から小道を一本入った林の陰に位置するオフィスは、心理クリニックにふさわしい落ち着いた雰囲気だ。

明るいロビーでジムと懇談していると、幾度となく電話がかかってくる。電話の内容は聞き取れないが、その口調から深刻な症状のクライアント（来談者）からであるのは察しがつく。仕事は繁盛しているのかと思いきや、翌年西海岸で開かれる予定のＰＡには旅費が高くて行けないとのことだった。深刻な症状のクライアントからは多額の報酬を得られるわけがなく、「いい仕事」といっても、ジムのような経歴の人物でさえ、本業と超心理学研究の両立は依然として難しい状態だという現実を目の当たりにした。

■ ヒツジ・ヤギ効果

ジムの講義を理解するためには、ＥＳＰカード実験の全盛期に判明した、ＥＳＰ得点と心理状態の関連を知っておく必要がある。夏期研修会でこのあたりの講義を担当したのは、研修会全体のコーディネーターでもある、ジョン・パーマーであった。

ジムと異なり、超心理学を専業としているジョン・パーマーの生活はなかなかたいへんだ。私のアメリカ滞在中はライン研究センターの研究部長であったが、その後、スイスの研究機関へ移籍した。専業の超心理学者は、短期的な研究資金とポストを求めて、（多くの場合一生）世界中を転々としなければならない。

そのパーマーの主要な研究成果は、「ヒツジ・ヤギ効果」の正体を暴いたことである。夏期研修会でも、この自分の成果に関する説明になると、ふだんにも増して講義に熱が入った。

「ヒツジ・ヤギ効果は、もっとも誤解されやすい現象だ」とパーマーは言う。

超心理実験の得点は、超心理現象を信じる者が被験者のときは高く、超心理現象を信じない者が被験者のときは低い。聖書にちなんで、前者をヒツジ、後者をヤギと呼んで区別したのは、一九四〇年代に、蓄積されたＥＳＰカード実験の結果からこの現象をみつけた、ガートルード・シュマイドラーだ。[*2]

否定論者たちは、この主張をごく表面的に受け取って批判を重ねた。彼らは「実験が成功した被験者は現象を信じるヒツジで、失敗したら現象を信じないヤギだと超心理学者が見なしているだけ」と、誤って解釈したのである。これでは、超心理学者が場当たり的に解釈して、超心理実験は成功しても失敗しても、あとから理論どおりに説明されることになってしまう。誤りは、ヒツジかヤギかが「事後的に」割り当てられたと語られるところであり、正しくは、ヒツジかヤギかは事前のアンケートで判定されているのだ。

シュマイドラーによるヒツジ・ヤギ効果の追試実験は、いずれもその効果を裏づけた。[*3]教室における集合ＥＳＰ実験（総計一一五七人）、個別に行なったＥＳＰ実験（一五一人）ともに、ヒツジ群のヤギ群に対する有意性は偶然比で一万分の一未満であった。つまりこのような偏りは、偶然には一万分の一未満の確率でしか起きないにもかかわらず、集合実験でも個別実験でも検出されたのである（巻末付録「統計分析の基礎」参照）。

ヒツジ・ヤギ効果については、その後も多くの実験がなされ、一九九三年にT・R・ローレンスが行なったメタ分析では、一九四七年から一九九三年までの七三の研究にわたって、四五〇〇人以上の被験者のスコアをまとめた。その結果の偶然比は一〇の一六乗分の一で、きわめて有意であった。[*4]

否定論者のさらなる問題は、ヤギの得点の誤解釈にある。ヤギの得点は低いことが判明したのだが、それは偶然平均の得点ではない。偶然平均よりもさらに低い特異的な得点だ。したがって、ふつうに偶然平均レベルの得点をとっただけでは、ヤギの説明は成り立たない。ヒツジ・ヤギ効果は、「偏りを分析する統計検定」で、簡単にその特異性を検出できるのだ。[*5]

では、なぜヤギ群は、それほどの低い得点をとるのだろうか。ヤギがこの種の低い得点をとる傾向を、シュマイドラーは「ESPを発揮して正しいターゲットを知ったうえで、無意識に別なコールをした。それが自分の信念に合致していたからだ」と説明した。この「無意識にわざと外す」という説明が姑息な言いわけに聞こえ、さらに否定論者の批判の的になった。[*6]

しかし、この種の説明が必要な心理実験が、すでに社会心理学の分野で発見されており、定評のある理論が確立している事実がある。一九五七年、社会心理学者のレオン・フェスティンガーが、無意識のうちに記憶が改ざんされる現象をとらえて、認知的不協和の解消のために自ら記憶を都合よく変更していると説明したのが、その「認知的不協和理論」だ。[*7]

たとえば、単調でつまらない仕事を長時間やらされて不当に安い報酬を受けると、直後には憤りを感じるが、数週間後には「その仕事も結構ためになった」などと記憶が変更されていることがある。

この仕組みは「つまらない仕事」と「安い報酬」とが心のなかで認知的な不協和を起こし、無意識のうちに「つまらない仕事」が「ためになった仕事」と記憶が変更され、認知的協和状態が自然と維持されると説明できる。

ヤギの被験者の低得点は、次のように認知的不協和理論で説明される。ヤギの一部は無意識のうちにＥＳＰを発揮してターゲットを感知してしまうが、それをそのまま当ててしまうとＥＳＰが検出されてしまい、超心理現象などありえないという自分の信念に反する。そこで、その認知的不協和を解消するために、意識にのぼる前に「わざと外し」て、別のターゲットをコールするのである。

この種の複雑な働きが無意識のうちに行なわれるという事実は、今日では本流の心理学でも数多く判明している。[*8] したがって「ヤギが無意識にわざと外した」と言っても、いまになってはそれほど驚くべき説明ではない。しかし、そうした心理学の動向を知らない否定論者にとっては、姑息な説明と感じるのだろう。実際、まだ納得されない読者もいるかもしれない。

さらに効果の背景に深く切り込んだのが、パーマーだった。パーマーは、実験の前に問われる「超心理現象を信じるか」という質問に、それには次の四種類の異なる意味があることに気づいた。[*9]

❶「この実験でＥＳＰが検出される」と信じる。

❷「一般にＥＳＰが存在する」と信じる。

❸「この実験で私のＥＳＰが検出される」と信じる。

❹「私にESP能力がある」と信じる。

パーマーが以前の実験における質問の文脈を調べると、ヒツジ・ヤギ効果が得られたのは、❶と❷だけであり、❸と❹では出ていなかった。自分の利己的な信念にそって、ESPターゲットを当てたり外したりすることはないと解釈できる。これは保有抵抗†の現れともみることもできる。

その後、シュマイドラーが質問への回答で被験者を明確に分けたうえで実験を行なった結果、[10]❶だけにヒツジ・ヤギ効果が得られた。「この実験」という、実験者と被験者の（ローカルな）社会的関係による信念にそって、当てたり外したりする現象が見られたことになる。

この検討からパーマーは、ヒツジ・ヤギ効果は「社会心理的快適さ」によって、より包括的に説明できると考えた。実験が成功するという社会的状況に心理的快適さを感じるヒツジは、ターゲットを当てやすい。一方で、実験が失敗するという社会的状況に心理的快適さを感じるヤギは、ターゲットをわざと外しやすい、ということだ。

また、学校の先生が送り手で生徒が受け手になるテレパシー実験では、その先生を好きな生徒は当てる傾向、嫌いな生徒はわざと外す傾向があるというアンダーソンらの実験結果も、[11]「社会心理的快適さ」からうまく説明がつく。さらにパーマーは、ESP得点に応じて報酬が与えられるという実験でヒツジ・ヤギ効果が消えることを示し、利己的な動機が社会的関係を変化させることがESPの結果に影響する可能性を明らかにした。[12]

また、バーバラ・ロビッツがヤギ効果を反転させた実験[*13]も、「社会心理的快適さ」からの説明が妥当であることを裏づけている。彼女はＥＳＰのターゲットとなる記号を「見えない刺激」として被験者に示し、その記号を問う実験を行なった。「ごく弱い刺激なので、当てられたならばＥＳＰとみなせます」と教示してこれを行なうと、通常のヒツジ・ヤギ効果が現れるのだが、ＥＳＰを反証する実験として行なうと、一転してヤギ群の得点がヒツジ群を上回った。反証実験に仕立てるには、被験者に「いまから提示される記号は見えないでしょうが、あてずっぽうで答えてください。正しく答えられたらＥＳＰというのは敏感な知覚効果にすぎないことが判明します」と教示すればよい。

その後のローレンスの追試実験[*14]は、当初は失敗として報告されたが、実証実験で高得点を挙げるのはおもに女性のヒツジ群であり、反証実験で高得点を挙げるのはおもに男性のヤギ群であることが改めて示された。これは社会的関係への対応における男女差をよく反映している。つまり女性は、身近な実験者との良好な関係を快適に感じる傾向があり、男性は、自分の主張を誇示することに快適さを感じる傾向があるということだ（一二八頁参照）。

以上のヒツジ・ヤギ効果の検討から、「信じることで能力が出る」などの精神論的な解釈は不適当であり、「実験状況と自分の信念とが合致したかたちでＥＳＰが無意識的に発揮される」といった、社会心理学的な解釈が妥当とされる。つまり、「ＥＳＰは良好な社会的関係に寄与する方向で働く」という、非常に人間くさい特徴があるのだ。

■ ESPの発揮を高める要因

前節では、ヒツジ群の一部はESPを発揮してターゲットを当て、ヤギ群の一部は無意識にESPを発揮しながらターゲットを積極的に外すらしいと説明した。この分析からさらに、当てるにしろ外すにしろ、一部の被験者はESPを発揮できるものの、他の被験者は発揮できず、偶然に任せるしかないという傾向も見出された。では、ESPを発揮できる／できないというちがいには、決まった傾向があるのだろうか。被験者の性格や態度によるちがいなどはあるのだろうか。これらに包括的な説明を与えたのも、パーマーであった。

パーマーは、ホノートンが行なったガンツフェルト実験の結果のデータベースを、ESP発揮に重要な性格指標はなにかという観点から分析した。そのデータベースには、全参加被験者について性格検査[*15]の結果があった。パーマーはその性格指標のうち、直観指向、感情指向、知覚指向が、特異的な結果を出した被験者に高いことを見出し、それらを合わせた性格概念に注目し、「自発的想像傾向」とみなした。自発的想像傾向は端的に言うと、心のうちに自然に現われるイメージを積極的に求め、重要視する傾向である。

分析結果をもう少し詳しく述べよう。標準的なガンツフェルト実験の手順では、ESPで感じ取ったイメージが四つの絵（うちひとつがターゲット）のどれと近いか一位から四位までに順位づけする。ターゲットが一位に割り当てられれば大当たりで、四位に割り当てられれば大外しだ。パーマーは、自発的想像傾向の高い被験者がターゲットを一位または四位に割り当てがちであることを発見した。つまり、ホノートンが一位に割り当てることのみに注目したのに対し、パーマーは一位と四位を合わせて分析して、自発的想像傾向の高い被験者がヒツジ・ヤギ効果をひき起こすことを明らかにした。

超心理学者のフィオナ・シュタインカンプは、過去のESPカードの実験をメタ分析し、性格検査などとの関係を整理した。[*16] その結果、外向性[†]が高く、神経質傾向が低く、知能が高い被験者は、ESP得点が高い傾向が得られた。パーマーは、そうした被験者には自己適応性があり、社会的関係を築く能力が高く、不安も小さいので、実験の場でESP能力が発揮されても、「社会心理的快適さ」を得られやすい。だから、「よきヒツジ」になれる被験者だと考えている。

シュタインカンプはまた、性別、精神疾患の有無、超心理体験の有無、創造性の高さなどはESP得点と関連がないことを示した。しかし、このデータはESPカードを使った強制選択実験(無理やり五つのシンボルのどれかを延々と答えさせる)であることを忘れてはならない。試しに自分でやってみればわかるが、五〇試行ほどやってみると、もううんざりだ。超心理体験があったり、創造性が高かったりする被験者は、早々といやになってしまう可能性がある。事実、退屈しにくいガンツフェルト実験のデータでは創造性の高さとの関係がみられている。

シュタインカンプはさらに、ESPカードを使った強制選択実験で、試行回数の多いESP実験では平均得点が低いこと、よりうしろの試行では成功確率が低下する傾向も明示している。これは「下降効果」として知られるが、主原因は、退屈して集中力が切れ、成功動機が低下するためと解釈される（詳しくは第9章に記す）。

パーマーは、以上のようなデータを手がかりにして、ＥＳＰ発揮の背景となる「大きさ・方向モデル」[†]を提唱している[*17]（図7・1）。このモデルによると、ＥＳＰ発揮の絶対的「大きさ」を決める要因と、発揮の「方向」を決める要因とのふたつで特徴づけられる。前者の代表的要因に「自発的想像傾向」および「動機づけ」を、後者には実験の社会心理的な状況を対応させている。つまり、「自発的想像傾向」や「動機づけ」が高い被験者が、社会心理的に快適な状況の実験に参加すればターゲットをよく当て、社会心理的に不快な状況の実験に参加すればターゲットを外す傾向があるということだ。

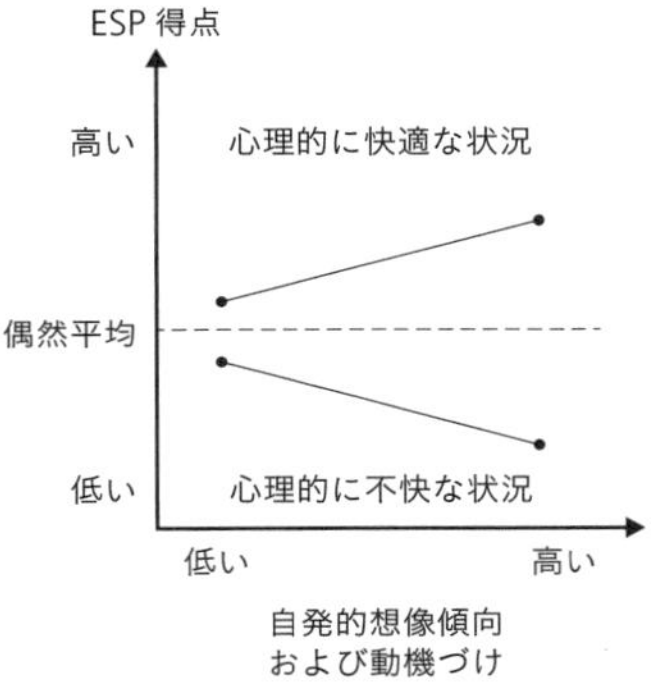

図7.1 パーマーの大きさ・方向モデル

ところで、このＥＳＰ発揮の大きさを決める要因は、「自発的想像傾向」にしても、「動機づけ」にしても、なんらかの超常的な能力の高さに直接関係するようには思えない。むしろ無意識に「知っている」内容を、素直に意識にのぼらせる能力に関係するように思われる。心理学上の分析から、ＥＳＰの外的な発揮要因は判明したものの、それは超常的な能力の核心にはまだ遠いようだ。発揮の仕方に社会的状況が深くかかわるのならば、そもそもＥＳＰとは個人がもっている「能力」と呼べるものなのかという疑問が生じてくる（この論点は第9章で深める）。

■超心理学の実験者効果

ヒツジ・ヤギ効果が、被験者や実験者を含んだ社会的な実験状況に応じて現れるとすれば、被験者の信念だけでなく、実験者の信念も影響するだろう。それになにしろ、超心理実験で一番成功への動機づけが高いのは、実験者自身だ。超心理学ではこのように、実験者による実験への影響はとりわけ大きく現われる可能性が指摘でき、それを「実験者効果」と呼んでいる。ただ、実験者の与える影響は、あらゆる科学実験において普遍的であり、超心理実験にかぎったことではない。

物理実験では一般に、実験者によらない客観的な実験が可能とされるが、それでも熟練した実験者のほうが、そうでない実験者より正確に測定できるというのは、研究者のあいだでは周知の事実である。実際、物理実験が不得意だから理論物理学者になるという例は多い。[*18] 物理実験では、熟練した実験者かどうかすぐにわかるという意味で「客観的」なのだろう。

人間に関する心理実験を行なう場合には、実験者の与える影響がより大きくなり、また影響も多様化する。たとえば、優秀だと思った生徒には、たとえそれが誤りであっても、先生が期待をかけることによって、ほんとうに優秀になってしまう現象が知られている。[*19] 子どもの心理を探る発達心理学の実験では、暖かく協力的態度で子どもに接しないと妥当なデータが取れないことはよく知られている。実験者の与える影響をよく調べておくことは、心理実験を実施するうえで不可欠の作業である。

薬の臨床試験では、新しい薬成分の効き目を調べるために、その薬成分を含む錠剤を作成し、患者に服用させて効果を見る。しかし、「この新しい薬は効くかもしれない」という期待が患者の自然治癒力を高めて、仮に新しい薬成分に実質の効果がなかったとしても、治癒効果が見られることがある（これを「偽薬効果」または「プラセボ効果」と呼ぶ）。そこで、その薬成分を含む錠剤（真薬）と含まない錠剤（偽薬）とを用意し、多くの患者に、自分が真薬を服用しているか偽薬なのかがわからない状態で服用させ、効果を統計的に比較する。こうすれば、偽薬効果は統計的に相殺できる。

だがそれでも、実験者である医師が「これは真薬だから効くはずだ」、「これは偽薬だから効くはずない」などと思っていると、そういった信念が実験者の態度に現われて患者の治癒に影響が出ることがある。そこで、さらに実験者も、自分が患者に服用させる薬が真薬か偽薬かがわからない状態で、実験者の役割を務めるのだ。こういった実験手法は、被験者も実験者も事実を知らないという意味で、ダブルブラインド法と呼ばれる。

超心理実験における実験者効果の働き方には、右に述べたような心理学的影響と超心理学的影響とがある。心理学的影響は、実験者の期待や態度が被験者と接することによって影響することであり、通常の心理学的説明が可能だ。そこに超心理現象が潜んでいなければ、ある程度はダブルブラインド法の導入で防げる。

超心理学的影響は、被験者とは実験時に直接的には接することのない、たとえば集計評価者や代表研究者（実験の企画者）の期待や動機が影響する場合である。代表研究者が超心理によって実験過程に影響を与えたり、被験者が実験の意図を代表研究者からＥＳＰで読み取ったりして実現される可能性は否定しきれず、その場合ダブルブラインド法が導入されても、超心理学的影響は防ぐことができない。

超心理学における実験者効果のうち、まず心理学的影響について先に述べよう。シャープとクラークの論文では、よい被験者を選抜する集団ESP実験を繰り返していたところ、実験者の妻が入院して心配していた期間の実験が、他に比べて著しくスコアが低いことが報告された。[*20] 実験者の心理状態が態度に現れ、被験者のESP得点に影響したと思われる。

ニコルとハンフリーの論文では、二人が共同でESP実験を繰り返していたところ、ハンフリーがカードを提示してニコルが記録したときのほうが、その逆よりも著しくスコアが高いことが報告されている。[*21] ハンフリーが被験者と接したほうが、ESP実験がうまくいくのだ（ニコルはのちに懐疑論者になった）。

懐疑論者のリチャード・ワイズマンと超心理学者のマリリン・シュリッツは、実験者効果を調べる協力実験を行なった。[*22] 一九九七年と九九年の二回（九七年はワイズマンの居住するイギリスで、九九年はシュリッツが居住するアメリカ西海岸で）、まったく同じ被験者に対し、同じ教示のもとでESP実験をそれぞれ続けて行なった。その二回とも、シュリッツが行なった実験のみに、有意な結果が得られた。

ガートルード・シュマイドラーらは、一九七九年のPA大会における七人の研究者の発表をテープにとって、第三者に研究者の人物印象を形容詞のレーティングというかたちで評価させた。その結果、よく超心理実験に成功をおさめる研究者の印象と、そうでない研究者の印象は大きく異なっていた。前者は活動的で熱狂的、後者は独善的で冷たく自信過剰という評価が出た。

これらの報告からも、被験者から実験者がどのように見えるかが、超心理実験の成功の決め手になるようだ。J・B・ラインはよく、熱狂的に実験に取り組むことが重要だと言ったが、実験者が動機を高め、自信をもち気楽にふるまうことが、被験者によい影響を与え、ひいては良好な実験結果が得られる。実験者の信念や期待が、そしていったん成功するようになるとその実績が、さらなる実験の成功へと導く。

次に、実験者の超心理学的影響が働いているとされる研究を挙げよう。ウエストとフィスクの実験では、実験者の立会いによる影響を防ぐために、三二通の透視課題を封筒に収めて被験者に郵送し、その回答を返送させた。[*23] それを一六通ずつ、おのおのがそれぞれ集計評価したところ、ウエストの結果は偶然平均であったのに、フィスクの結果は高度に有意であった。超心理実験は、誰が得点集計するかだけでも結果が異なるおそれがあるのだ。

オブライアンの実験では、一連のＥＳＰ実験の結果を半分ずつ、ヒツジと見られる集計者とヤギと見られる集計者とに、それぞれ集計評価させた。[*24] その結果、前者が集計した部分は、後者が集計した部分よりも有意に得点が高かった。たんなる集計なのになぜ異なるのかが非常に不思議だが、本書第９章に至るとこれも理解可能になる見込みだ。

ライン研究センターの実験では、被験者がＥＳＰ実験を行なっているあいだに、別の定評ある能力者に遠くから影響を与えるように指示したところ、その影響を与えたとされる期間のみに有意な実ものだ。

験結果が得られたという報告がある。この能力者は、ＥＳＰ実験における実験者の役割を模擬したことによると、有能な研究者はみな能力者なのだろうか。よい成果をあげている研究者は、総じてよい被験者でもある。超心理学者のホノートンも、シュリッツも、ラディンもそうだ。

このように超心理学における実験者効果は、実験に深刻な影響を与える重要な現象だ。しかし、この実験者効果は、「実験がうまくいかないことの言い逃れ」としてたびたび批判されている。ただ、心理がかかわる現象を追究している以上、実験者効果は避けられないので、批判者にも正しく理解してもらうほかない。

では、実験者効果は超心理学にとって克服すべきものだろうか。超心理現象の存在を証明するという目的（証明指向）ならば、実験者効果も助けにして、現象がよりよく発現される環境をつくるのが大切である。

ところが、超心理現象の性質を知ろうという目的（プロセス指向）であれば、実験者の期待や、それに応じた被験者の意欲や態度によって実験結果が変化したのでは研究にならない。したがって性質を知る研究の場合には、実験者効果を克服する必要があろう。実験者効果のうち心理学的影響は、実験者の被験者への接し方が問題となるので、克服しやすい。俳優を連れてきて実験者とし、被験者にいろいろな態度で応対させて結果を集計すれば、実験者効果はかなり除外できるだろう。

しかし、超心理学的影響は根が深い。代表研究者は直接に実験にかかわらないとしても、実験成功への高い期待をもっているので、空間や時間を超えて超心理学的影響が働いてしまうことが十分考えられる。すると必然的に重要となるのは、複数の独立した研究者による再実験だ。実験者効果を除くには、多数の研究者による実験のメタ分析によって超心理学的影響を特定することが肝要だ。よく批判者は、同じ実験をしても自分は成功しなかったと主張するが、なにか実験者の心理的な条件が異なっている可能性がある。批判者による実験も増えてくれば、そうした条件も次第に明らかになってくるだろう。

さらに超心理学の分野では、同じ実験者が再実験しても同じ結果が再現されないことが多くある。「前の結果と同じではおもしろくない」と、新しい結果を期待する動機が影響するのだろうか。超心理実験の結果は、ガンツフェルト実験のように複数の実験者によって体系的に調べられるまでは、実験者効果で奇妙な結果がたまたま得られているに過ぎないという可能性が指摘できる。今後は、被験者と実験者を含めた社会的な関係性のデータも含め、複数の報告に着目しながら、考察を深める必要があるだろう。

■ 超心理現象は無意識のうちに起きる

マインド・サイエンス財団のウィリアム・ブロードは、一九七五年に超心理現象が誘発されやすい実験参加者の状態として、次の七つの要素を挙げた。[*25]

❶身体的にリラックスしている
❷身体の活動が低下している
❸通常感覚の情報処理機能が低下している
❹内的プロセスや内的イメージに注目している
❺脳の分析的機能が低下し、感受的機能が高揚している
❻世界の実在に関する異なった自然観を容認している
❼超心理実験の結果が実験参加者のニーズに合致する

超心理学の分野では、被験者を超心理現象が起きやすい心理状態に誘導することが、実験を成功に導くノウハウとなっている。また、実験がうまい超心理学者は、実験時に自らをもこのような心理状態に誘導することを心がけているようだ。

超心理現象が起きやすいとされる心理状態は、けっして漫画や映画に出てくるような「超能力者」の戦闘シーンにあるような興奮状態ではない。超能力があるとすれば、むしろ冷静な状態で、無意識のうちに働くものと見られる。

無意識に注目した実験についても触れておこう。レックス・スタンフォードらは、ESP実験だということを伏せて語句連想実験を行なった。[*26] 語句連想実験とは、実験者が提示する語句に対して被

験者が思いつく適当な単語を答えるものだ。じつはこうした実験では、被験者がどんな単語を答えるかではなく、答えるまでに要した時間に注目している。応答が遅いと心中で想起されたなんらかの単語を抑制したと想定でき、反対に応答が速いと答える単語をあらかじめ準備していたと想定できる。どちらにしても、被験者のトラウマに関係した単語（たとえば「死」）が提示されると特徴的な応答がなされやすいと解釈できる。

彼らはこれをESP実験に仕立て、たとえば提示単語群のうちのいくつかをESPターゲットとし、その単語の連想語応答時間が最大かまたは最小のときに「当たり」とした。「当たり」のときは報酬（環境音楽などでリラックスさせる、男性被験者にはヌード写真を見せるなど）、「外れ」のときは罰（回転盤上の点を追う課題、文字列から特定文字を探して丸をつける課題、単調な繰り返しESPカード透視課題をさせるなど）を与える。もし被験者が超心理現象を引き起こせば、将来の報酬を見すかして「当たり」に該当する応答を、知らず知らずのうちに行なうはずである。

スタンフォードらの実験全体の結果は統計的に有意であった。報酬を被験者本人でなく、友達が得るように工夫した利他実験でも有意な結果が得られた。自覚的ESP実験との相関（無意識実験での高得点者は、自覚的実験でも高得点になりやすい）も有意に見られた。

また、マーティン・ジョンソンは、試験問題のうしろに密封した紙を添付し、八問の記述試験問題中の半分について、無作為にその問の答えをその紙に記すという実験を行なった。[*27] 解答に窮した学生は、無意識に密封された解答を透視するだろう、というのだ。その結果、紙に答えを記されていた場合の得点は、いなかった場合に比べ、統計的に有意に高得点であった。さらに、正答でなく誤答を入れておいた実験では、そうでなかった場合に比べ、有意に低得点であった。しかし、よい成績を得ようという方向でＥＳＰが発揮されるならば、誤答だということを感知できて成績があがるのではないかとも思われ、この結果には疑問が残る。

ブロードは、多肢選択試験問題で密封された紙に正答を記しておくという、同種類の実験を行なった。[*28] やはり、正答を付された問いは、そうでない場合にくらべ、正答になりやすい傾向が得られた。この傾向は成績が悪い学生の方が顕著であり、生活のうえで必要性の高いところにＥＳＰが働くというＰＭＩＲ理論（第10章参照）や、記憶が不確定だと記憶想起に伴ってＥＳＰが働きやすいという仮説（次章末の遡及型記憶想起促進実験を参照）と整合的な結果であった。

試験問題の超心理実験において、その解答者が、自分の問題用紙の裏の封筒のみを透視し、他人の問題用紙の裏にある封筒を透視していないという仮定は、焦点化や転移効果の議論（次章参照）からしても少し奇妙である。これらの実験の肯定的結果は、実験者効果の可能性がある。また、通常の試験問題で超心理実験を行なうことは、倫理上の問題から今日では行なわれていない。

ともあれ、現代的な実験では、「無意識」に着目するのが通常の企画手法となっており、次章で説明する予感実験も同様である。また、第10章では、無意識に働くＥＳＰの性質を説明するＰＭＩＲ理論を紹介する。

■ 内観報告による心理分析

ジム・カーペンターは、自らの臨床心理学者としての経験を積極的に超心理学に応用し、成果をあげている。[*29] 無意識の一部の働きを、クライアントとの対話のなかからひき出す深層心理学の知見が、超心理学に応用できるという。超心理現象が起きる要因に、そこに立ち会っている人々の社会心理的側面があるとすれば、彼らの内観から深層心理を探るのは、見込みのあるアプローチだ。

夏期研修会のカーペンターの講義では、定評のある男性の能力者と女性の能力者、ポルターガイストを起こす少女、そして統合失調症の青年について、それぞれ物理世界認識、他者認識、自己認識を比較分析した。ポルターガイスト少女は、ある種の典型的な能力者とされるが、統合失調症の青年は、そうではない。

男性能力者　物理世界は自己とダイナミックに接続しており、寛大で扱いやすく、広く拡大している。時間は急にすばやく経過する。そこでの出来事は不思議に満ちている。他者は目の利いた賞賛者であり、影響力をもち、本来は友好的である。自己の経験は、驚異的かつ神秘的に展開する審美の源である。一方、身体的自己はひどく厄介な存在である。

女性能力者　物理世界は、美と官能と不思議さの源であり、時間は迅速に経過する。世界は友好的であり、創発性と芸術性をもっている。他者には、理解のある人と理解のない人がいる。理解のある人は、まさに神秘と美とを創造する共演者だが、理解のない人は限界を設定しがちで、少しいらいらさせられる。自己は、美と不思議を生む源であり、慎重に解き明かされる秘密である。その解明は必要だとしても難しい。

ポルターガイスト少女　物理的世界は、予想がつかず危険で、刺激的だ。時間は気まぐれで、速く経過したり止まったりする。世界は混沌としており、怪しく脅威的である。他者は総じて力をもっており、奪い取っていく存在である。利用できることもあるが、もともと危険な、脅威の対象である。自己は脆弱で、危険にさらされており、混迷状態にあって、満たされることがない。また、主体性や権限の感覚は希薄で、自己は力によって虐げられている。

統合失調症の青年　物理世界は不毛で活気がなく、不吉で怪しく、制御できない存在である。他者は口先だけで近寄り難いが、力をもって要求したり脅してきたりする。自己は欺瞞に満ちた卑劣な存在であり、危険で弱々しく、いくつにも分離している。

以上を比較してみると、前者二例と後者二例とが対照的関係にあることがすぐにわかる。前者二例はともに、世界と他者と自己を肯定的に、そして調和的関係にとらえており、特異的な能力が心理的安定に寄与しているのではないか、と思わせるほどだ。後者二例では逆に、世界は不安定であり、他者は脅威的に、自己は虚ろにとらえられている。ポルターガイスト少女は、能力者であったとしても、その能力をもて余しており、超心理学の被験者を務めるには危険が伴うのでないか、と思われる。

内観をもとにした心理分析によって能力者かどうかを判別するのは、まだ課題が多いが、超心理学の被験者に向く能力者を選別する目的には、すぐに使えそうだ。また真に能力がある者に対しては、その能力の健全な発揮を促進するための、心理コントロールの知見が得られそうである。

さて、ここでポルターガイストについて述べておこう。ポルターガイストとは、ある特定の場所で報告される特異現象であり、通常、短い時間のあいだに顕著な現象が起きる。たとえば、物品が宙を舞ったり、激しい物音がしたり、電灯の点滅や電話の着信などの機械的・電気的変化が起きたりする。ときには幽霊が目撃されたり、寒気が感じられたりもする。ポルターガイストが幻覚や詐欺、あるいは自然現象ではない場合は、ウィリアム・ロール†によって、多くの場合、特定の人物が超心理現象の源となった「反復性偶発的ＰＫ」であると解釈されている。[*30]

つまり、ポルターガイストの周辺には通常、鍵となる人物が見られる。その人物が外出していたり、眠っていたりすると現象が起きない傾向性から、比較的容易に特定できる。そして、現象を発生させていると疑われる人物は、典型的な特徴をもっている。（すべてではないが）ほとんどが未成年であり、六、七割が女子であり、大部分は家庭環境に問題を抱えている（両親の離婚、再婚、養子にされるなど）。そして多くは、親から精神的に疎外されていて、親への敵意をもっている。

その人物にとってポルターガイストは、周囲の注目をひく手段であり、怒りと敵意のあらわれのようだ。そのためＰＫ能力を発揮したあとは、一時的にしろ、気分がよくなるらしい。能力の発揮は、多くの場合無意識のうちに行なわれるが、それが起きることに罪の意識もあり、起きたことの責任を回避しようとする傾向が見られる。また三割ほどの例では、てんかんの傾向も見られており、発作の一環としてポルターガイストが発揮されると見ることもできる。

そうした人物が簡単なトリック（関節を鳴らす、他人の視線を避けて皿を投げるなど）を使って、ポルターガイストを演出していることが判明した例も多数あるが、その証拠をもとに追及しても、人格が統合失調傾向にあり、自ら演出したことでさえまったく記憶していないこともある。

ポルターガイストは元来、ドイツ語で「騒がしい霊」を意味し、心霊現象とされていた。一九八二年の映画「ポルターガイスト」も、おどろおどろしい霊の仕業として描かれている。それが一転して、人物が核になった超心理現象として解釈される視点は、先のような内観の心理分析によって一部裏づけられてきたといえる（さらに第10章では、心霊現象が超心理現象として解釈できる別の例が議論される）。

超心理学では、こうした心理要因の検討が生産的なのである。

超心理学の批判者はしばしば、超心理学は一三〇年の歴史がありながらなにも成果がないと言う。物理的なメカニズムについては、その指摘はおおよそ正しい。そもそも物理的に説明できない現象を対象として研究がはじまったので、無理からぬことでもある。しかし、長年の研究で心理要因はかなりよくわかってきた。社会心理的快適さ、自発的想像傾向、動機づけ、無意識の願望、実験者効果などが鍵となっている。これらは、超心理学のみならず、通常の心理学でも重要な概念である。現在の物理学では排除すべきとされる要因が影響するので、物理学的な観点からは理解しにくい。超心理学が封印されるおもな原因は、心理要因を科学から除外すべきという先入観にあるのだろう。次章では、超心理学らしさを特徴づける予知の実験について解説する。それは物理学の基本法則への挑戦になるのだ。

◈**注**◈

*1 サムは、自己紹介のときにたびたび「日本で生まれた霊気《レイキ》の考え方を取り入れた療法を実践している」と言うので、「アメリカでの流行に反して、今の日本では霊気という言葉さえほとんど誰も知らないよ」と教えたら、ひどく驚いていた。

*2 シュマイドラーはニューヨーク市立大学の心理学の教授を務め、初期の超心理学の発展を支えた。二〇〇九年逝去（享年九六歳）。ヒツジ・ヤギ効果の初出論文は以下。
Schmeidler, G. R., Predicting Good and Bad Scores in a Clairvoyance Experiment: A Preliminary Report, *Journal of American Society for Psychical Research*, Vol.37, pp.103-110, 1945.

*3 シュマイドラーとマコンネルの以下の著書にまとめられている。
Schmeidler, G. R., and McConnell, R. A., *ESP and Personality Patterns*, Greenwood Press, 1958.

*4 Lawrence, T. R., Gathering in the Sheep and Goats: A Meta-Analysis of Forced Choice ESP Studies,

Proceedings of 36th PA Convention, pp.75-86, 1993.

*5　ヒツジ・ヤギ効果の有意性を「ヒツジとヤギ」で一緒に分析するには、平均からの両側の偏りを見る検定をすればよい（巻末付録「統計分析の基礎」参照）。

*6　超心理学の用語では、しっかり当てることを「ヒッティング」、無意識のうちにわざと外すことを「ミッシング」と呼んでいる。

*7　フェスティンガー『認知的不協和の理論』（末永俊郎監訳、誠信書房、一九六五年）に詳しい。

*8　無意識の心理を究明する本には、たとえば、海保博之編著『瞬間情報処理の心理学――人が二秒間でできること』（福村出版、二〇〇〇年）、本田仁視『意識／無意識のサイエンス――症例と実験による心の解剖』（福村出版、二〇〇〇年）などがある。

*9　Palmer, J., Scoring in ESP Tests as a Function of Belief in ESP: Part I. The Sheep-Goat Effect, *Journal of American Society for Psychical Research*, Vol.65, pp.373-408, 1971.

*10　Palmer, J., ESP Scoring as Predicted from Four Derection of the Sheep-Goat Variable, *Research in Parapsychology 1972*, pp.37-39, 1973.

*11　Anderson, M., and White, R., Teacher-Pupil Attitudes and Clairvoyance Test Results, *Journal of Parapsychology*, Vol.20, pp.141-157, 1956.

*12　パーマーの金銭を報酬に使った実験は一九七二年に行なわれた。夏期研修会におけるパーマー自身の講演による。

*13　Lovitts, B. E., The Sheep-Goat Effect Turned Upside Down, *Journal of Parapsychology*, Vol.45, pp.293-309, 1981.

*14　Lawrence, T. R., Subjective Random Generations and the Reversed Sheep-Goat Effect: A Failure to Replicate, *European Journal of Parapsychology*, Vol.8, pp.131-144, 1990-1991.

＊15 この時点で使われていた性格検査はＭＢＴＩであった。より最近では、性格5因子検査が広く使われるようになったが、この部分の説明は、のちの性格5因子検査を導入したガンツフェルト実験結果とも整合的であった。

＊16 Steinkamp, F., Forced-Choice Experiments: Their Past and Their Future, in Thalbourne, M., and Storm, L., (eds.), *Parapsychology in the Twenty-First Century*, McFarland & Company, pp.124-163, 2005.

＊17 Palmer, J., The Psychology of ESP: Magnitude vs. Direction, *1st International Brazilian Congress of Parapsychology*, 1997.

＊18 ノーベル賞をとった理論物理学者のヴォルフガング・パウリは、実験器具をこわしてしまうほど実験が不得意だったと伝えられている。いまでは、やたらに電子機器がこわれる現象を「パウリ効果」と呼んでいるくらいである。そのせいか彼は、超常現象に肯定的な論説を残している。パウリ『物理学と哲学に関する随筆集』（並木美喜雄監修、シュプリンガー・フェアラーク東京、一九九八年）の第一七章に収録されている論説を参照されたい。

＊19 この効果をみつけたのは、第2章に登場した社会心理学者ロバート・ローゼンタールであり、ギリシャ神話にちなんでピグマリオン効果と呼ばれている。

＊20 Sharp, V., and Clark, C. C., Group Tests for Extrasensory Perception, *Journal of Parapsychology*, Vol.1, pp.123-142, 1937.

＊21 Nicole, J. F., and Humphrey, B. M., The Exploration of ESP and Human Personality, *Journal of American Society for Psychical Research*, Vol.47, pp.133-178, 1953.

＊22 Wiseman, R., and Schulitz, M., Of Two Minds: Skeptic-Proponent Collaboration within Parapsychology, *Proceedings of 48th PA Convention*, pp.171-177, 2005.

＊23 West, D. J., and Fisk, G. W., A Dual ESP Experiment with Clock Cards, *Journal of Society for Psychical Research*, Vol.37, pp.185-197, 1953.

ウエストは『現代の超心理学』（大谷宗司、金沢元基訳、誠信書房、一九六六年）の著者としても知られている。

＊24 オブライアンの実験と、次のライン研究センターの実験は、パーマーの夏期研修会における講演による。

＊25 Braud, W. D., Psi-Conductive States, *Journal of Communication*, Vol.25, pp.142-152, 1975.

＊26 Stanford, R. G., Extrasensory Effects upon "Memory", *Journal of American Society for Psychical Research*, Vol.64, pp.161-186, 1970.

＊27 Johnson, M., A New Technique of Testing ESP in a Real-Life, High-Motivational Context, *Journal of Parapsychology*, Vol.37, pp.210-217, 1973.

＊28 Barud, W. D., Conscious Versus Unconscious Clairvoyance in the Context of an Academic Examination, *Journal of Parapsychology*, Vol.39, pp.277-288, 1975.

＊29 ジムの現象学的[†]な研究事例は、夏期研修会の講演による。最近彼は、透視は通常の視覚に先行して使われる特異的な知覚能力だという「ファースト・サイト理論」を提唱している。

＊30 ロールの研究の一端は、邦訳された彼の書籍『恐怖のポルターガイスト』（坂斉新治訳、角川春樹事務所ボーダーランド文庫、一九九八年）で読める。なお、ポルターガイストは、建物の立地条件や気象条件に由来する場合など、人間が源とされる反復性偶発的ＰＫではないこともあるので、注意を要する。

第8章

予知——物理学への挑戦

現在を知覚する透視やテレパシーに比べて、未来を知覚する予知や予言は、難しい印象がある。ところが、超心理学が積みあげてきたデータから、予知も透視などと同程度に起きることが知られている。予知が起きるとなれば、その理解に、時間や空間に関する新たな見方が必要になる。予知の仕組みを探るには実験データがさらに必要なのだが、誰でも手軽に行なえるうえに効果も高い予感実験が最近開発され、データ収集の加速が期待されている。超心理学は、いまあえて予知に注目することで、封印を解く道を探っている。

ライン研究センター夏期研修会で予感実験を担当する超心理学者のリチャード・ブロートンは、市販の測定器の電極をトムの左手に設置して皮膚の電気の流れやすさを連続測定し、その間十数枚の画像を三〇秒ほどの休憩時間をはさんで一〇数秒ずつ呈示する。画像には、ヘビやクモ、事故現場写真などの刺激的なものと、花や風景などの平穏なものとが、ランダムに呈示される。予感とは、自覚していない予知のこと。言いかえれば、無意識のうちに働く予知である。

■ 未来は予感できる

熊が大きく口を開け、牙を剝《む》いた画像がスクリーンに大写しになる。パソコンのモニターに目をやると、グラフが電気信号の高まりを逐一表示している。スクリーンをみつめるトムは顔色ひとつ変えていないが、内心では、あるいは無意識には、恐怖度合いは高まっているはずだ。

これは皮膚電気活動ＥＤＡを測る生理測定技術であり、いわゆる「ウソ発見器」の一部に使われている。電極を人差し指と中指に接着して、指のあいだにどれだけ電気が流れやすいかを測定している。よく恐怖を感じたり緊張したりするときに「手に汗をにぎる」というが、実際に発汗現象などの生理的変化に伴って、指の皮膚に電気が流れやすくなる。

スクリーンを見続けているトムのＥＤＡ測定データは、真っ暗なスクリーンに熊が現れると、大きく上昇した。私を含めた研修生の立会人は、スクリーンの画像とトムの様子とモニターの測定グラフを交互に見て、予感実験の実施法を見学した。トム自身は実験中のモニターを見ることができない。自分の生理的な変化を示すグラフを見ると、その自覚によってさらなる生理的変化をひき起こす可能性（バイオフィードバック）があるからだ。

予感実験は近年、超心理学者のディーン・ラディンが緻密な実験を行なって注目されるようになった研究方法だ。もともとは一九八〇年代にスウェーデンの心理学者ホルガー・クリントマンが、ストループ効果の実験中に発見した奇妙な現象に端を発する。[*1]

ストループ効果とは、たとえば、赤色で「緑」と書かれた文字を音読させると、その読みの際に困難を伴う現象である。具体的には、赤色で「緑」と書かれた文字の読みは、緑色で「緑」と書かれた文字の読みに比べて遅れるという、応答時間の差異でとらえられる。色を解釈する無意識のプロセスは「赤」と判定しているのに、文字の意味を解釈するプロセスが「緑」と想像していると、発話のプロセスにおいて「赤」と「緑」が互いに干渉し、早く発話できなくなると考えられている。

クリントマンは、ストループ効果の別の実験設定として、赤色の斑点を提示したあとに、「緑」という文字を被験者に呈示し、その場合の「緑」という読みの遅れを調べていた。その実験の一環として、各プロセスの反応に要する時間を調べておこうと、斑点のほうの色名称を被験者に答えさせていた。すると、赤い斑点に「赤」と答える応答時間は、次に「赤」という文字が出るときよりも、「緑」という文字が出るときに、より遅れる傾向があることに気づいた。この結果からクリントマンは、のちに出る文字の情報が時をさかのぼって現在の応答に影響するという予感仮説を立てた。

その後彼は、厳密なダブルブラインド[†]の実験を繰り返し、彼の五つの実験を合わせると、偶然では五〇万分の一の確率でしか起きない結果となり、予感仮説は有意であると報告した。

現在はノエティックサイエンス研究所に所属するディーン・ラディンは、クリントマンの成果をヒントに、EDA[†]をもとにした「予感実験」を企画・実施した。彼は一九九七年、あらかじめ感情を高める画像（ヌードや死体の写真など）と静める画像（風景画など）を多数用意し、それらの画像を見たときの被験者のEDA変化を調べた。

ラディンの行なった四つの実験[*2]にわたって、三一人の被験者が合計一〇六〇枚の画像を見たデータを分析したところ、感情を高める画像が将来出る場合は、静める画像が出る場合よりも、数秒前のEDAが標準的な誤差をこえて、十分に大きいことが判明した。図8・1がそれらのデータを平均したデータ曲線である。時刻0の縦棒の位置が、画像が呈示された瞬間を示している。その右側は呈示後のEDAの上昇で、通常の現象だが、左側の画像呈示三秒前からすでに差が出ている部分が、予感現象を表わしている。

アムステルダム大学のディック・ビールマンは、ラディンと同じ画像セットだが、異なる実験機器とソフトウェアを用いて追試実験を行なった。その実験の、一六人の被験者が合計六四〇枚の画像を見たデータでも、同様にきわめて高いEDAの予知的な差異が得られた。[*3]また、ローリン・マクラティらは、心拍変動の実験で同様の効果を見出した。[*4]さらにノーマン・ドンは、EDAでなく脳波の変化を使って、画像呈示実験の課題における同様な事前変化をとらえた。[*5]

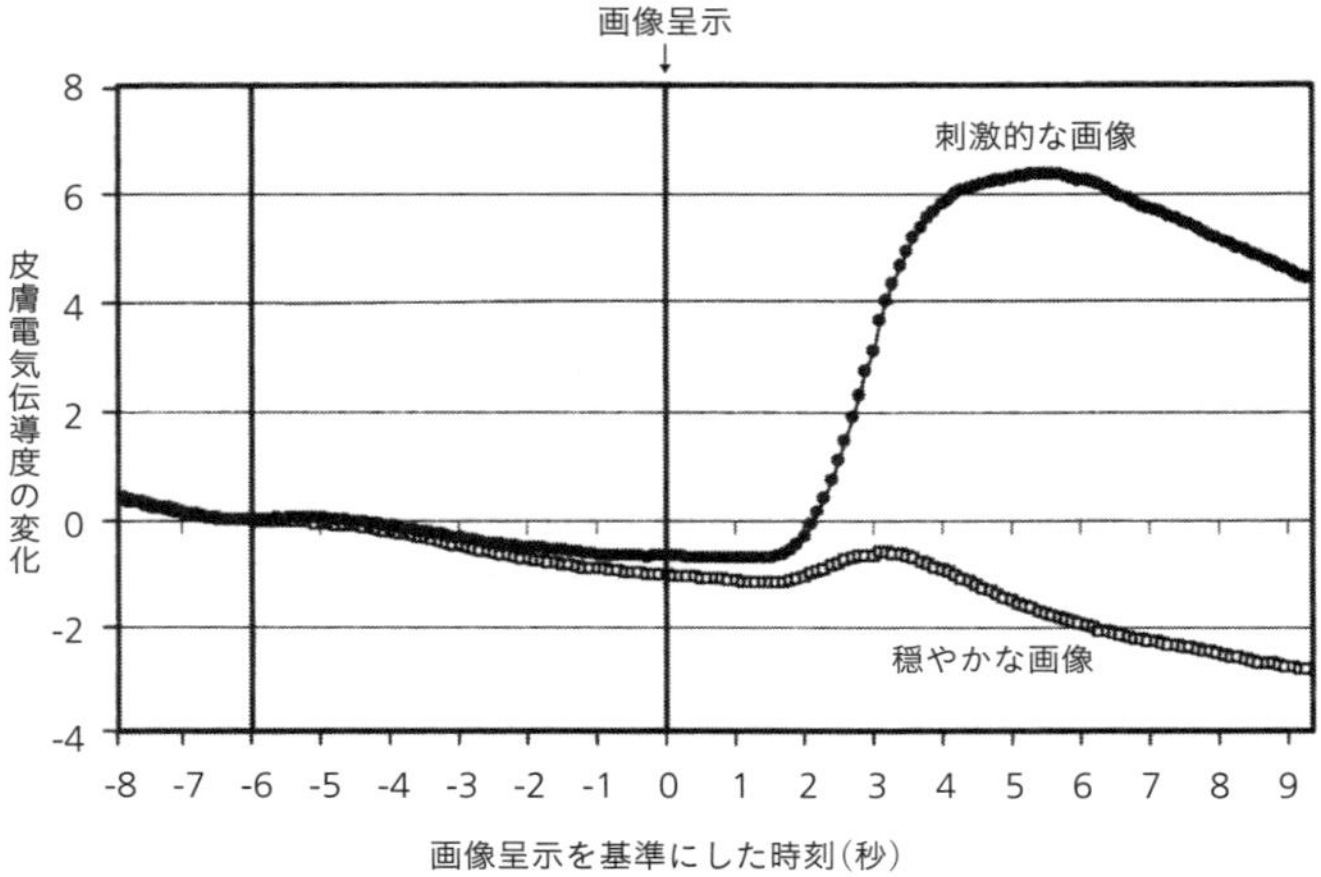

図 8.1　EDA による予感の検出
［図は、ラディン『量子の宇宙でからみあう心たち』（徳間書店）より］

ラディンはそのうえ、生理学者がすでに発表した論文のデータを、予感が起きていないか分析しなおしたところ、三つで予感が起きていると解釈できる結果が得られたと主張している。[*6] 予感が起きているなどとは夢にも思わない科学者が、予感が起きているとみなせる実験結果を見のがしている可能性はかなりあるということだ。

前章で、ヒッジ・ヤギ効果が発生する背景には、無意識で行なわれた超常的感知が、意識にのぼる前に社会心理的影響を受け、応答がかく乱されることを述べた。ならば、無意識の感知を直接的に検出したほうが、安定して超心理現象をとらえられる見込みがある。ＥＤＡや脳波のような生理学的手法が一定の成果をあげたことは、驚くには当たらない。

研修生一同は、トムのＥＤＡを示すモニターの変化をみつめている。たしかに刺激的な画像がスクリーンに写し出されているときはグラフが高く上昇し、平穏な画像の場合はそれほど上昇しない。予感実験で問題となるのは、グラフが高く上昇するのが画像の呈示前なのかどうかである。三秒前からすでに上昇しているとなれば、刺激的な画像の出現を予感し、事前に生理的な準備がなされたこととなる。

ところがトムの信号は、刺激的な画像を見た時ほどではないにせよ、休憩時間も大きくゆらいでいたので、そのせいで三秒前から上昇しはじめたのかどうか、まったくわからない。研修生一同は、その現実を目の前にして、期待外れの色を隠せない。トム自身も当然ながら、将来が予感できるという実感はないらしく、不満そうだ。

ブロートンは、その雰囲気を察知してか、諭すように実験の手順の奥深さを語る。大きなゆらぎを取り除くフィルター技術が知られているので、まずは個々にその信号処理をほどこすそうだ。そのあとで個人の実験データを全部重ね合わせても予感の傾向ははっきりとは出ないのだが、実験に参加した人々のデータを重ね合わせればようやく出てくるという。これでは、生理測定とその信号処理についてある程度の経験の蓄積がないと、とても手を出せない領域だ（経験豊かな生理学者にはぜひ超心理学に進出していただきたい）。

説明をひととおり聞いた私は、一回前が平穏な画像であったり、平穏な画像が何回も続いていたりした場合、「次はきっと刺激的な画像が出るぞ」と予測することでEDAが上がってしまうのではないか、それが誤って予感と解釈されないかと質問した。その問題はすでに指摘されており、そうした予測の影響を取り除く分析が進められている。予測では説明がつかない以上の予感効果があるとみてよいだろうとのことだった。*7

実験を終えて、そのあとの説明をひととおり聞いたトムは、その日を最後にもう研修には顔を出さず、週末には家へ帰っていった。彼は研修にうんざりしていたのだ。トムはアメリカ中西部の農場の青年で、二か月間農場の仕事を家族に任せてライン研究センターの研修に参加していた。昔から興味のあった超能力を目の当たりにでき、さまざまな体験ができると思ったらしい。

研修カリキュラムにはもちろん、前述のように体験実習はあるにはあった。しかし、超能力らしき結果などすぐに出るわけはない。それに研修の八割以上は座学の講義で、毎日五〇頁以上の文献購読の予習が課される。それに統計学がわからないと、論文の半分くらいは意味がわからない。統計学は研修の前提知識になっていた。

コーディネーターのパーマーは、統計学が前提知識では困るという研修生の抗議に押されて、土曜日に三時間の統計学入門講座を臨時に行なった。統計学を三時間でどうやって講じるのかと興味をもって参加したが、私が大学の九〇分の講義を一〇回かけて行なうような内容を、早口で五分の一の時間に詰めこんだ講座だった。これでは、統計学の初心者はほとんど理解できないだろう。かえってトムら初心者の不満を高めてしまったように思われた。

夏期研修会は、全体として大学院生レベルに設定されていた。一流の超心理学者を養成するという趣旨からすれば当然なのだろう。しかしトムは、そのあたりを理解せずに参加し、二か月の研修期間を半分終えたところで去っていった。「農場に仕事ができた」とスタッフに言い残したそうだが、農場の仕事を二か月休む価値が見いだせなくなったのだから、そういう表現もあながちウソではないだろう。

余談だが、じつは予感実験の体験者を決めるくじ引きでは、私が当たりを引いた。しかし、私は以前、予感実験に興味をもってそれにしばしば使われる標準画像を閲覧したことがあり[*8]、今回の実験でも同じ標準画像を使っていることをブロートンから聞いていたので、私がやると刺激効果が低いだろうと申し出た。ブロートンが同意すると、左に座っていたスーザンがすかさず「その当たりを私にちょうだい」と言うので、私はスーザンに当たりの紙を手渡した。スーザンが体験したいのかと思ったが、彼女はその当たりをトムに渡したのだ。

じつはスーザンは、そろそろトムは家に帰ってしまうだろうと予想して、なんでも体験させてあげようと気をきかせたのだ。トムの実験に立ち会っていたが、私がやらないのは正解だった。というのは、「燃える十字架」、「死刑用の電気椅子」など、日本の文化ではあまり恐怖とは思えない画像が表示されたからだ。

このトムの一件は、超心理学の問題の一端を示したと言える。すなわち、超心理学研究の難しさと、一般の人々の抱く興味とのあいだには、とても広くて深い溝がある。超心理学の発展のためには、この溝が埋められ、興味をもった人々がそこそこ楽しめ、その一部の人々が超心理学研究を志すという段階的な状況が必要なのだろう。しかし、すぐに際立った結果が出ない現状では、これを実現するのは難問である。

ブロートンの予感実験のほうは、たんなる見学だけにとどまらず、同種の実験が研修生を対象にしてその後個別にも行なわれた。当たりを引かなくても結局は体験できたのだった。研修生はその日から数日間、研修終了後にひとりずつ呼び出され、インフォームド・コンセント（実験の内容を開示して事前承認を得る手続き）の長い説明を受け、同意書に署名したうえで、性格検査を受け実験に参加していた。画像を見ていた私は当然ながら呼び出されなかった。

この一連の実験の集計結果では、大きな効果は得られなかったが、性格検査結果に応じた一定の効果はみられたという。[*9] 劇的な効果がなかったのは、研修生がトムの体験実験でからくりを知ってしまい、実験に新鮮さを感じなかったせいではないかと、私は推測している。このあたりの心理面に関する問題は次章で再度議論する。

■ 予知も透視のひとつか

予感実験では、個々の実験においてはわずかな効果だが、多くの実験の結果を重ね合わせれば、確実な予知効果が存在すると主張されている。しかし、透視やテレパシーよりも、予知はさらに自然科学として受け入れられにくい。現在の自然科学が基盤としている物理学は、予知はありえないという前提で理論が組み立てられている。したがって、予知が説明可能なように理論を拡張することは、透視やテレパシーのための拡張より明らかに難題だ。

超心理学者は「予知」を主張した時点で、物理学に対してたいへんな挑戦をしたことになる。政治にたけた人ならば、まずはより受け入れられる可能性の高い「透視」を主張して、物理学者とよい関係づくりを先行させるべきだと言いそうだ。ところが超心理学者にとって、予知は無視できない貴重なテーマだ（物理学者の超心理学に対するスタンスについては終章で述べる）。

長年の研究をまとめたメタ分析で、予知は透視やテレパシーと比べて、同程度の効果の大きさで現象が出ることが判明している。一九八九年、フィオナ・シュタインカンプらは、一九三五年から一九九七年までの、透視と予知とをはっきり区別して両方行なった二二の研究をメタ分析した。[*10] 透視と予知の結果は個々にそれぞれ有意であり、両者の効果の大きさd値（巻末付録「統計分析の基礎」参照）は同程度だった。

私たちの実感ではふつう、予知は、透視やテレパシーに比べて行ないにくいと感じられるだろう。しかし、超心理実験の結果では、予知の行ないにくさは特段みられていない。超心理学者は、それら三つはＥＳＰという一体のものなのではないかとさえ考えている。予知は将来の透視であるし、テレパシーは人の心の透視というわけだ（テレパシーでさえも「心の透視」でなく、送る画像はなにかに描かれているので、過去か現在か未来にあるその画像を透視している可能性も指摘される）。そしてこの時間を超えた透視の考えは、超心理学分野では、能力者や実験者のあいだで共有されていることでもある。

さきに述べたようにマクモニーグルは、大勢が立ち会いのもとの透視実験では緊張を強いられそうなので、前日に予知で透視しておいたという報告がある。他の遠隔視実験でも、その地点に将来現れる物体が見えたり、過去にあった建物が見えたりする例が報告されている。[*11] むしろ、透視という現象は、過去と現在と未来が混在して見えており、それらを分離する能力こそが、ＥＳＰの得点をあげる要《かなめ》なのではないかとも考えられる。

最近、「想像」に関する心理学の研究で「心的時間旅行」という見方が広まっている。過去を想起するときと、現在を想像するとき、未来を予想するときに脳の同じ領域が活性化することから、従来別々に扱われていた想起と想像と予想が、同一の心理過程ではないかと考えられるようになってきた。[*12] 自発的想像傾向がＥＳＰを高めること（前章）が知られているくらいなのだから、ことによると、透視は想像の仕組みの一部と重なっているのかもしれない。

■　透視の焦点化

前節で、過去と現在と未来が混在して透視がなされると、時間的なあいまいさが生じると述べたが、これは空間についても同様なことが言える。ついたての向こうのカードの表面を透視しようとしても、実際についたてが透けて見えるわけではないので、部屋に別のカードがあれば、そちらが見えてしまってもおかしくない。ここそことあそこにあるカードが同時に透視できてしまえば、どれが目的とするターゲットかわからなくなるのも当然だ。

一九七〇年代にゲイザー・プラットは、能力者とされるパヴェル・ステパネクについて長年研究していた。ステパネクが、封筒に入れられた用紙の表裏（緑か白か）を当てる透視実験を繰り返していたところ、特定の封筒に対して特定の回答をする傾向に気がついた。[*13] そこで、封筒が見えないようカバーで挟んで、さらに大きな封筒に入れて実験を続けたところ、特定の封筒に対する特定の回答が続いたあとに、こんどは特定のカバーに対して特定の回答をするようになった。あたかも、隠された絵に注目していたら、その額縁に注目が移動したようであった。

誤って別のターゲットを透視してしまうことを「転移効果」と言い、空間的に別のターゲットを当てる現象を「空間的転移」、時間的に別のターゲットを当てる現象を「時間的転移」と呼ぶ。これまで多くの事例が報告されているが、シュマイドラーがまとめた『超心理学と心理学（*Parapsychology and Psychology*）』には、次の代表的な研究が掲載されている。

ウェイトリー・キャリントンは、遠隔地の被験者に対して、一〇日のあいだ毎日、辞書から無作為に単語をひとつ選んだものを当てさせるESP実験を繰り返し行なっていた。回答を郵送してもらったところ、その日の単語だけでなく隣接日の単語が当たる（時間的転移）ことがあるのを発見した。また、辞書から選ぶのでなく、あらかじめ一〇語の単語群を設定しておき（もちろん被験者には知らせない）、そこから毎日無作為に選ぶようにすると、単語群のうちの選ばれなかった単語が当たる（空間的転移）ことがあるとも報告した。[*14]

シュマイドラーは、あらかじめ心理テストで早とちりしやすい被験者を選び出し、速い決定を促す

図 8.2　階視覚における側抑制の効果（明暗の差違が際立つ）
［図は、『別冊サイエンス（#10）特集 視覚の心理学 イメージの世界』（日本経済新聞社）より］

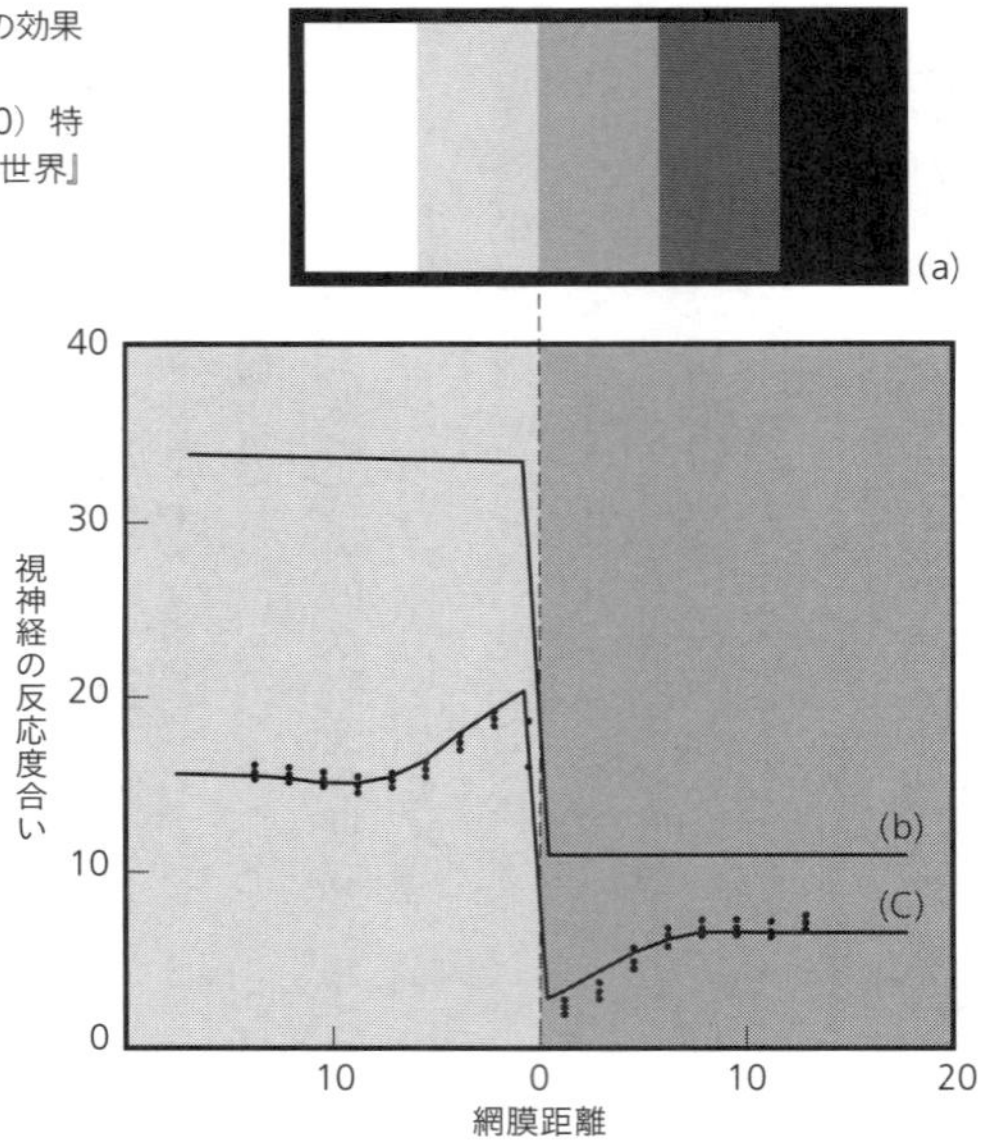

ＥＳＰテストを行なったところ、過去や将来のターゲットを回答する傾向が有意に多いことを示した。[*15] 時間的に幅のあるターゲットを同時に透視したあとで、どの時刻のターゲットの回答が求められているかを特定する過程が働くようである。

　チャイルドとケリーは、二五枚のＥＳＰカードにおける五つのシンボルの枚数構成をそれぞれ、一枚、三枚、五枚、七枚、九枚に変更したＥＳＰ実験（通常は五枚×五種）を、比較的成績のよい被験者を対象に行なった。[*16] つまり、一連の二五試行に使うＥＳＰカード一組のなかには、あるシンボルは一枚しかないのに対して、別のシンボルは九枚含まれており、そのことは被験者に知らされていない。実験全体は当たりが有意に多かったが、それに加えて被験者は、ＥＳＰカード一組二五試行について、七枚、九枚のターゲットを、一枚、三枚のターゲットよりもかなり多く答えていた。これは枚数の多いターゲットの転移効果と見られる。透視が、多くのターゲットを空間的、時間的に一望できる現象だとすれば、そこからどのように特定のターゲットを抽出するのだろうか。そこには、知覚心理学で知られている「側抑制」が働いている可能性が指摘できる。

側抑制とは、異なる領域の境目を明確にすべく、ちがいを強調する知覚の仕組みとして知られている。図８・２ａのような階段状に明暗が変化する視覚刺激があった場合、明暗の境目で変化が際立っているように感じる。明暗の変化は実際のところ図８・２ｂのようになっているが、われわれは図８・２ｃのように感じている。これは、網膜に光が到達したら周辺の刺激感度を落とす機能の結果であり、それによって変化の境界を強調する（＝輪郭をくっきりさせる）ことができる。[*17] 進化の過程で、異なる領域の境目をすばやく知ることによって危険を察知できるなど、生存の機会が高まることから獲得された機能なのだろう。そしてこれは視覚のみならず、触覚、聴覚、嗅覚にもある。視覚や触覚では、空間的側抑制によって輪郭線などの空間的な変化を強調しているが、聴覚や臭覚では、時間的な変化を強調する仕組みが備わっている。

チャールズ・タートは、ＥＳＰカードを用いた透視実験において、前後のターゲットと異なるターゲットは当たりやすいこと、スコアがよいときは前後のターゲットに対するコールが外されていることを見出し（図８・３ａ）、ＥＳＰにも時間的な側抑制が働いていると主張した。[*18]

a. ○と□をコールしないので、☆が当たりやすくなる。

b. 前回が☆だったので、☆をコールすることを抑制する。連続で同じものを選ばないという人間のクセもあるので、前回の☆を当てた場合はなおさら☆はコールされにくい。

c. 次が☆だということを無意識に予知し、☆をコールすることを抑制してしまう。

図 8.3　ESP の時間的な側抑制の働き

彼は、比較的成績のよい被験者の回答は、一回前のターゲット（図8・3b）や一回先のターゲット（図8・3c）と同じ記号がターゲットの場合、偶然平均以上に外れることを発見した。つまり、ひとつ先のターゲットが「☆」であったとすると、これは将来のターゲットなのだから、現在のターゲットは「☆」ではないだろうと、「☆」を答えない傾向があり、透視精度が低下するということだ（図8・4では将来よりも過去の抑制が大きいように見えるが、そこには一回前の回答と異なる回答をしやすいというクセの効果が含まれるためであり、その効果を除去すると、過去と将来はほぼ対称となる）。

過去と同じ状態の現在を透視できても、現在と同じ状態の将来を予知できても、状態の変化がない

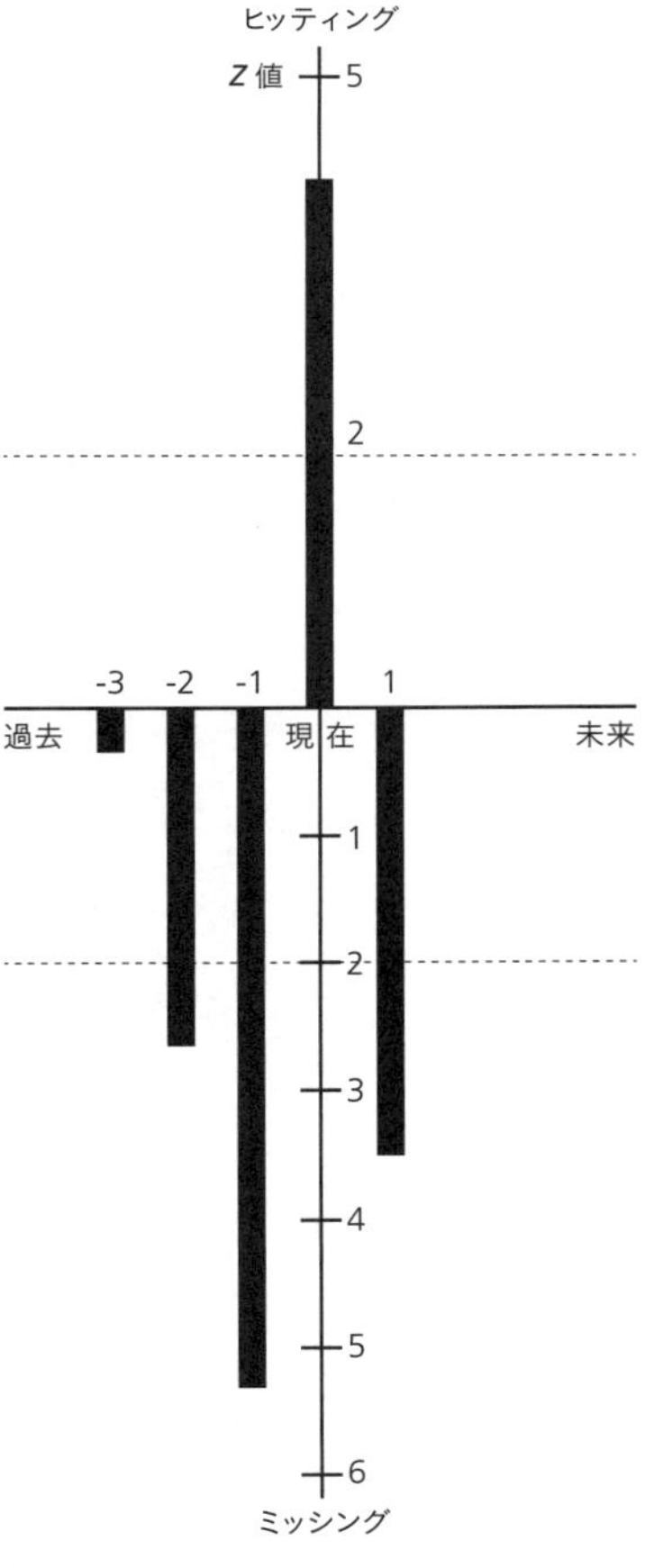

図8.4 成績のよい被験者によるESP実験の結果
［図は、タート『サイ・パワー』（工作舎）より］
縦軸はZ値（†）。横軸は、0を現在として、そのコールに対する、未来（+1）、過去（-1,-2,-3）のターゲットとの判定結果を表す。前後のターゲットについては有意に回避されているのがわかる。

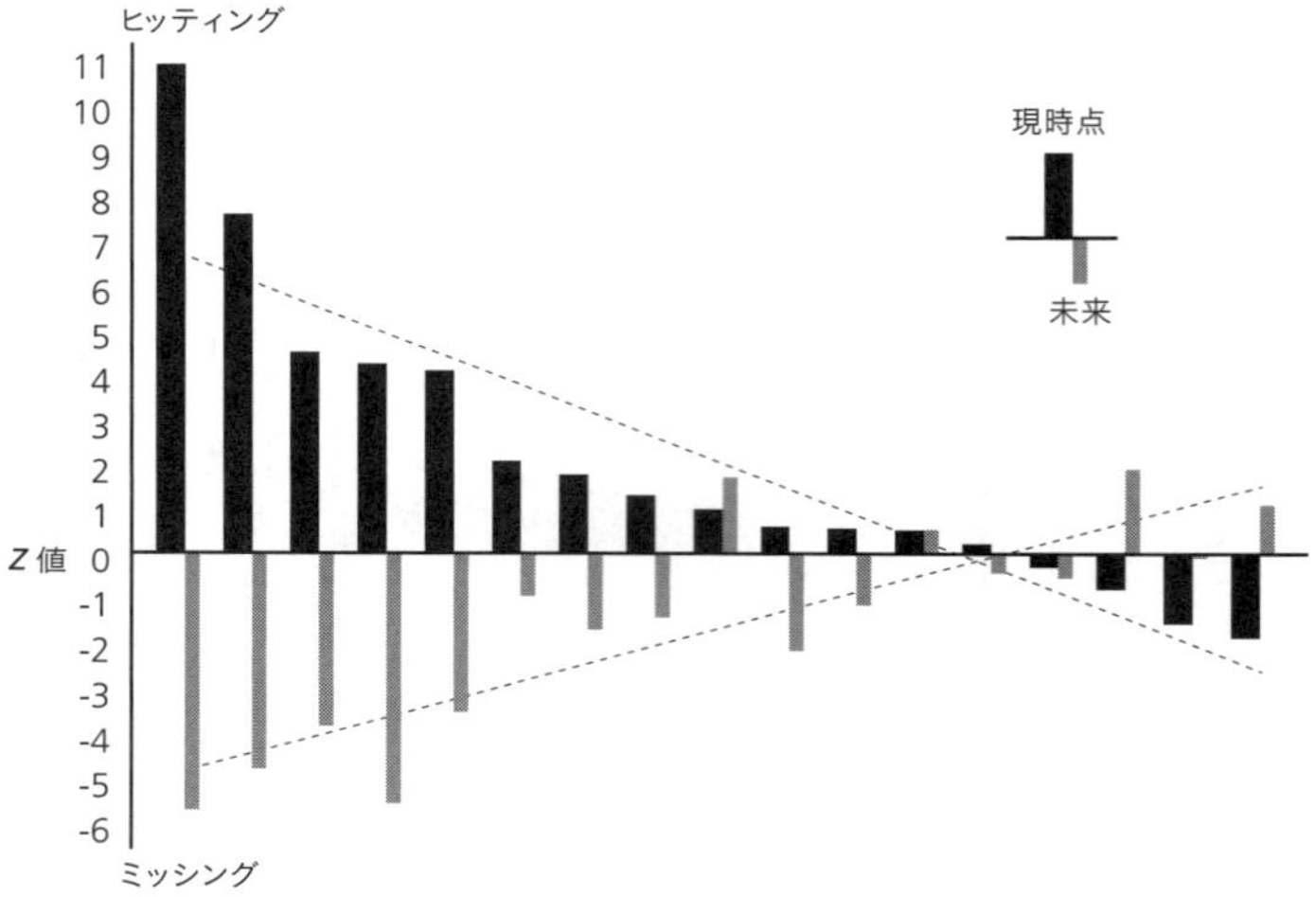

図 8.5　成績のよい被験者順に並べた、現ターゲットと未来（1回先）のターゲットに対する判定結果［図は、タート『サイ・パワー』（工作舎）より］
縦軸は *Z* 値（†）。横軸には 17 名の被験者の成績が、現ターゲットに対する *Z* 値が高い順に並べられている。

ので、信号としての重要性が高くない。その場合の透視精度が低下したとしても、側抑制によって過去から将来に至る変化をより的確に把握できる能力のほうが価値は高いということになる。

さらにタートは、この側抑制効果がESPの成績のよい被験者ほど大きいという関連性も見出した。図8・5のように左から成績のよい被験者順に回答の得点を並べたグラフでは、未来のターゲットに対する抑制が右に行くほど低下しているのが見て取れる。すなわち、ESPの成績のよさは、ターゲットの焦点化の能力に由来しているということだ。

どうも透視は、空間的にも時間的にもかなり広く働いているようだ。むしろ、どれが回答すべきターゲットなのかという焦点化のほうが、側抑制が必要なくらいに難しい。また、ＥＳＰに側抑制があるということは、ＥＳＰも他の感覚器官と同様な情報処理が行なわれているということになるのが興味深い。そうした感触が、超心理実験から得られている。

このように透視に広い能力を想定すれば、予知もテレパシーも「透視」に含めることができ、ＥＳＰとは「時空間を超越した透視」であるとした、一貫的理解につながる。

ちなみに、予知透視が可能だとすると、予知にまつわるパラドックス、つまり予知したことが起きない行動をとれば、予知は当たらないという指摘がありそうだ。しかし、このパラドックスは、完全な予知ができた場合にのみ発生する現象である。超心理学における予知透視は、精度の低いぼんやりした予知なので、このパラドックスはいまのところ当てはまらない。

■ 簡単に実施できる予感実験

なんといっても予知の実験は管理しやすいという利点がある。被験者が応答をしたあとでターゲットが決まるので、通常の透視実験のように「隠していたターゲットが見えてしまっていた」などの批判も排除できる。予知が確実にあるという実験的証明が成立すれば、好奇心のある物理学者を超心理学研究にひき入れることも可能だろう。なにしろ、既存の理論が誤っていることが明確なのだから、新しい理論を打ち立てるという理論物理学者の仕事が拡がるのだ。

この着想に貢献する実験を次々に提案し活躍しているのが、本書ですでに何度も登場しているダリル・ベムである。[19]ベムが注目したのは、ラディンの実験で使われたEDAが専門家でないと扱いにくいという点だ。そこで彼は、将来呈示される感覚刺激画像を被験者に感覚印象にもとづいて選択させるという、予知的馴化《じゅんか》実験を考案した。

彼の実験では、同程度にエロティックな感覚をもたらすとされた標準画像を二枚一組にしてコンピュータ画面上に一緒に呈示する。被験者は好きなほうを選択するのだが、選択が済むとコンピュータによって無作為に一方が選ばれ、その画像が六回、同じ画面に意識上では見えないレベルで瞬間呈示される。ベムの仮説によると、エロティック画像の場合、将来呈示されない画像のほうを選択するという。エロティック画像を恐怖画像に変えた場合はその反対に、将来呈示される画像のほうを選択するとされる。

画像は長く見ていると印象が飽和して新鮮さが失われること（「なれること」にあたり、「馴化」と言う）は、私たちが一様に経験していることだろう。エロティック画像は、長く見ていないほうが刺激が大きくて好ましく、恐怖画像は、長く見たほうが刺激が小さくなって好ましいと判断される。ベムは、この印象の飽和が「事後」の刺激であっても「事前に」起きると想定したのだ。

ベムが行なった被験者五〇人の予備実験では、瞑想経験のある（＝内的イメージに比較的敏感な）女性一三人のデータで、エロティックと恐怖画像の両方の仮説とも有意になった。[20]エロティックとバイオレンスで選択傾向が逆になる仮説にもとづき、実験結果がそのとおりに得られたことは、結果の信頼性を大きく高めるものである（同じ画像を見ても男性は女性に比べて感情が誘発される程度が低く、より強い刺激の画像を必要とすることがのちにわかった）。長年の社会心理学の研究に裏打ちされた、秀逸な実験デザインだ。

また、その制御プログラムはごく短いもので、他に適切な刺激画像を用意すれば、誰でも簡単に追試実験ができる。この実験で、懐疑論者をはじめ、心理学者や物理学者に、予知現象の有無を自分で確かめてもらおうというのがベムの構想だ。

ベムが使った瞬間呈示は通常、意識のうえでは見えないほどの短時間の呈示である。自覚的には気づかないのにもかかわらず、脳で処理され長期記憶へと送られる現象であり、「サブリミナル効果」と呼ばれる。[*21] パソコンを使う場合は短時間呈示に限界があるので、中央に注視する点（固視点）を表示し、被験者がそれをみつめているあいだに周囲に呈示すると、サブリミナル効果が期待できる。つまり、呈示された刺激に対する無意識的な情報処理が、被験者の心のうちに働くのである。

ＥＳＰとサブリミナル効果にはたいへん似通ったところがあるという。[*22] 第一に、サブリミナル効果も呈示図形に関する被験者の興味や関心に大きく左右される。第二に、性格検査で分析された「サブリミナルに敏感な性格」というのが、開放的で直観や想像力に富むことであったり、他者に敏感に反応するが攻撃的であったりなど、ＥＳＰを発揮しやすい性格や態度ときわめて類似している。第三に、サブリミナルに呈示された感情的な図形を当てる（自覚的には当てずっぽうに当てたつもりでもサブリミナルに見ているのでよく当たる）実験で、短めに呈示すると正解が多いのにかかわらず、長めに呈示すると不正解が増えることなどは、ＥＳＰの特性と酷似している。

ＥＳＰとサブリミナル効果の双方で、同様の知覚情報処理がなされていると見ることもできるのではないだろうか？　サブリミナル効果を使ったＥＳＰ実験は、自覚的なＥＳＰ実験よりも成功率が高いことも知られている。これも、ＥＳＰが無意識のプロセスで働く可能性をあらためて示している。

しかし、刺激の強い画像をそれもサブリミナルで使うと、参加者の承認を得たとしても、心理的な悪影響が残るという倫理的な問題が指摘される。その後ベムは、同様の発想で次々と容易に行なえる実験を考案していった。[*23]

そして二〇一一年三月、心理学分野で定評のある論文誌『人格と社会心理学（*Journal of Personality and Social Psychology*）』に一〇年近くの成果をまとめて発表した。[*24] しかし私がみるところでは、あまり練れていない批判論文が直後に掲載され、[*25] 超心理学論文を掲載するというインパクトに対する低減がはかられているのは残念だ。「批判的意見もある」という注釈付きでないと本流科学の論文誌には載せられない、超心理学「封印」の構造がすけて見える。

しかしベムの諸実験は、心理学の専門家なら容易に追試実験ができるので、今後の動向が注目されており、懐疑論者のワイズマンはホームページで研究者たちに追試を呼びかけている。[*26] 以下では、ベムの論文に従って、七つの実験を解説する。追試のための情報であり、少々専門的な説明になるため、興味の湧かない読者は読みとばして欲しい。なお、p値は偶然比の確率、d値は効果の大きさである（巻末付録「統計分析の基礎」参照）。

1　エロティック刺激の予感実験

実験概要

・学生一〇〇人の被験者に対して、三六試行からなるエロティック刺激の予感実験を行なう。

・はじめに三分間のリラックス時間（「星宇宙」の画面が表示される）をとったのちに、実験を開始する（以下の実験でも同様）。

・一試行では、コンピュータの画面にふたつのカーテンが表示され、被験者に「一方には写真が隠れているが他方は白紙である。どちらか一方を選んでカーテンを開けるように」と、写真の透視をうながす教示がなされる。しかし実際は、カーテンがクリックされたのちに、物理乱数によってターゲット写真のあるカーテンがどちらであるかが決まる。

・ターゲットのカーテンを参加者が選んだ場合、所定の写真が現れて「当たり」となる。

仮説

・三六試行に使用する三六枚の写真のうち、一二ないし一八枚の写真がエロティックな画像である（被験者が男性の場合、女性に対する刺激よりもさらにエロティックな画像を使用している。また同性愛用の画像を選ぶこともできる）。エロティックな画像は事前に「予感」できるので、偶然期待値の五〇％を超えて当たるが、そうでない画像の当たりは偶然期待値にとどまると仮説する。

結果

・エロティックな画像の当たりは五三・一％（p＝0.01, d＝0.25）で有意、そうでない画像の当たりは偶然期待値にとどまった。

・両者のちがいも同様に有意であった。性差は検出されなかった。

↓仮説は支持された。

2　恐怖刺激の予知的回避実験

実験概要

・学生一五〇人の被験者に対して、三六試行からなる予知的回避実験を行なう。

・一試行では、コンピュータの画面に、たがいに左右対称の鏡像画像二枚一組が表示され、被験者に「どちらか好きなほうを選ぶと、それに応じた画像がフラッシュする」と教示される。

・どちらかがクリックされたのちに、物理乱数によってターゲットが決まる。

・ターゲット画像を被験者が選んだ場合、平穏な写真がフラッシュして「当たり」となり、「外れ」の場合は恐怖写真がフラッシュする。

・フラッシュは五〇〇ミリ秒の間隔で三回呈示されるが、それぞれは三三ミリ秒間の（自覚的には知覚できない）写真呈示と、それに続いた一六七ミリ秒間のマスクパターン（市松模様の細かい図形）呈示からなる。

・本実験は、無意識にのみ情報を与えようとする「サブリミナル効果」を利用した手法である（意識化されてしまっても超心理実験として有効なのだが、前述したように意識化されないほうが効果は高く出るとされている）。

・試行のあいだは三秒間「星宇宙」の画面が出て休憩時間となる。

仮説

・恐怖写真のフラッシュは事前に「予感」して回避できるので、偶然期待値の五〇％を超えて当たると仮説する。なお、選択パターンの偏りによって疑似的な当たりが生じていないかを調べるために、各被験者の選択パターンと他の一四九人のターゲットとの合致を調べて、偶然期待値になっていることを確かめる（つまり比較対照群とした）。

結果

・恐怖写真の回避による当たりは五一・七％（p＝0.009, d＝0.20）で有意、選択パターンの偏りはなかった（偶然期待値であった）。

↓仮説は支持された。

3 遡及型感情プライミング実験

実験概要

・学生一〇〇人の被験者に対して、感情プライミング実験[*27]を行なう。ただし、前半の三二試行は、通常の感情プライミング実験の手順を逆にしたもの（遡及型）、後半の三二試行では通常の感情プライミング実験である。

・前半の遡及型感情プライミング実験の一試行では、コンピュータの画面に快適か不快な写真が表示され、被験者には「写真の印象を判定して快適ボタンか不快ボタンのどちらかを押すと、その後画面に単語がフラッシュする」と教示される。

・フラッシュする単語は、ボタンがクリックされたあとでソフトウェア乱数によって決定される、快適単語（「美しい」など）か不快単語（「醜い」など）である。

・固視点一秒呈示後に写真表示、ボタンがクリックされた三〇〇ミリ秒後に単語のフラッシュが五〇〇ミリ秒間ある。

・試行のあいだは、一秒間のブランク表示と二秒間の「星宇宙」画面による休憩時間となる。

・後半に行なわれる通常の感情プライミング実験の一試行は、心理学研究で伝統的に行われているものと同様、写真が表示される前に単語（同様に快適か不快なもの）が乱数によって決定され、単語のフラッシュが表示される。その後写真が表示され、被験者はその写真の快・不快を判断し、ボタンを押す。

・また、他の学生一〇〇人に対して、写真と単語を変えて再実験した。

仮説

・通常の感情プライミング実験では、単語の快・不快と写真の快・不快が整合する場合、不整合なときに比べてボタンを押す応答時間が短いと報告されている。それと同様に、遡及型感情プライミング実験において、たとえ単語の決定と表示が未来でも、それを予知的に感じ取る（未来の情報が遡及してくる）ので、整合時の応答時間は短縮されると仮説する。

結果

・通常のプライミング実験と同様の応答時間分析を行なった結果、後半に行なわれる通常のプライミング実験では、整合のときに不整合に比べて二三・六ミリ秒応答時間が早く、これまでの心理学研究での知見のとおり、有意な差が検証された。

・この実験で注目すべきは前半の遡及型感情プライミング実験の結果だが、こちらも一五・〇ミリ秒応答時間が早く、有意（p＝0.006, d＝0.25）であった。

・再実験においても、通常の感情プライミング実験では二七・四ミリ秒早いのに対して、遡及型プライミング実験でも一六・五ミリ秒早く、有意（p＝0.023, d＝0.20）であった。

→仮説はすべて支持された。

4 遡及型恐怖馴化実験

実験概要

・学生一〇〇人の被験者に対して、四八試行からなる遡及型恐怖馴化実験を行なう。
・一試行では、コンピュータの画面に、同程度に恐怖を感じるとされる画像（IAPS標準化画像から抜粋）二枚一組が表示される。
・被験者は「どちらか好きなほうを選んだあとで、それらの画像がフラッシュする」と教示される。
・被験者がどちらかの画像をクリックしたのちに、ソフトウェア乱数によってターゲットが決まり、そのターゲット画像がフラッシュする。
・ターゲット画像を被験者が選んでいる場合「当たり」となる。
・フラッシュは、画面の左右に四回から一〇回呈示されるが、それぞれは一七ミリ秒間の画像呈示と、それに続いた三三ミリ秒間のマスクパターン呈示からなる（フラッシュ表示はしっかり中央を固視していれば自覚的には知覚不可能であるが、仮に固視ができてなくて知覚できてしまっても超心理実験として問題はない）。
・試行のあいだは一秒間のブランク画面が出て休憩時間となる。

仮説

・画像を何度も見ていると馴れて、その印象（刺激）は低下する。恐怖画像の場合、恐怖印象が薄らいで怖くない画像となりやすい。遡及型恐怖馴化実験では、将来呈示される画像の恐怖度合いが事前に低下することを踏まえ、「選択後に乱数で決められる（知覚不可能なレベルでフラッシュ表示される）ターゲット画像」を予知的に感知することができるのであれば、ターゲット画像のほうが（予知的に）馴化されているので好ましく感じられ、偶然期待値の五〇％を超えて選好されると仮説する。なお、平穏な画像の組での比較対照実験では、偶然期待値にとどまるはずである。

結果

・恐怖画像の将来呈示に対応した「当たり」の選好は五三・一％（p＝0.014, d＝0.22）で有意であった。
・この内訳では、女性は有意であったのに対し男性は有意ではなかったが、男性の恐怖を感じる感度は女性よりも低いので、むしろ妥当な結論とも言える。
・平穏な画像の当たりは偶然期待値にとどまった。

→仮説は支持された。

5 遡及型エロティック刺激馴化実験

実験概要

・学生一五〇人の被験者に対して、④の遡及型恐怖馴化実験を、恐怖画像に加えて性的刺激画像を混ぜて行なう。

・なお、男性向けの恐怖画像と性的刺激画像は、インターネット上のサイトからより刺激的な画像を集めて使用した。

仮説

・性的刺激画像の場合、画像を何度も見ていると馴れて性的印象が薄らぐ。過去遡及的性刺激馴化実験では、将来呈示される画像の刺激度合いが事前に低下して、そちらの画像で「ない」ほうの画像が新鮮で好ましく感じ、偶然期待値の五〇％を超えて選好されると仮説する。

・「映画の性的シーンを好んでよく見る」「価値観を共にする人よりも性的に興奮する人とデートしたい」という質問に肯定的に答える度合いを性刺激追求尺度とし、この尺度が高い人ほど、遡及型エロティック刺激の馴化が起きると仮説する。

結果

・恐怖画像の将来呈示に対応した選好は五一・八％（p＝0.037, d＝0.15）で有意。

・性刺激画像の将来呈示に対応した「非」選好も五一・八％（p＝0.039, d＝0.14）で有意。両者の差も当然ながら有意であった。

・平穏な画像の当たりは偶然期待値にとどまった。性差も見られなかった。

↓仮説はすべて支持された。

・性刺激追求尺度が高い人ほど、過去遡及的性刺激馴化が起きる有意な相関があった。

・高得点者にかぎった分析では五六・九％（p＝0.002, d＝0.57）できわめて有意、低得点者では偶然期待値であった。

→仮説は支持された。平穏な画像の組での比較対照実験では、全体として偶然期待値にとどまったのだが、呈示回数を一〇回にした実験のみが、将来呈示に対応した非選好が有意に起きた。平穏な画像に飽きがきて退屈することが、遡及的に起きたと推測される。もしこれが安定して起きるならば、画像刺激の文化的差異の問題や、参加者に過度の刺激を与える倫理的問題をクリアできるので、次の追試を行なった。

6　遡及型退屈誘発実験

実験概要

・学生二〇〇人の被験者に対して、各二四試行の遡及型馴化実験を、平穏画像にかぎって行なう。
・なお、事後の画像呈示は七五〇ミリ秒間（自覚的に感知できる長時間）の呈示を一〇回にして行なう。

仮説

・平穏画像の場合でも、画像を何度も見ていると飽きて印象が薄らぐ。本実験では、将来呈示される画像の刺激度合いが事前に低下して、そちらの画像で「ない」ほうの画像が新鮮で好ましく感じ、偶然期待値の五〇％を超えて選好すると仮説する。

・「私は退屈しやすい」「一度見た映画でも何度も楽しめる（反転項目）」の質問に肯定的に答える度合いを退屈傾向性、つまり新奇性追求尺度とし、この尺度が高い人ほど、遡及型退屈誘発が起きると仮説する。

結果

・平穏画像の将来呈示に対応した非選好は五〇・九％（p＝0.096, d＝0.09）で、肯定的な結果ではあるが、有意とまでは言えなかった（画像呈示を自覚できるほど長くしたのがよくなかったのかもしれない）。

・平穏な画像の当たりは偶然期待値にとどまった。

→仮説は示唆された程度であった。

・新奇性追求尺度が高い人ほど、過去遡及的退屈誘発が起きる有意な相関があった。高得点者九六人にかぎった分析では五二・一％（p＝0.019, d＝0.22）できわめて有意、低得点者では偶然期待値であった。

→こちらの仮説は支持された。

7　遡及型記憶想起促進実験

実験概要

・学生一〇〇人の被験者に対して、四八の単語（食品、動物、職業、衣料品の各ジャンルから一二単語ずつ選定）を固定した順番で三秒ずつ呈示するので、それぞれイメージするように教示する。

・その後、被験者は覚えている単語を思い出してタイプするように求められる（覚えるように言われていないので驚く）。

・その作業が終わったら、四つの各ジャンルから六単語ずつ無作為に選定した二四単語が画面にランダムな順番で三秒ずつ呈示される。

・次に、その二四単語がランダムに一度に表示され、参加者はそのなかから六つの食品単語をクリックして（クリックすると文字が赤くなる）、六つの空欄にそのスペルを打ち込む。

・それが終わると画面の単語の順番が変わり、こんどは六つの動物単語をクリックしてスペルを打ち込む。同じことを職業単語と衣料品単語でも繰り返す。

・また再実験では、被験者の学生五〇人に対して、二四単語をジャンルごとでランダムに呈示したうえ、その際、各単語を想像するよう指示する。[*28]

仮説

・一般に、何度も見たり作業したりした、なじみのある単語は覚えやすい。遡及型記憶想起促進実験では、事後的であっても、将来呈示される作業単語の記憶の想起が促進され、事前により多く想起されると仮説する。

・［予知的記憶想起得点＝（想起した作業単語－想起した非作業単語）×総想起単語数］とし、この得点を最高得点（五七六点）で割って−1から+1のあいだの数値に標準化して評価する（偶然期待値は〇になる）。

・また、新奇性追求尺度が高い人ほど、遡及型記憶想起促進が起きると仮説する。

・作業なしの比較対照実験では、偶然期待値となるはずである。

結果

・実験全体の標準化得点はプラス〇・〇二二七（p＝0.029, d＝0.19）で、有意であった。

・新奇性追求尺度が高い人ほど、遡及型記憶想起促進が起きる有意な相関があった。

・新奇性追求尺度の高得点者にかぎった分析では、プラス〇・〇六四六（p＝0.0003, d＝0.57）できわめて有意、低得点者では偶然期待値であった。

・比較対照実験は偶然期待値であった。

↓仮説はすべて支持された。

・事後の単語について想像を指示した再実験では、標準化得点はプラス〇・〇四二一（p＝0.002, d＝0.42）で、きわめて有意（効果サイズdは約二倍）であった。

・この再実験では、新奇性追求尺度が高い人ほど遡及型記憶想起促進が起きるという相関はなかった（高い新奇性追求尺度者も低い者も、ともに得点が高かったため）。

・比較対照実験は再度偶然期待値となった。

↓仮説はすべて支持された。

以上の実験で、新奇性追求尺度はＥＳＰを発揮する傾向の尺度として機能することが判明した。前章で述べた被験者の性格に関する議論から、開放的であり、変化に対する不安が低い人が、超心理現象を素直に発揮しやすいことがわかっていたが、その傾向がごく簡単な新奇性追求尺度によって判定できるというのは、大きな前進である。

ベムの一連の予感実験から、どんどん予知現象が学術的な実験課題になっていく可能性があり、超心理学分野では現在、この実験に大きな期待が寄せられ、封印を解く可能性が共有されている。

本章で示した諸実験によって、ＥＳＰは時間や空間を超えた無意識の情報感知としてまとめられるという感触が得られた。そして厳密な実験を実現するには、予知の構図、それも無意識的に起きる「予感」の構図で実験を企画すると、効果が大きいことが示された。さらに、新奇性追求尺度でＥＳＰの発揮のしやすさが推測できる可能性が明らかになった。封印を解くためのデータはそろいはじめた。次に必要なものは、多くの物理学者が興味を抱く理論への展望だ。次章では、乱数発生器を使った超心理実験の物理的側面を解説する。これまで取りあげた心理的な側面が、物理的議論のなかにも見出されることをもとにして、心と物を統合した理論への可能性を示す。

◆注◆

＊1 Klintman, H., Is There a Paranormal (Precognitive) Influence in Certain Types of Perceptual Sequences？ Part II, *European Journal of Parapsychology*, Vol.5, pp.125-140, 1984.

＊2 Radin, D. I., Unconscious Perception of Future Emotions: An Experiment in Presentiment, *Journal of Scientific Exploration*, Vol.11, pp.163-180, 1997.

＊3 Bierman, D. J., and Radin, D. I., Anomalous Anticipatory Response on Randomized Future Conditions, *Perceptual and Motor Skills*, Vol.84, pp.689-690, 1997.
ビールマン論文は、知覚心理学の論文誌に掲載された。

＊4 McCraty, R., et al., Electrophysiological Evidence of Intuition: Part 1. The Surprising Role of the Heart, *Journal of Alternative and Complementary Medicine*, Vol.10, pp.133-143, 2004.

＊5 Don, N. S., McDonough, B. E., and Warren, C. A., Event-Related Brain Potential (ERP) Indicators of Unconscious Psi: A Replication Using Subjects Unselected for Psi, *Journal of Parapsychology*, Vol.62, pp.127-145, 1998.

＊6 前掲『量子の宇宙でからみあう心たち』。

＊7 ラディンのＰＡ論文では、前に平穏な画像が何回続いたかによって、別々に集計して、それぞれの差がないことを示している。私が指摘した通常の期待効果による差ではなく、予感現象に由来する差と考えられる。
Radin, D., Electrodermal Presentiments of Future Emotions, *Proceedings of 46th PA Convention*, pp.141-161, 2003.

＊8 現在では、フロリダ大学で標準化が進められたＩＡＰＳ（*International Affective Picture System*）という画像セットが主流になっている。私は小久保秀之が所有するものを閲覧した。小久保はこの実

験の追試を行なっている。Kokubo, H., et al., An Attempt to Reproduce the Presentiment EDA Response, *Journal of International Society of Life Information Science*, Vol.20, pp.190-194, 2002.

*9 Broughton, R., Exploring the Reliability of the "Presentiment" Effect, *Proceedings of 47th PA Convention*, pp.15-26, 2004.

*10 Steinkamp, F., Meta-Analysis of Forced-Choice Experiments Comparing Clairvoyance and Precognition, *Journal of Parapsychology*, Vol.62, pp.193-218, 1998.

*11 遠隔視における過去透視の事例については、以下の記述を参照。
Tart, C., *The End of Materialism*, Noetic Books, p183, 2009.
ただし、こうした偶発的な報告は、外れた透視結果を事後的に当たりと解釈したと見なされるおそれがあるので、慎重に扱わねばならない。

*12 Addis, D. R., Wong, A. T., Shacter, D. L., Remembering the Past and Imagining the Future: Common and Distinct Neural Substrates during Event Construction and Elaboration, *Neuropsychologia*, vol.45(7), pp.1363-1377, 2007.

*13 Pratt, G., A Decade of Research with a Selected: An Overview and Reappraisal of the Work with Pavel Stepanek, *Proceedings of American Society for Psychical Research*, Vol.30, pp.1-78, 1973.

*14 Carington, W., *Telepathy: An Outline of its Fact, Theory, and Implications*, London, Methuen, 1945.

*15 Schmeidler, G. R., *Parapsychology and Psychology: Matches and Mismatches*, McFarland & Company, ch.10, 1988.

*16 Child, I. L., and Kelly, E. F., ESP with Unbalanced Decks: A Study of the Process in an Exceptional Subject, *Journal of Parapsychology*, Vol.37, pp.278-297, 1973.

＊17　コピー機には、側抑制を使って文字をくっきり見せる処理が導入されている。この処理を写真にほどこすと人相が悪くなるので、写真をコピーするときは「写真モード」にして処理を解除する必要がある。

＊18　チャールズ・タート『サイ・パワー——意識科学の最前線』（井村宏次他訳、工作舎、一九八二年）の第七章「予知研究の新発見」に詳述されている。

＊19　ダリル・ベムは、コーネル大学の心理学教授（二〇〇七年より名誉教授）であり、妻のサンドラ・ベムとともに、社会心理学の分野で有名な研究者である。彼は、自分の内的な心理状態も自己の外的行動にもとづいて推定する傾向があるという「自己知覚理論」、自分と異なる人物に対して、より性的な魅力を強く感じるとする「ＥＢＥ（Exotic Becomes Erotic）理論」などで知られている。

＊20　Bem, D., Precognitive Habituation: Replicable Evidence for a Process of Anomalous Cognition, *Proceedings of 46th PA Convention*, pp.6-20, 2003.

＊21　サブリミナル効果については、坂元章ほか『サブリミナル効果の科学——無意識の世界では何が起こっているか』（学文社、一九九九年）に詳しい解説がある。

＊22　前掲シュマイドラーの著書 *Parapsychology and Psychology: Matches and Mismatches* の同章を参照。

＊23　Bem, D., Feeling the Future III: Additional Experimental Evidence for Apparent Retroactive Influences on Cognition and Affect, *Proceedings of 51st PA Convention*, pp.24-32, 2008.

＊24　Bem, D., Feeling the Future: Experimental Evidence for Anomalous Retroactive Influences on Cognition and Affect, *Journal of Personality and Social Psychology*, Vol.100, pp.407-425, 2011.

＊25　その批判は何点かあるが、大きなところは、統計的な両側検定をすべきとの点、被験者が多いので必ず有意になるといった点である。これは、片側に高まるという事前の対立仮説†が立って

いるので片側検定で問題なく、また、統計的な有意性だけでなく、効果の大きさを議論しているので、これらの批判は当たらない（ベムも自らのホームページで反論している）。また、批判論文では、事前確率を考慮せよという主張もなされている。これは、ありそうもない主張には、より一層堅固な証拠を求める態度であり、本流から離れた研究を封印する傾向を助長するので受け入れ難い。

*26 ワイズマンは、以下のURLでベムの実験の追試を呼びかけている。
http://richardwiseman.wordpress.com/2010/11/18/bems-esp-research/
二〇一一年中に行なわれたワイズマンら三人の追試実験（総被験者一五〇人）は偶然期待値に留まり、ベムの効果は再現されなかった。
Ritchie, S. J., Wiseman, R., and French, C. C., Failing the Future: The Unsuccessful Attempts to Replicate Bem's 'Retroactive Facilitation of Recall' Effect, *PLoS ONE* (www.plosone.org), Vol. 7, No. 3, 2012.

*27 プライミングとは、事前の単純な刺激が認知プロセスに影響を与える現象のこと。たとえば「シャンデリア」と一〇回言わせたあとに、毒リンゴを食べさせられたのは誰かと問うと「シンデレラ」と言いがちになる。ほんとうは「白雪姫」だが、意味の近い単語のなかに、音が似ている単語があると、そのほうが想起されやすくなる。

*28 想像することが記憶形成を強める心理学的知見の応用である。なお、このソフトウェアはベムに依頼すると入手できる。しかし英語版なので、筆者らの研究室では日本語版を作成し、評価中である。

第9章

意識に共鳴する機械

超心理現象は、物の状態を心によって直接知ること（ESP）や、物の状態を心によって直接変化させること（PK）など、物と心を橋わたす現象だと考えられている。乱数発生器は、単に乱数を発生させるという本来の仕事のほかに、その橋わたしがいかなるかたちでなされるかを究明する道具としても使われている。乱数データの偏りや同調が、人間の営みに呼応して発生すると見られることから、超心理学研究上のさまざまな応用展開が模索されている。こうした展開には、物と心を橋わたす理論が必要となるが、そのひとつにルカドウの情報システム理論がある。その理論では、なぜ超心理現象がとらえにくいのか、なぜ日常ではなかなか現れないのかが説明される。

二〇一〇年三月、私が所属する明治大学情報コミュニケーション学部は、第二期生約四〇〇名を送り出す卒業式を迎えた。それに伴い、学生たちの主催で行なわれた謝恩会には、おのおの晴れ着に身を包んだ学生、および教員、計一〇〇名ほどが参加した。その場で私は、新作の「感情エージェント」をもち込んでデモンストレーションを行った。

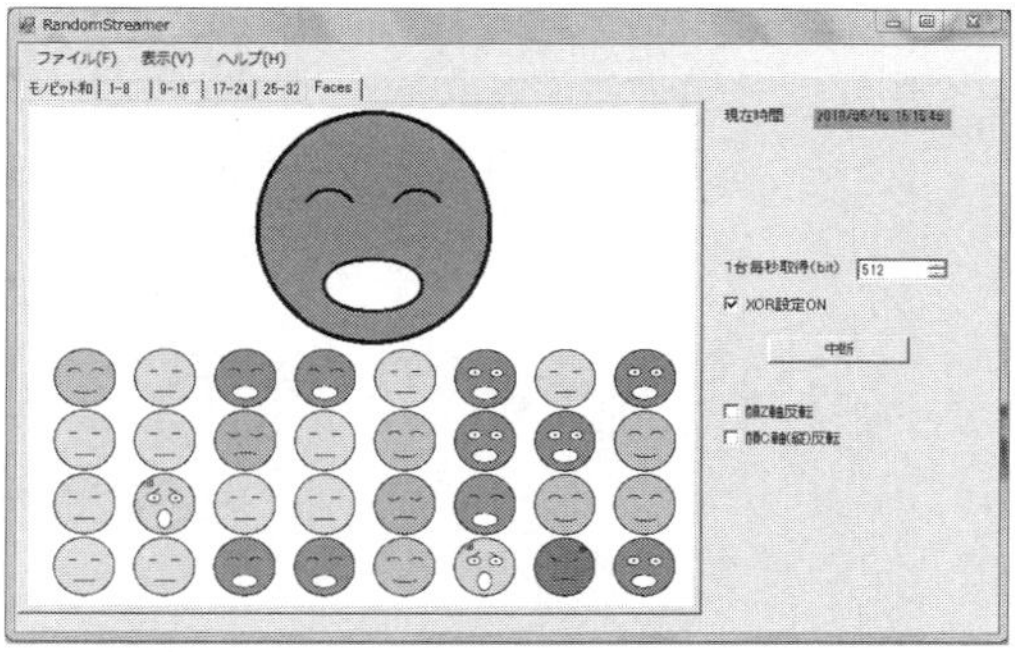

図 9.1 感情エージェントの表示画面

■ 感情エージェントが笑う

「わ、笑った。笑ったぁ」

パソコン画面上に表示された「感情エージェント」の大きな顔が、ほほ笑みに対して変化したのを見て、取り囲んだ女子学生たちは歓声をあげた。

「感情エージェント」とは、パソコン上で動作する機械的なシステムである。それを起動すると、画面には、図9・1のように三二個の小さな顔とひとつの大きな顔が表示され、それらの顔が九種の感情的な表情のうちのいずれかに、数十秒ごとに変化する。小さな顔の感情をおおかた総和したのが、大きな顔の表情となっている。

その大きな顔が無表情になっているところで、「感情エージ

使用した乱数発生器（RPG105）

ェント」は、謝恩会の会場での最初のお客様方を迎えた。細野はるみ学部長（当時）をはじめとして、数人の女子学生に囲まれたところで、私は「画面の顔に笑いかけてください。そうしたら表情が変化しますよ」と誘いかけた。取り囲んだ人々がおのおの微笑《ほほえ》みかけたところで、小さな顔の一部がみるみる「笑い」に変化し、少し遅れて大きな顔が「笑い」に変化した。謝恩会の場に華をそえるような展開で、女子学生たちは本章冒頭のように反応したのだった。

じつは、あまりにできすぎた展開に、私自身が驚いていた。「これはなにを検出しているのですか」という学生らしい質問に対し、私は一瞬ためらって、「なにも検出していないんだよ」と答えた。「なにも検出しなくとも、周りの人々の感情に同調したふるまいを機械がするかどうかを試しているんだ」とつけ加える私に、当惑の表情が向けられた。

小さな顔のひとつひとつは、それぞれ乱数発生器一台における一分間の挙動を総計したものだ。乱数発生器とは、回路に発生する熱雑音などのゆらぎをもとに、ランダムなデジタル信号（0と1からなる乱数系列）を発生する物理的装置である。ゆらぎによって生成された乱数系列に、統計学的な検定によって偏りが見られない場合に、真正の乱数発生器と見なされる。

今回「感情エージェント」に使用した乱数発生器は、ＦＤＫ社のＲＰＧ１０５（写真）であり、数々の検定にパスし、物体運動のシミュレーションや暗号生成の用途のために市販されているハイテク製品だ。RPG105のなかには、三二台の乱数発生器が入っており、USBを介して三二台分の乱数系列が並列に取得できる。

一台の乱数発生器からは、一秒間に五一二ビット（0または1の数字五一二文字分の乱数系列）を取得し、その一分間の総計で0または1の出現頻度の偏りに応じて、図9・2のように画面に表示される九つの表情が決まる。乱数系列に偏りがない約四割の場合は、図の中央の無表情となる。

一分間全体の0が多いと否定的感情で、図の左のように怒りと悲しみの顔に、1が多いと肯定的感情で、図の右のように歓喜と幸せの顔になる。一秒ごとの0か1への偏りが大きい場合が続くと、感情が喚起した状態で、図の上部のように恐怖と驚き、その反対で一秒ごとの0か1への偏りが小さい場合が続くと、感情が鎮静化した状態で、図の下部のようにリラックスと退屈の表情となる。周囲の八つの表情は、おのおの七から八％の確率で出現すると理論的に算出される。「感情エージェント」の物理的な仕組みは、三二の小さな顔とひとつの大きな顔の表情が、偶然の偏りに従ってランダムに変化するだけだ。

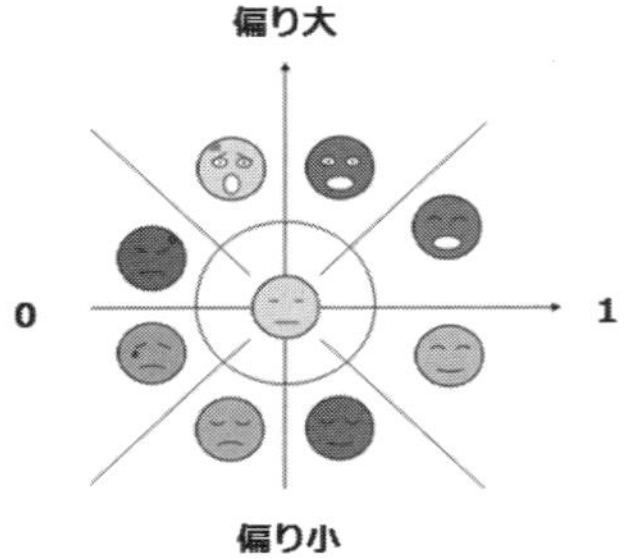

図9.2 乱数の状態に応じた表情の割り当て

しかし、超心理学の成果を総合すると、こうした無作為《ランダム》に動くはずの物理的装置が、周囲の人々の心理状態に応じた変化をするかもしれないと予想できる。「感情エージェント」は、その可能性を試験的に探るシステムとして、心理学者清水武の協力を得て開発した。[*1]

この超心理学の大胆な予想について理解するには、乱数発生器に対する念力実験の歴史をたどらねばならない。乱数発生器のような、微視的な過程に働く小さい念力を「ミクロＰＫ」と呼ぶ。物理現象のゆらぎにわずかに働き、統計的に分析してはじめてＰＫが働いた可能性がわかる現象だ。サイコロやコインを使って念じた目や面を出す実験も、運動している物体の微視的な動きに影響を与えていると考えられるので、「ミクロＰＫ」である。

それに対して、物体移動や金属曲げのような、巨視的な物体に働く大きい念力を「マクロＰＫ」と呼ぶ。おもに目に見える静止物体に働き、確実に記録すれば一回で念力の有力な証拠が残せる現象である。つまり、実験室で一般人を相手に行なう念力実験は、みなミクロＰＫだ。一方、マクロＰＫには、物体移動や金属曲げの他に、念写[†]、空中浮遊などが含まれるが、再現性のある超心理実験の対象とはなりにくい。過去の例では、マクロＰＫの発揮には、つねに特別な能力者の存在が必要とされている。

また、以下にも「念力をかける」「念ずる」などの記述があるが、具体的にどうすればよいのかについては、決まった方法はない。乱数発生器に1を出そうと念ずるのならば、とにかく「1が出ることを心のなかで願う」ことは前提となるだろうが、その手法は人それぞれであろう。この言葉の厳密な定義は難しい。

■乱数発生器によるミクロPK実験

超心理実験の歴史における乱数発生器の登場は、意外に古い。かねてより、ESPターゲットの順番を決めるのに純粋な乱数が必要とされていたからだ。量子的な物理過程には、まったく予想できない現象（これは、人間の知恵が足りないからではなく、「原理的に」予測できない）があり、その利用が模索されていた。イギリスでは一九六〇年代にジョン・ベロフらが、フランスではレミー・ショーヴァンらが、放射線を検出するガイガーカウンターを使ったPK実験を行ない、肯定的な結果を得ていた。[*2]

そんななかで、ボーイング社に所属していた物理学者ヘルムート・シュミットは一九六九年、ストロンチウム九〇の放射線（ベータ崩壊によるベータ線の放出）を使った乱数発生器を作成した。[*3]この乱数発生器では、ベータ線をガイガーカウンターが検出すると、規則正しく高速に変化している4進カウンター（1234123 4と四つの値が交代で刻まれる）の値が、その検出時点で記録される。ベータ崩壊のタイミングは予想できないので、純粋な乱数を得られるのである。

乱数発生器は、ESP実験でターゲットの順番を決めるのにも使えるが、特定の数が出るように念をかけるとPK実験になる。放射線を使った乱数発生器は取扱いが難しいので、のちにシュミットは、それに代えてツェナーダイオードの電子雑音の検出にもとづく乱数発生器を作成した。また、4進カウンター（四値出力）に代えて2進カウンター（0と1の二値出力）にした。現在はこのタイプの乱数発生器が一般的である。

シュミットは一九六九年にラインの研究所に移籍し、乱数発生器を使った初期の超心理実験はおもにそこで行なわれた。初期の研究で彼は、乱数発生器の出力に応じて円状に配列した九個の電球を点滅させる実験システムを作成した。九個の電球のうちひとつだけが点灯しており、ボタンを押して乱数発生器から1が出力されると点灯位置がひとつだけ時計回りに移動し、0が出力されると逆方向に移動する。被験者はどちらかの方向に電球の点灯が回転移動するよう念力をかける。彼は一五人の被験者について実験し、PK現象が統計的に有意に見られることを確認した。[*4]

しかし、このPK実験はESPとの判別がつかない設定であった。というのは、所定の方向に点灯が移動する乱数出力のタイミングを、ESPで察知してボタンを押している可能性があったからだ。そこで彼は、PKとESPとを区別する実験を（それでも完全ではなかったが）行なった。[*5] 彼は、四つの電球が横に並び、その下に四つのボタンが並んだボックスを作成し、1〜4の四値出力の乱数発生器に接続した。被験者には、四つのボタンのうちいずれかを押し、その上の電球が点灯したら当たりであると伝えておくのだが、内部の仕組みは、ESPモードとPKモードで異なっていた。

ESPモードでは、乱数発生器の出力が1であれば一番左の電球がつき、4であれば一番右の電球がつく。PKモードであると乱数発生器の出力が4のとき、被験者が押したボタンの上の電球がつき、1〜3のときはそれ以外の電球がつくようになっている。PKモードのときは、乱数発生器が4をたくさん出さねば有意な結果が得られない。この比較実験では、どちらのモードでも、同様に有意な結果が得られた。この結果からシュミットは、ESPにしろPKにしろ対象物の仕組みによらずに、結果に直接働くのではないかと考えるようになる。

次に彼は、低速乱数発生器と高速乱数発生器を比較実験した。[*6] 低速では一秒間に三〇ビットを発生し、高速では一秒間に三〇〇ビットを発生する。被験者は、その出力によって得られるクリック音を聞きながら念力をかけるか、またはペンレコーダーが描くグラフを見て念力をかける。一〇人の被験者による実験の結果、クリック音を聞いての実験も、グラフを見ての実験も同様に、高速（ヒット率＝五〇・四％）よりも低速（ヒット率＝五一・六％）のほうが、平均（五〇・〇％）からの偏りが大きかった（ただし、高速のほうがデータを多くとれるので、統計的有意性を示すだけならば高速のほうが短時間で効率のよい実験が行なえる）。

彼はさらに、単純な乱数発生器（ストロンチウム九〇による二値出力乱数発生器）と複雑な乱数発生器（電子雑音による二値出力を一〇〇回ほど行なって、その結果を多数決で最終二値出力にするもの）の実験を比較した。[*7] 被験者にも実験者にもわからない状態（ダブルブラインド）で両者は切り替えられた。

三五人の訪問者が被験者になった結果、単純な乱数発生器では偶然比一〇万分の一、複雑な乱数発生器では偶然比一〇〇〇分の一となった。偶然比は異なったものの、両方とも問題なく効果が出たことから彼は、複雑さは超心理現象の妨げにならないと結論する。

シュミットは注意深く実験設定を工夫し、被験者も精選して実験を進める方法をとった。その一方で一九八〇年代には、乱数発生器を作成して大規模に実験をする研究者が次々に現われた。なかでも代表的なのは、プリンストン大学工学部のプロジェクトで、ロバート・ジャンらが行なったものだ。

彼らは、大勢の協力者を選抜《スクリーニング》することなく被験者にして、多数回の乱数発生器実験を、一二年間にわたって積み重ねた。彼らは一秒間に一〇〇～一〇〇〇ビットの乱数を発生する乱数発生器を用いて、乱数の累積値を偶然期待値よりプラスに偏らせる（つまりたくさんの1を出す）、マイナスに偏らせる（つまりたくさんの0を出す）、なにもしないという三つの条件でＰＫ実験を行なった。[*8]

ジャンらは七八〇〇万回のＰＫ試行全体で五〇・〇二％のヒットを得て、これは偶然比一万分の三と有意であった。この結果はシュミットのヒット率である五〇・五三％に比べればかなり低いのだが、均一の実験設定で、大勢の被験者に対して無差別に行なったためだろう。[*9]

全体の結果は図９・３にあるように、統計的に期待される偶然平均であるとちょうど水平線になるように表現したグラフで、実際に1が出るよう念じたとき（＝ＨＩ）のデータを累積していくとグラフは上向きに、0が出るよう念じたとき（＝ＬＯ）の累積グラフは下向となっている。なにもしないとき（＝ＢＬ）が若干上向きになっていることは興味深い（後述の「遅延効果」[†]かもしれない）。なお、右に開いた放物線は、偶然の変動の場合九五％の確率でグラフがその範囲に収まることを示している。

乱数発生器実験全体のメタ分析は、ラディンとネルソンによって、一九八九年および二〇〇〇年に発表された。それによると、一九五九年から二〇〇〇年までの二一五の報告（九一の異なる研究者による五一五の実験）にわたって分析したところ、効果の大きさはごく小さいが、偶然比にして一〇の五〇乗分の一という驚くべき有意性となった。[*10] これらの実験が、不成功に終わった実験が隠されることで有意になっているにすぎない（お蔵入り効果）と仮定し計算すると、報告されない五二四〇の実験が存在

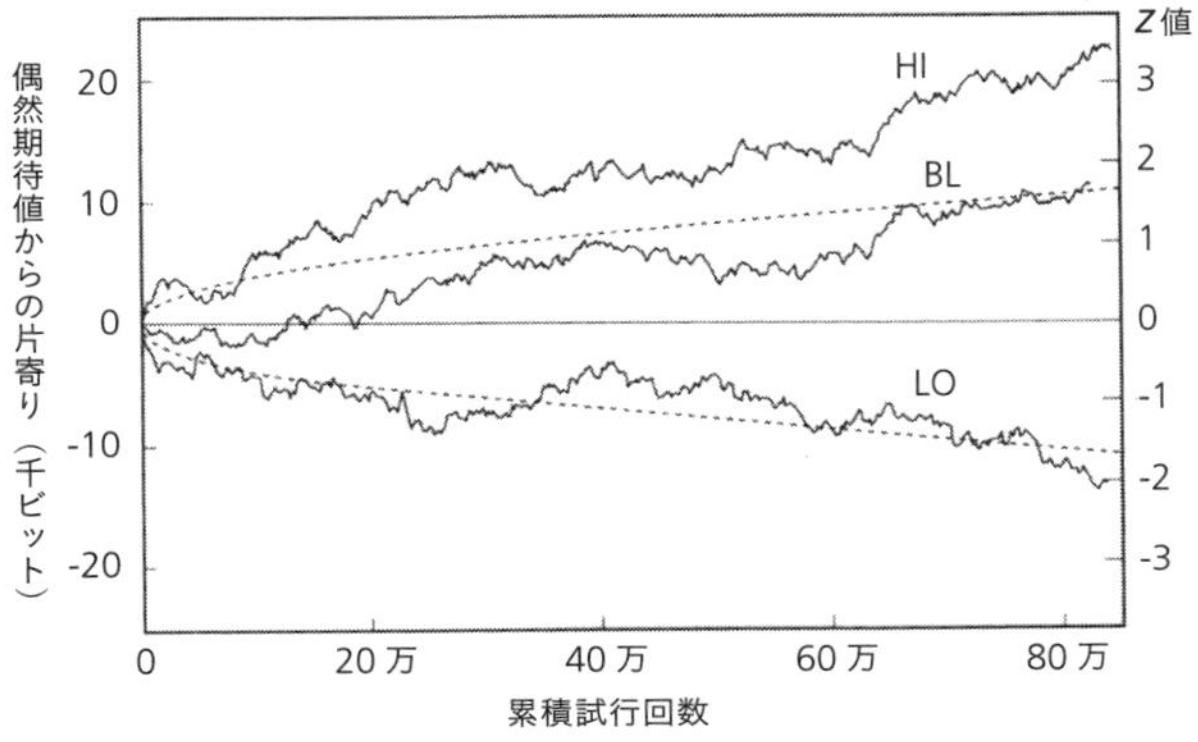

図9.3　プリンストン大学の乱数発生器PK実験
［図は、ラディン『量子の宇宙でからみあう心たち』（徳間書店）より］

したことになる。[*11] これは、研究者と実験設備の数から考えれば現実離れした数字である。

またラディンとネルソンは、懐疑論者が指摘するような実験上の欠陥を一六か所あげ、実験がもつ欠陥の数と実験結果の有意性との相関を調べたが、無相関だということがわかった。懐疑論者は、実験上の欠陥が存在するから有意な結果が出ているのだと批判しがちだが、そのような欠陥を取り除いた最近の実験でも同じように有意な結果が得られており、過去の実験であっても、欠陥があるからといって、より有意な結果になっているわけではないということが示された。[*12]

乱数発生器実験の肯定的効果が、念力（ＰＫ）によるものか予知（ＥＳＰ）によるものかは、シュミットが識別を試みたが不完全であり、今日に至るまで論議が続いている。エドウィン・メイは、乱数発生器の出力をＰＫで操作できるというのは、その出力が出ることを予知して、うまいタイミングでボタンを押しているのにちがいないとし、「決定拡張理論」[†]を主張する。[*13]
この理論を受け入れると、ミクロPKとは人間の意思決定時に働く情報論的な性質をもつ（時間や空間を超えて情報が人間にもたらされる）能力となる。マクロPKが実証されていないことから、メイは、自然界にはESP以外の物理的な超心理現象（心が物に直接影響を与えて変化させる現象）は存在しないという主張を展開している。
乱数発生器の実験を工夫すると、PKか予知かをある程度、実験的に区別できる。乱数発生器で生成される乱数系列のうち、実験の対象となる乱数の長さ（桁数）を次々と変動させて、被験者に能力を働かせるのである。たとえば、0または1の出力の乱数発生器に対して、ある長さにわたって連続して1が出るように念じながらボタンを押させるとしよう。
もしPKが働いていると仮定すると、乱数の一文字ごとに1が出るようにPKが働くと考えられる。一方、予知仮説に従うと、念じても乱数系列は変化しないとされる。被験者が、1が続いて発生するタイミングを予知で見はからってボタンを押している、と想定されるのだ。したがって、乱数系列の実際の偏りを見れば、PKを予知から分離できるはずである。たとえば「1が一〇回連続して出ること」をターゲットとする場合、予知でボタンを押すのであれば、その状態が偶然起きるまで待たねばならないが、PKであれば、0を1に念力で変えることで「一〇回連続の1」を作り出せるはずだ。すなわち、PKならば予知よりも、実験の対象となる乱数の長さが長いほど検出される可能性があがるわけだ。

メイは、この比較実験を行なったところ、データはかなりバラついたが、ＰＫよりも予知、すなわち「決定拡張理論」を支持する結果が得られたと主張している。ところが、プリンストン大学でのデータを分析したＹ・Ｈ・ドビンズらは、逆にＰＫを支持する結果を得ている。[*14] メイの支援を受けたブロートンの実験では、再度「決定拡張理論」を支持する結果が得られた。[*15] この差異は、一部、実験者が自分の仮説に適合した結果を得ているので、実験者効果[†]のひとつとして考えることもできる。この議論にはひき続き検証実験が期待されている。

■ 地球意識プロジェクト

プリンストン大学のプロジェクトでは、乱数発生器を連続的に動作させ、それにＰＫを働かせる実験を繰り返していた。乱数発生器実験の記録のなかには、被験者がＰＫの発揮を特段強く意識せずとも、一定の乱数の偏りが見られる場合がある。パーマーとクレイマーの実験では、被験者に、乱数発生器に対して二分半ＰＫをかけさせ、続く二分半休憩させていた。被験者は、その休憩時間も乱数発生を記録していたことは知らなかったのにもかかわらず、休憩時間の乱数発生器出力のほうに大きな偏りが現れた。[*16]

こうした被験者が念じたＰＫの作用が念じた後も続く効果を、「遅延効果」という。懐疑論の観点からは、偶然の変化をあとづけで肯定的に解釈していると批判されるが、超心理学の他の知見と合わせると示唆的な現象といえる。つまり、緊張を強いられる実験状況よりも、リラックスできる休憩状況で効果が大きく、意識的な意図よりも、無意識的な願望が重要な条件だとすれば、遅延効果がある理由もそれなりに納得できる。

もともとベル研究所の技術者であったディーン・ラディンは、乱数発生器への無意識的影響に注目し、フィールド乱数発生実験を行なった。人々が集まって瞑想を実践するワークショップの場《フィールド》に、乱数発生器つきのパソコンをもち込んで、自動記録させたのである。人々が無意識のうちに乱数発生器に影響を与えるのではないかという仮説を立てたのだ。結果は、ワークショップ開催中に大きな偏りが得られ、終了後には消失した。偶然比にして一〇〇〇分の一であった。[*17]

彼はさらに、ラスベガスのコメディショーに乱数発生器をもち込んだり、テレビでアカデミー賞の授与式やスーパーボールが放映されているときに乱数測定を行なったりしたところ、総じて人々が大勢で陽気に騒いでいるときに、発生する乱数系列の偏りが大きくなるという結果を得た。[*18]

しかしラディンの実験では、乱数発生器に偏りを与える動機が、周囲の人々にはない。その場の誰にも知らせていないので、誰かが念じているわけではない。乱数発生器が偏ったことにメリットを感じるのは、唯一、実験者のラディンである。そのため、ラディンによるPK、つまり実験者効果ではないかと推測している超心理学者も多い。

なにかイベントがあると、そこのフィールド乱数に偏りが生じるのなら、それを地球規模で行なったらどうであろうか。地球規模で常時自動測定したならば、特定の実験者の実験者効果とは言えないだろう。そうした発想でラディンらがはじめたのが、地球意識プロジェクト（Global Consciousness Project）だ。

地球意識プロジェクトは、世界各地に乱数発生器を設置して乱数を記録し、その偏りと地球規模の出来事との対応関係を見ようというものであり、プロジェクトリーダーは、プリンストン大学工学部教授のロジャー・ネルソンである（現在、大学は退官している）。乱数発生器を設置した場所では、パソコンで毎秒二〇〇ビットの乱数系列を記録し、インターネットを経由して、自動的にプリンストンのサーバーへデータを送付する。プロジェクトではサーバーに収集されたデータを自動公開しており、誰でも解析できるようになっている。[*19]

地球意識プロジェクトが本格的にスタートしたのは一九九九年であり、以来、乱数発生器の設置場所も次第に全世界に広がって、いまや一〇〇か所以上になっている。これまでも、オリンピックや事件・事故などの世界的なイベントがあると、たびたび乱数が偏るという観測結果が報告されている。

なかでも二〇〇一年九月一一日の同時多発テロ事件の日には、極端な変動が観測された。図9・4にあるように累積変動（カイ2乗値の期待値からの偏差の総計）が九五％の範囲を越えている（巻末付録「統計分析の基礎」参照）。この日のデータはきわめて特異的であり、全乱数発生器の変動の同期が二〇〇一年中でもっとも高かった。

二〇一一年三月一一日に起きた東日本大震災のときにも、図9・5のように累積変動の上昇傾向を見せた。ただ、右に広がった放物線の内側に偶然でも九五％の確率で入るので、特別に意味のあ

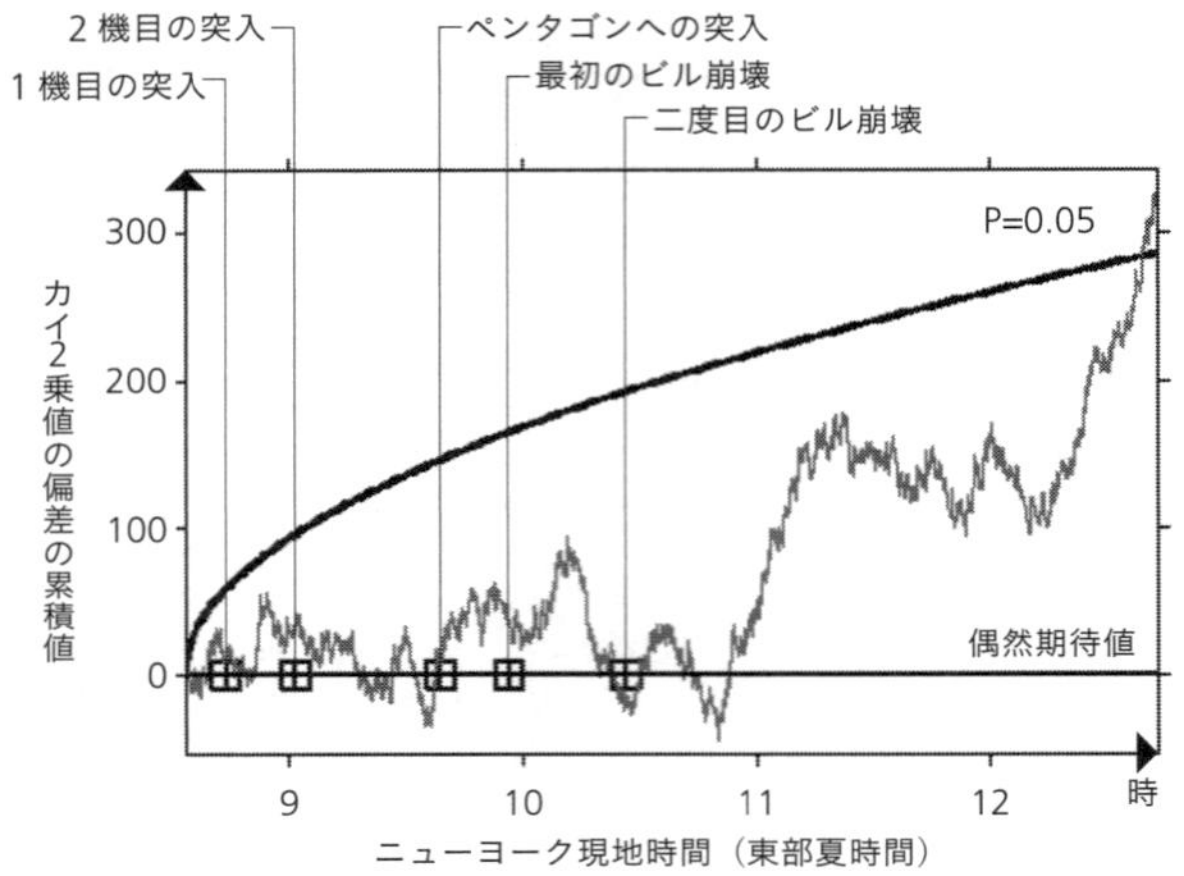

図 9.4　9.11 テロにおける全乱数発生器の累積変動

りそうな結果とまでは言えない。しかし、このような世界的なイベント[20]がこれまで四〇八個分析されており（二〇一二年七月現在）、個々には累積変動が低下している事例もあるが、すべてを総計したところ図9・6のように、偶然（水平ライン）から大きく乖離して上昇している（偶然比で一〇の一一乗分の一以下になっている[21]）。

乱数発生器の偏りの同調は、重大イベントの発生時から平均して三〇分から一時間遅れて起きはじめ、通常二、三時間ほど継続する。乱数発生器の地球上の距離が離れると、この同調はわずかながら低下する。また、同調の大きさは、多くの人間の心理的な同調条件とよく合致している。たとえば、人間が重要と思うイベント、深い同情を誘うイベントでは大きい。逆に恐怖を高めるイベントでは、心理的な同調よりも分離を招くためか小さい[22]。

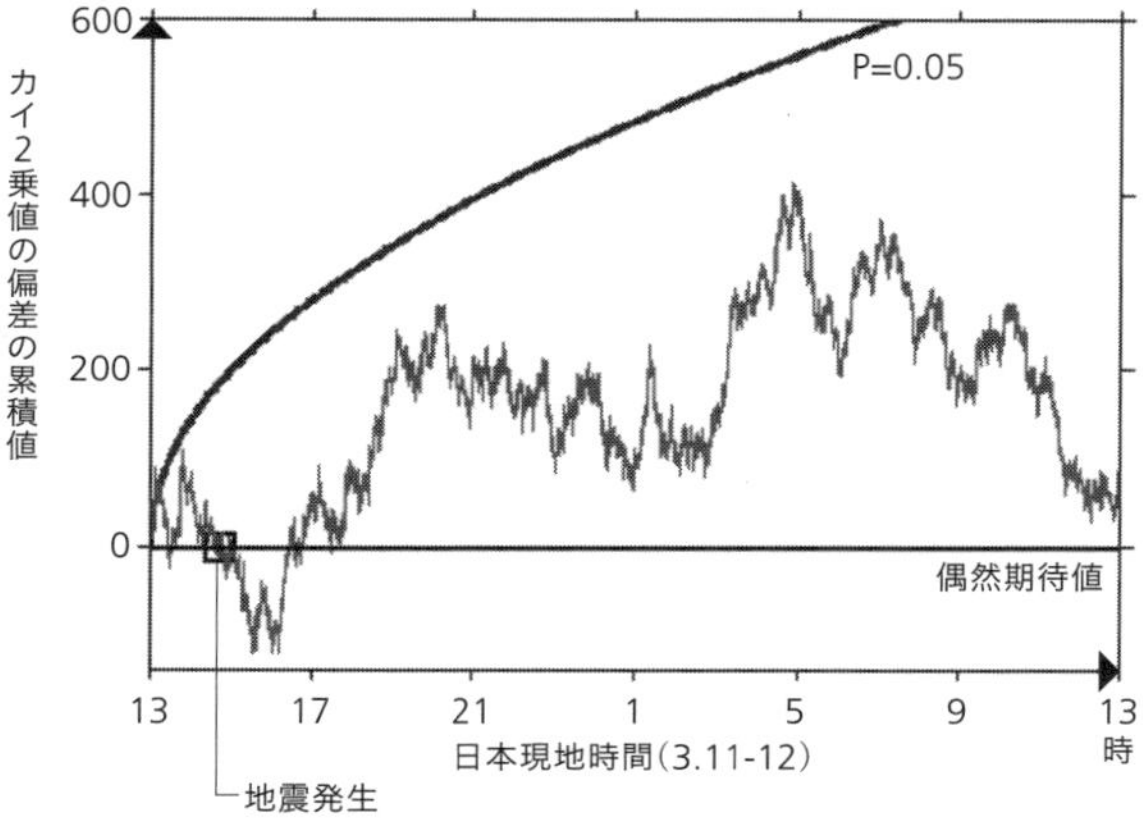

図 9.5　3.11 東日本大震災における全乱数発生器の累積変動

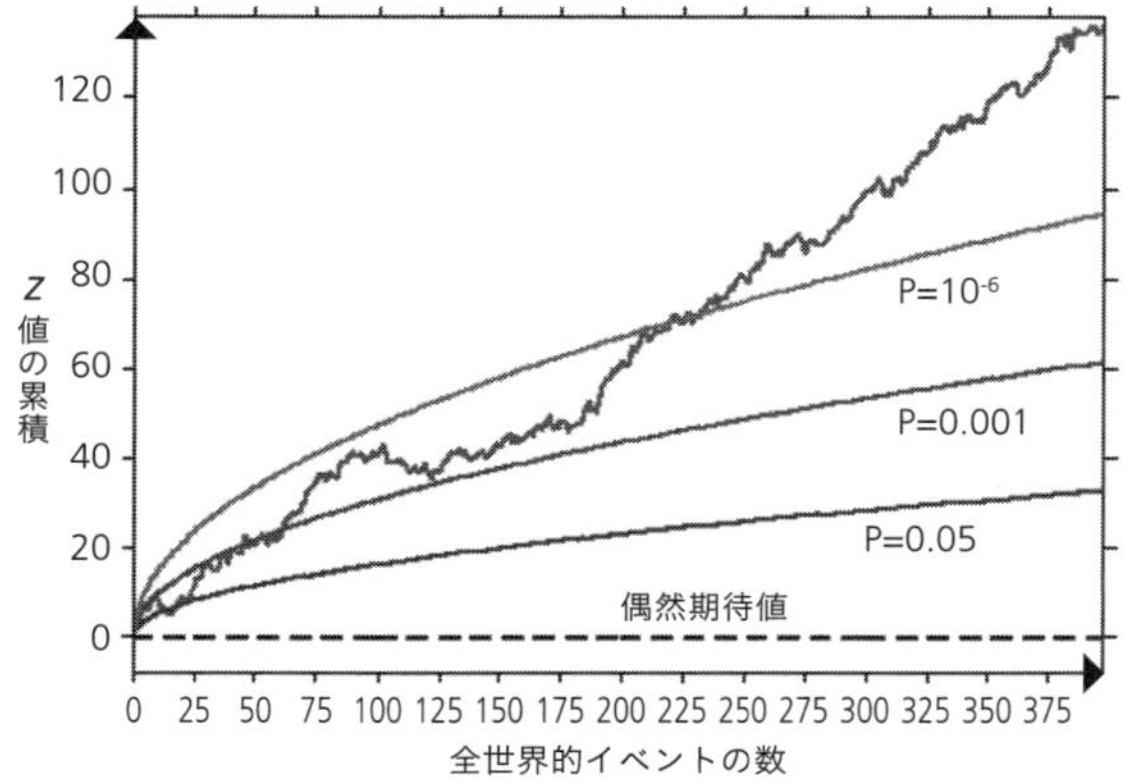

図 9.6　全世界的イベントにわたった乱数変動の累積

乱数発生器の地球規模の同調がどのようなメカニズムで起きるかについては、これまでのところ具体的な仮説は立てられていない。ただし、エドウィン・メイの分析では、乱数発生器が多くなっても偏り検出率があがらないことから、乱数自体に働く単純なPKではなく、むしろ時間的な同調現象と考えられる。[*23] 乱数のランダムな変化のうち、偏りが大きい部分が、人々の心理が高揚する時間帯に同期するという仮説だ。

地球意識プロジェクトのように大勢がかかわっている場合は、人類全体の心理的な効果を示しているのだろうか。詩的な表現を好む人は、「地球の息吹《ガイア》」が地球規模の同調として現われるのだと言う。[*24] いずれにしても、地球意識プロジェクトがとらえた現象は、本章後半や次章における議論の基盤となっている。

■ 下降効果のとらえにくさ

私は一〇年ほど前にネルソンの依頼を受けて、明治大学に地球意識プロジェクトの拠点をおいたが、そこがながらく日本では唯一の拠点となっていた（現在では清水武の尽力で三か所に増えている）。また、ラディンが行なったように、フィールド乱数発生実験もたびたび行なっている。

同僚の人類学者蛭川立がねぶた祭りやブラジルの宗教儀礼で収集したデータ、[*25] 私自身で東京ドームの野球試合で収集したデータ、[*26] 他の未発表データでも、たびたび「下降効果」が得られている。「下降効果」とは、実験期間の最初のほうでは肯定的なデータが得られ、後半では否定的なデータが得られる現象である。後半の否定的なデータは、たんに偶然期待値だけではなく、前半の肯定的なデータを相殺するほどの悪いデータとなることもある。

本章冒頭の謝恩会でのデモンストレーションも、二番目に集まったグループでは、最初のグループのときほど笑い顔効果が出ず、三番目、四番目とどんどん効果が不明瞭になった。結局、謝恩会の前半のみで、笑い顔が多いという結果が得られた（もちろん、これは一日だけのデータであるから単なる偶然かもしれない）。

こうした「下降効果」は、懐疑論的には「お蔵入り効果」のひとつと解釈されがちだ。つまり、超心理実験を行なったときに、たんなる偶然変動で実験が「前半がよく後半が悪い」ということもあるし、逆に「前半が悪く後半がよい」ということもあるだろう。しかし批判側の人々は、この「前半が悪く後半がよい」という場合は、後半をよく確かめることもなく早々に失敗実験として「お蔵入り」としてしまうから、「前半がよく後半が悪い」という場合だけが比率的に多く発表されているだけなのだろうと解釈する。

しかし超心理学分野では、「お蔵入り」を排除した管理実験でも多くの「下降効果」が検出されており、超心理現象の重要な性質と考えられている。[*27] いまでは、「下降効果」の原因は、実験の繰り返しで被験者（ときには実験者自身）が「退屈する」ためと考えられている。第7章で明らかになった「動機づけ」の影響だ。

さらに「前半のよい得点を相殺するほど後半の得点が悪い」という事態には、「保有抵抗」が影響していることも指摘できる。実験の繰り返しのうちに被験者（ときには実験者自身）が高得点の感触を得て、超心理現象が現れることに恐怖を感じて心理的に動揺し、それを否定するような結果をひき起こすことを指す。

ケネス・バチェルダーは、長らく「会席者グループ」の研究を続けていた。会席者グループとは、複数の参加者を部屋に集め、交霊会に似た状況設定でマクロPK現象が起きるよう促すものである。その過程で、マクロPK現象が参加者に混乱を与え、さまざまな心理的防衛反応を引き出すこと、またそれによって、さらなるPK現象が起きにくくなることを見出した。

一九七〇年ころ彼は、その超能力に対する防衛反応に、「保有抵抗」と「目撃抑制」があると指摘した。[*28] 前者は、自分が超能力をもつこと、あるいはもっていることが知られることへの心理的抵抗であり、後者は、超心理現象を目撃したという経験を否定しようとする傾向、あるいは目撃しないようにする傾向である。どちらも、未知のものや制御できないものへの恐怖に起因するという。

この理論によれば、超心理現象はこうした恐怖を最小化することで現われやすくなる。たとえば、超能力を発揮したり、目撃したりしても重大なことではないという、気楽な雰囲気を部屋のなかに形成するとよい。これはすでに第7章で述べたとおりである。

チャールズ・タートは、周囲の人間の考えていることや感じていることが分かるというESPを保有した状況、あるいは、手を使わずに周囲にあるものを自由に動かせるというPKを保有した状況を想像させると、被験者が多くの恐怖と、保有抵抗とを報告することを確認した。超心理学者でさえも、こうした潜在的恐怖に気づかずにいるという。[*29]

仮に超能力の無制限な発揮が現実の社会で横行すれば、自他の認識は打ち砕かれ、自分と他者という社会制度上の基盤は失われる。自分の思いどおりに他人の手が動く事態(あるいはその逆)を想像されたい。そうした事態に対する恐怖は、死に対する恐怖に近いものがあるのかもしれない。その結果、超能力は存在しないものとして、あるいは特殊な場面にしか起きないかたちに抑制されてしまう。長年超心理実験を続けてきたタートは、超心理学に携わる者はそうした恐怖を克服せねばならず、まず恐怖があることを是認し、その否定的側面を受け容れ、人格的成長を遂げるなかで恐怖に対処可能となることが理想である、と強調する。

■ 超心理現象の情報システム理論

下降効果の原因説明は、懐疑論の視点からは場当たり的な説明に感じられやすいが、こうした「心理面」が体系的に超心理実験の結果に影響している実態は否めない。

ただ、「心理面」といっても、「誰の心理面」だろうか。被験者だけでなく実験者を含むのであれば、複数の人間だ。フィールド乱数発生器実験では、その現場に居合わせた全ての人々となる。私が清水武と行なった研究では、映画館や野球場での徹底したフィールド乱数発生器実験で、観衆の人数と乱数の偏りに相関が得られている。[*30] さらに地球意識プロジェクトに至っては、大勢の実験者たち、ひいては地球全体の人類の集合的無意識を議論しているわけである。

そこまで考えると、「超心理現象をおそれた人類が、超心理実験を失敗に導く」という解釈は、「超心理現象が人間社会にあらわになるときに、現象自体がそれを拒絶する」と言い換えることもできる。[*31] 超心理現象には、人間の心理面という多様な要因が影響するがゆえに、「とらえにくさ」という本質的な性質があるのだ。

ドイツの物理学者で心理学者でもあるヴァルター・フォン・ルカドウは、心理面と物理面を情報理論で統合し、一貫した情報システムとして超心理現象の「とらえにくさ」を説明する方法を考案した。[*32] 彼は、実験装置と、被験者や実験者などの実験にかかわる人々をひとまとまりの「システム」ととらえ、その「システム」に流入する情報と、超心理現象の発生傾向との関連性をみつけるアプローチを取った。

ルカドウが超心理現象の説明に使えると着目したのは、ヴァイツザッカーの「実用的情報」である。実用的情報とは、確認性と新奇性との積によって表わされる。情報は理解されねばならない（確認性）し、行動の変化を引き起こさねばならない（新奇性）という、両方の性質を同時に含む必要があることを示している。未知の外国語の情報がきても、わからないので情報量はゼロ（確認性がゼロ）だし、すでに知っている情報がきても意味がないので情報量はゼロ（新奇性がゼロ）である。

ルカドウの仮説によると、「システムに実用的情報が加わるときに超心理現象が起きる」という。

これによって、下降効果が説明できる。つまり、被験者が新たな超心理実験を経験するときに、その被験者を含むシステムに、実用的情報が加わる。すると超心理現象が発生しうるが、何度も繰り返しているうちに、実用的情報が加わらなくなり、現象は現われにくくなるのだ。ジョークが最初だけおもしろく感じるのも、同様の実用的情報の流入によって説明される。

私たちが提案した「感情エージェント」は、これまで意味付けがはっきりしていなかった乱数のデータの偏りや、複数の乱数データ系列にわたる同調を、感情表明のちがいに対応付けた。それによって、人々のコミュニケーションの輪のなかに乱数発生器をもった機械を意味づけ、情報論的なシステムとして挙動させようとしたのである。ルカドウの仮説が正しければ、なんらかの超心理現象が期待できると予想したからだ。

超心理実験の実験者効果も、次のように説明される。実験というひとつのシステムに実験者が加わることで、大きな実用的情報がもたらされるので、その影響で超心理現象が起きやすくなる。超心理現象は、実用的情報をもっている人間のところで起きる傾向があると言える。端的に言えば、信頼性のある確実で安定したシステムでは（すなわちシステムが既知になってしまうと）超心理現象は起きにくく、新しい挑戦をする自律的なシステムだと、超心理現象が起きやすくなる。

前章末で述べた、新奇性追求尺度によって超心理的な能力発揮を予測できる事実も、この理論と整合的である。新奇性を追求する人間のシステムのほうが、実用的情報が流入することで超心理現象が発生しやすいということだ。

これを科学的発見に当てはめると興味深い。人類が創造的発見をするときは過去に例のないことが試行錯誤されるので、システムに実用的情報が流入する。すなわち超心理現象が起きる条件が整うわけだ。ルカドウの理論によれば、創造的発見とは、超心理現象としてとらえられる可能性が出てくる。一方で、創造的な発見がなされたあとは、新たな実用的情報が流入することがない。そのため、超心理現象が起きにくくなる。むしろ、超心理現象を封印することによって、科学的法則が安定して成立するとも言える。

これまで科学の発展は、人類に対して実用的情報を次々にもたらし、世界の安定的側面を明るみに出してきた。そちらに注目が向くに従って、世界の発見的側面は、ますます「とらえにくく」なっているのではなかろうか。発見的側面の科学が封印されぬよう、社会的な配慮が必要だろう。

ＰＫ実験への応用からはじまった乱数発生器について、今日では、人々の感情が高揚する場の探知、そして地球全体にわたる人類の集合的心理状態の検知に使える可能性が見えてきている。もはやＰＫというより、人々の集合的なＥＳＰのあらわれのように思われる。「感情エージェント」も、乱数発生器をもった機械的システムに感情表明の役割を与えることによって、そうしたＥＳＰのあらわれを狙ったものである。その背後を探るには、システムに流入する情報に応じて物理的な挙動が変化するというルカドウの仮説のように、特異的な理論が必要なのかもしれない。次章では、こうした知見をもとに、誰かが超能力を発揮するという伝統的な見方よりも、ある社会的な状況が超心理現象の出現をうながすという考え方を掘り下げていく。

◆注◆

＊1　清水と石川の「感情エージェント」の構想は、以下で発表した。Shimizu, T., and Ishikawa, M., An Empathic Agent System Based on Field Consciousness, *Proceedings of 53rd PA Convention*, 2010.　その後、音楽家の渡辺宙明の協力を得て「音楽再生時のＲＮＧ出力及び顔表示システムとの関連——共感的感情説の検討」と題して、『超心理学研究』（二〇一一年）の四－一一頁に研究を発表している。現在のところ、残念ながら安定した結果は得られていない。

＊2　夏期研修会のリチャード・ブロートンの講演より。

＊3　Schmidt, H., Precognition of a Quantum Process, *Journal of Parapsychology*, Vol.33, pp.99-108, 1969.

＊4　Schmidt, H., A PK Test with Electronic Equipment, *Journal of Parapsychology*, Vol.34, pp.175-181, 1970.

＊5　Schmidt, H., and Pantas, L., Psi Tests with Internally Different Machines, *Journal of Parapsychology*, Vol.36, pp.222-232, 1972.

＊6　Schmidt, H., PK Tests with a High-Speed Random Number Generator, *Journal of Parapsychology*, Vol.37, pp.105-118, 1973.

＊7　Schmidt, H., Comparison of PK Action on Two Different Random Number Generators, *Journal of Parapsychology*, Vol.38, pp.47-55, 1974.
このあとシュミットは、いったん用紙に印字した乱数に対するＰＫ実験にも成功し、以下の論文に報告している。

Schmidt, H., PK Effect on Pre-Recorded Targets, *Journal of American Society for Psychical Research*, Vol.70, pp.267-291, 1976.

＊8　ロバート・ジャン、ブレンダ・ダン（共著）『実在の境界領域――物質界における意識の役割』（石井礼子訳、技術出版、一九九二年）で詳しく議論されている。

＊9　ただし、一般人にまじって特異的に高い結果を出す被験者が含まれている。これは実験者のダン自身ではないかと、懐疑論者のロバート・アーリックによる『怪しい科学の見抜きかた――嘘か本当か気になって仕方ない8つの仮説』（垂水雄二、坂本芳久訳、草思社、二〇〇七年）の第五章で指摘されている。

＊10　ラディンとネルソンのメタ分析論文は基礎物理学分野の論文誌に掲載された。

Radin, D. I., and Nelson, R. D., Evidence for Consciousness-Related Anomalies in Random Physical Systems, *Foundations of Physics*, Vol.19, pp.1499-1514, 1989.

＊11　二一五の成功報告に対して、それとちょうど偶然平均を中心に対称的な、二一五の失敗報告が隠されていれば、効果が相殺するように思う読者がいるかもしれない。そうした読者は、五二四〇のお蔵入り推定値は大きすぎるように思うだろう。たしかに、二一五の失敗報告が隠されていれば平均値は偶然水準になるが、分散値（付録「統計分析の基礎」で説明するZ^2値に相当）はまだ偶然水準にならない。二一五の失敗報告を埋め合わせただけでは、第7章のヒツジ・ヤギ効果と同様の、大きい分散値をもつ異常な偏りが依然として残る。分散値を偶然水準にするのに五二四〇が必要ということである。

＊12　以下のＷＥＢサイトに、この欠陥との関連の報告が公開されている。

http://www.boundaryinstitute.org/articles/rngma.pdf

＊13　May, E. C., Utts, J. M., and Spottiswoode, S. J., Decision Augmentation Theory: Towards a Model of

Anomalous Mental Phenomena, *Journal of Parapsychology*, Vol.59, pp.195-211, 1995.

*14 Dobyns, T. H., and Nelson, R. D., Empirical Evidence against Decision Augmentation Theory, *Journal of Scientific Exploration*, Vol.12, pp.231-257, 1998.

*15 ブロートンの実験は彼からの私信である。

*16 Palmer, J., and Kramer, W., Internal State and Temporal Factors in Psychokinesis, *Journal of Parapsychology*, Vol.48, pp.1-25, 1984.

*17 Radin, D., and Yount, G., Possible Effects of Healing Intention on Cell Cultures and Truly Random Events, *Journal of Alternative and Complementary Medicine*, Vol.10, pp.103-112, 2004.
この論文のラディンらの瞑想の場における乱数発生実験は、培養細胞の増減と比較したうえ、実験全体を企画したラディンが出張で不在のまま成功した「トリプル・ブラインド」実験（被験者も実験者も実験企画者も、実験進行の全貌がわからないまま行なう比較対照実験）であった。

*18 前掲『量子の宇宙でからみあう心たち』第一一章。

*19 地球意識プロジェクトのホームページにすべての情報が公開されており、多くの人の参加が求められている。図9・4〜9・6もこのホームページにある。
http://noosphere.princeton.edu/

*20 なにが世界的なイベントかは議論があるが、分析されたイベントについては偏りが検出されたか否かにかかわらず、すべて統計に参入されている。前掲『量子の宇宙でからみあう心たち』の第一一章では、投票によって決定された「注目ニュース」の発生時間帯における乱数の偏りが、その投票数と有意（$p=0.001$）に正相関することが報告されている。

*21 イベント時間帯の長期的な累積の偏りに関しては乱数発生器の故障などではない。というのは、比較対照分析では、しっかり統計的な期待値になっているからである。その点については、以

下の論文を参照されたい。
Nelson, R., and Bancel, P., Effects of Mass Consciousness: Changes on Random Data during Global Events, *Explore: The Journal of Science and Healing*, Vol.7, No.6, pp.373-383, 2011.

＊22 Nelson, R., Global Consciousness: Fact or Fancy？ *Proceedings of 54th PA Convention*, p.18, 2011.

＊23 メイらの決定拡張理論をＧＣＰデータに適用した論文は以下。
May, E., Global Consciousness Project: Identifying the Source of Psi, *Journal of Scientific Exploration*, Vol.25, pp.663-682, 2011.

＊24 地球意識プロジェクトのデータ収集拠点は、ガイア仮説にちなんでＥＧＧ（Electro-Gaia-gram）と呼ばれている。

＊25 Hirukawa, T., and Ishikawa, M., Anomalous Fluctuation of RNG Data in Nebuta: Summer Festival in Northeast Japan, *Proceedings of 47th PA Convention*, pp.389-397, 2004.
Hirukawa,T., Hiraoka, R., da Silva, F., Pilato, S., and Kokubo, H., Field REG Experiments of Religious Rituals and Other Group Events in Paraná, Brazil, *Proceedings of 3rd Psi Meeting: Implications and Apprications of Psi* (Curitiba, Brasil), pp.17-26, 2006.

＊26 石川幹人「スポーツ競技場でのＲＮＧ測定と分析」『超心理学研究』（第九号、二〇〇四年）四〇－四六頁。

＊27 たとえばシュタインカンプの前掲（第7章＊16）論文では、ＥＳＰカード実験での得点低下（Long runs inhibitory）として、具体的に分析されている。

＊28 バチェルダーの議論も含めて、「とらえにくさ」について徹底してまとめられた『超常現象のとらえにくさ』（笠原敏雄編著訳、春秋社、一九九三年）は、超心理現象のこの特異性を考究する目的にたいへん有用である。

*29 チャールズ・タートの保有抵抗の質問紙実験については、意識科学国際会議における彼の講演「Parapsychology: State of the Art and Implications for Consciousness Studies.（Tucson, 2002）」において直接聞いた。前掲『超常現象のとらえにくさ』の第一五章にもタートの議論がある。

*30 上映時の映画館における乱数発生器実験は、以下に報告がある。
Shimizu, T., and Ishikawa, M., Field RNG Data Analysis Based on Viewing the Movie Departures (Okuribito), *Journal of Scientific Exploration*, Vol.24, pp.637-654, 2010.
また、野球試合における年間にわたった乱数発生器実験については、以下の論文を同論文誌に投稿し、掲載待ちの段階である。
Shimizu, T., and Ishikawa, M., Audience Size Effects in Field RNG Experiments: The Case of Japanese Professional Baseball Games.

*31 一九七八年、ジョン・ランドールは、ＰＫの被験者にカメラを向けたり、電子機器で測定したりしていると現象が出にくいことを指摘し、「超心理現象の逃避性」と表現した。また測定機器や記録装置が停止しているときにかぎって、ＰＫ現象が現われる傾向もある。ランドールは、人間の恐怖によって超心理現象が抑圧されたというよりも、超心理現象自体が能動的に逃げるのだ、と比喩的に語る（前掲『超常現象のとらえにくさ』第一八章参照）。また、人類学者のマクレノンも、*Wondrous Events: Foundations of Religious Belief*, University of Pennsylvania University, 1994. で、超心理現象を「隠れる現象」と呼んでいる。これらを総じて「隠蔽効果」と呼ぶこともある。

*32 ルカドウの初期の着想はドイツ語の論文にあるが、最初の英語の論文は一九八三年に発表され、『超常現象のとらえにくさ』第三〇章に邦訳が収録されている。より包括的な論文は以下。
von Lucadou, W., The Model of Pragmatic Information (MPI), *European Journal of Parapsychology*, Vol.11, pp.58-75, 1995.

なお、同邦訳では、「実用的情報（Pragmatic Information）」を、言語学の翻訳語に従って「語用論的情報」としているので注意されたい。また、ヴァイツザッカーの実用的情報の論文はドイツ語で発表されている。

第10章 霊魂仮説について考える

心霊研究ではかつて、霊魂の存在をもとに心霊現象の究明を目指していた。心霊研究を起源にもつ超心理学は、心霊現象とされた諸現象のなかでも、体脱体験、臨死体験、生まれ変わり、ポルターガイストなどを研究対象としている。しかし究明を続けるに従って、それらの現象も、従来の科学で説明できる通常現象と解釈されたり、霊魂にはよらない超心理現象と解釈されたりするようになっている。批判者の一部は、超心理学を霊魂の研究と同一視して封印の対象とするが、それは誤解である。

二〇〇八年の春、私は大学の市民講座「明治大学リバティアカデミー」の特別企画講座「超能力の世界〜解明はどこまで進んでいるか」を開催した。同僚の人類学者蛭川立と、国際総合研究機構研究部長の超心理学者小久保秀之、TBSのプロデューサーとして超能力関係の番組を制作してきた本間修二にも講師を依頼し、次のような連続講座を五週にわたって実施した。

❶ 現代の超心理学研究（石川）
❷ シャーマニズムと超心理学（蛭川）
❸ 超能力・マスメディア・科学界（本間）
❹ 気と気功の人体科学的研究（小久保）
❺ 超能力現象の性質と懐疑論（石川）

公開文化講座とちがって参加費用がかかるので、大勢の参加は望めないが、五〇名定員のところ四二名の参加があった。しかし、参加者の多様さには目を見張った。はるばる関西から参加した意欲満々の方、ちょっと斜に構えた方と、いろいろだ。高校生からシニアまで、年齢も性別も多様であった。なんと大学教員の方も一人加わっておられた。

■ 霊魂という万能仮説

五回の連続講座を終えた私は、受講生である中年女性に詰め寄られた。

「なんで霊魂ではダメなんですか？」

「先生の言われることはみんな霊魂で説明できます。難しいことは必要ありません」

明らかに不満そうだ。私は、講座運営の問題点をあらためて痛感した。講座参加者が求めること、講座が提供できることが、大きくくいちがっているのだ。


多様な方々の興味にこたえるのは至難の業だ。ガンツフェルトのメタ分析のくだりでは、高校生は天井をあおいでいた。統計学の手法になじみがないと、すぐに理解するのは難しい。しかし、超心理学の成果を知ってもらうには、この話（第3章）は欠くことができない。また、心理的要因のくだりでは、動機づけや外向性、神経質傾向などが引き合いに出される。心理学を少しかじったことがないと、面喰ってしまう。かといって心理学の基礎的な説明をしていては、九〇分一回ではとても終わらない。

霊魂を主張された方に私は、「霊魂の仕業にすると、なんでも説明できてかえってダメなんです。万能な仮説は、予測力がなく科学的に役に立たないのです」と正攻法で答えた。まず霊魂とはどんなものかが判明していないので、「動機づけが高いときに超心理効果が高いという事実が判明したら、動機づけが高いと霊魂との交流が促進される」、「疑い深い人が見ているときに超心理効果が低いという事実が判明したら、霊魂は疑い深い人を嫌う」などと、あとづけで説明が作られてしまう。したがって、霊魂の仮説を立てるには、はじめに霊魂の性質を明らかにしておかねばならない。

そうした科学的アプローチの伝統[*1]を解説しても、かの受講生の表情には不満が一層増した様子が見える。「霊魂の性質は明らかだ」と言いたげであった。たしかに「心霊主義」の考え方では、人間の人格が死後も「霊魂」として存続すると考えられるが、超心理現象の説明には、霊魂を必ずしも必要としない。

超心理現象を霊魂で説明する意義が認められるためには、霊魂や幽霊が物の世界といかにかかわるかが明示されることがとくに重要だ。遠隔視を「幽霊が見てきた」で説明するには、幽霊が「見る」とはどういうことかが語られてないと意味がない。封筒に入った写真を透視するのも、幽霊が「見る」とすると、幽霊は、なには「見えない」のだろうか。なんでも見えてしまうのであれば、焦点が絞れない。そうした知覚は、私たちの「見る」とはかなり異なっていなければならない。はたして、人間が空中を浮遊するような幽霊の擬人化が成立するのか、怪しくなる。

もし念力についても、幽霊が「動かす」ことだとするならば、幽霊に腕があって物と相互作用するのだろうか。壁も通り抜ける幽霊が、なぜ念力の対象物とは相互作用できるのか。人間の身体にも霊魂が入っているなら、その霊魂は身体の腕はいつも動かしているが、なんで身体近くの物体を念力で動かすことはほとんどないのだろうか。現実的にあれこれ考えだすと疑問は尽きない。

市民講座のほうは、その二〇〇八年の秋に、春の講座の発展として「超能力の世界〜解明はどこまで進むか」を企画し、次のように開催した。

❶ 最近の超能力研究の動向（小久保）
❷ 集合的意識は存在するか（蛭川）
❸ 現場から見た超能力・解明を難しくするさまざまな要因（本間）
❹ ヒーリングはどこまで解明できるか（小久保）
❺ 超能力現象の理論化の展望（石川）

春に学んだ超心理学の現状をもとに、秋には将来展望をしてもらおうという目論見だった。参加者は三〇人以上集まったが、春の講座の受講者による連続受講は、数人にとどまった。春の講座を受講していないとすると、展望するための知識が不足してしまう。かといって、春と同じ話を再度するわけにはいかない。講演者たちは、それぞれ苦労した。

二〇〇八年秋の講座を終えた私は、二〇〇九年春の講座について、参加者の興味の多様性を絞り運営を円滑にするため、霊魂を連想しかねない「超能力」という言葉の使用を控えた。さらに学術的色彩を強め、「未知能力を探る――不思議現象への研究アプローチ」という講座を、次のように企画した。

❶ 不思議現象の否定的研究（石川）
❷ 不思議現象のフィールド研究（蛭川）
❸ 不思議現象の映像制作（本間）
❹ 未知能力の生理測定研究（小久保）
❺ まとめと議論（石川）

さらに、受講者の参加意識を高めるため、定員も三〇名に限定して、質疑応答や参加者同士の議論も多く取り入れようと構想した。ところが申込者は九名にとどまり、運営上の規則「開講には最低一〇名の申込者が必要」に抵触して、自動的に閉講になってしまった。

その後、市民講座は企画していない。私は、超心理学を一般の人々に広報することの難しさをあらためて実感した。

■ 懐疑論者が一目おく超心理現象

第3章で懐疑論について詳しく論じたが、ここで、「健全な懐疑論はこうあるべし」と言える本から、霊魂仮説に関する議論につなげていきたい。天文学者のカール・セーガンが書いた、『カール・セーガン科学と悪霊を語る』（青木薫訳、新潮社、一九九七年）である。セーガンは、サイコップの主要メンバーとして長年、懐疑論の活動も行なってきた。この本は最後の著書で、事実上の遺稿である。その第一七章「懐疑する精神と驚嘆する感性との結婚」に次の記述がある。

たしかに懐疑主義者はときどき高飛車になって、人を見下したような態度をとることがある。そういうケースは私も見聞きしているし、それどころか、今にして思えば我ながら愕然とするのだが、私自身ずいぶん不愉快な口のきき方をしたこともある。この問題は、どちらの側から見ても、人間の未熟さがほの見えてくるのだ。科学的懐疑は、たとえどんなに慎重に行使されたとしても、傲慢で押しつけがましく、思いやりを欠いて、他人の感情や深い信念に対して無神経な印象を与えることがある。それに、これはぜひとも言っておかなくてはならないのだが、科学者や熱心な懐疑主義者のなかには、この道具を磨き上げずに、なまくらのまま使う連中がいるのだ。その結果、ともすれば「はじめに懐疑的な結論ありき」ということになる。証拠を調べたあとではなく、はじめから問題に取り合わないのだ。人は誰だって、自分の信念を大切にしている。そうした信念は、何の説明もいらないものとしてそこに存在しているのだ。その信念体系に対して、土台があやしいなどと疑問を投げかけるような人物（あるいはソクラテスのように、人を戸惑わせるような質問をしたり、議論の土台にぐあいの悪い仮説が潜んでいることを暴いたりするような人物）が現れれば、ことは知の探求ではすまなくなり、人は自分が侮辱されたと感じることだろう。

懐疑論争にかかわる人々の心情を、自戒も込めて描写した「いい文章」である。さらに、同章に占いに関して行き過ぎた懐疑行動をいさめるくだりがある。少々引用部分が長くなるが、セーガンの目指す「健全な批判」がよくわかるので、じっくり読んでもらいたい。

一九七〇年代の半ばのこと、私の敬服するある天文学者が「占星術への反論」というささやかな宣言をまとめ、私にも署名してくれないかと声をかけてきた。しかし私は、彼の文章を相手に悪戦苦闘した結果、署名はできないと思うに到った。それはなにも、占星術は正しいと思ったからではなく、その宣言の調子に権威主義的なものを感じたからである（今でもそう思っている）。たとえばその宣言には、占星術のルーツは迷信に彩られていると書いてあった。しかしそれを言うなら、宗教も化学も医学も天文学も同じことだろう。この四つの分野は、思いつくままに挙げただけである。問題は、占星術のもとになった知識があやしげなものかどうかではなく、占星術が現在において有効かどうかなのだ。それにこの宣言には、占星術を信じる人たちの心理的動機についても憶測があった。たとえば、「そういう人たちは、複雑で問題に満ちた、先行きのわからない世界のなかで無力感を感じている」などと。そうした動機は、占星術が懐疑的に吟味されない理由は説明するかもしれないが、占星術が当たるかどうかにはあまり関係がないだろう。

この宣言で強調されていたのは、占星術が当たるメカニズムなど考えつかないという点だった。これはたしかに重要なポイントだが、それだけではあまり説得力がない。（……）

占星術については、説得力のある反論がいくつもあるし、いずれもほんの数行で述べることができる。たとえば占星術では、「水瓶座の時代」をもちだすときには春分点歳差を考慮するのに、星占いをするときには考慮しない。占星術は、大気による屈折作用（これによって、天体の見かけの高度が増加する）を考慮しない。重視される天体は、二世紀のプトレマイオスも知っていたような裸眼でも見えるものばかりで、それ以降に発見されたたくさんの天体は無視する（地球に近い小惑星はどうなるのだろう?）（……）一卵性双生児については占星術は当たらない。誕生の日時に関する情報が同じでも、占星術師がちがえば結果もかなりちがう。占星術と（……）心理テストに相関のあることが示されていない。

もしもこの宣言が、占星術の主要な教義について述べ、それらを論破するようなものだったなら私も署名しただろうし、そういう宣言の方がずっと説得力があっただろう。

右の議論は、占星術を低級の信念としてさげすむのではなく、科学的な問題（理論の矛盾やデータの不足など）を指摘しようとする点で、健全な議論である。さらに次のような主張がなされている。

これまでも力説してきたように、科学の核心は、一見すると矛盾するかに見える二つの姿勢のバランスを取るところにある。一つは、どれほど直感的に反する奇妙なアイディアであっても、新しいアイディアに対しては心を開くという姿勢。もう一つは、古いアイディアであれ新しいアイディアであれ、懐疑的に、かつ徹底的に吟味するという姿勢である。この二つのバランスを取ってはじめて、深い真実を、やはり深いナンセンスから選り分けることができるのだ。科学が正しい方向に歩み続けるためには、創造的な考え方と懐疑的な考え方の両方が必要なのである。（……）あなたが断固として疑うことにこだわるなら、常識を変えるような発見は理解できないだろう。あなたはそんな変革に腹を立て、理解と進歩をさまたげる側にまわってしまうかもしれない。つまり、懐疑主義だけでは不十分なのだ。

しかしそれと同時に、科学はエネルギッシュで妥協のない懐疑を求める。なぜなら、アイディアのほとんどは、実際、身も蓋もない間違いだからだ。もみがらから麦を選り分ける方法は、唯一、批判的な実験と分析だけである。だまされやすいほどに心を開き、疑う心を一ミリグラムももち合わせていないとすれば、有望なアイディアと的外れなアイディアを区別することはできないだろう。どんなアイディアや仮説でも無批判に受け入れたのでは、何も知らないのと同じことだ。（……）

懐疑する精神も不思議さに驚嘆する感性も、鍛え上げなくては使えない技術である。この二つが児童生徒の心のなかで仲良く結婚することこそ、公教育の主要な目標とされるべきだろう。そんな慶事がメディア、とりわけテレビに描き出されるところを見たいものだ。この二つを人々がうまく操ることができたら――すなわち、驚嘆する感性を大切にして、理由もなく捨て去ったりせず、あらゆる考えに心を開く一方で、証拠には厳しい水準を求めることが人々の第二の本性となったなら――どんなにすばらしいことだろう。そして証拠に求める水準は、大切に思うことだからといって甘くするのではなく、できれば拒否したいことに対するのと同じだけ厳しくしてほしいものである。

懐疑と信念を区別して考える「科学的な姿勢」を奨励すると同時に、創造性を高く評価し、科学者の進むべき道を指し示す文章である。霊魂仮説に対してどのように考えていくべきかについての、科学的アプローチへの指針も得られる。

このセーガンが、こうした議論の過程で、次の注目すべき指摘をしている。*2

これを書いている時点で、まじめに調べてみるだけの価値があると思う超能力の主張が三つある。

❶頭の中で考えるだけで、コンピュータの乱数発生機構に（かろうじて）影響をおよぼすことができる。

❷感覚をいくらか遮断された人たちが、自分に「向けられた」思考やイメージを受け取ることができる。

❸ときに幼児が前世のことを話し出すことがあり、調べてみると、生まれ変わりとしか考えられないほど詳しい記述である。

私がこの三つを取りあげたのは、それが正しいと思うからではなく（私はそうは思っていない）、真実だという「可能性がある」からだ。少なくともこの三つに対しては、いまだ疑わしいとはいえ、何らかの実験的支持が得られている。

懐疑論者の立場から、超心理学の研究を肯定的に評価している文章だ。❶は前章で議論したミクロPKの実績、❷は本書第1章のガンツフェルト実験の成果に該当しているのは言うまでもない。そして❸がこれから取りあげる「死後生存」研究のひとつ、生まれ変わりの事例調査を示している。霊魂仮説を支持する有力な事実がありそうだという報告である。

■　霊魂は肉体の死後も存続するのか

死後生存研究とは、伝統的な心霊研究の時代に、肉体を離れた霊魂の存在を示すとされた諸現象の研究であり、体脱体験、臨死体験、生まれ変わり事例などが研究対象とされている。

体脱体験とは、意識の中心が肉体の外部にあるという主観的印象を与えるような、一連の内的イメージや感覚である。体脱体験そのものは、夢と同じような「体験」なので、超常的な現象とは言えない。けれども体脱体験に、ESPなどの超心理現象が伴う場合がある。[*3]

体脱体験では、身体の感覚が変容し、宙に浮いたような感覚を伴って、自分のいる部屋の光景が視覚的に感じられる。しばしば自分自身の身体が、上から見下ろしたように下に見える。その身体から、紐《ひも》のようなものが自分のいる位置まで伸びているのが見えることもある。また、トンネルや光、新たな地平といったイメージが現われることもある。ただし、神や天使などの特定のイメージが見えるわけではない。まれに、体脱体験して移動したとされる地点で、第三者が霊姿（人間によって目撃されたり写真に撮られたりする幽霊らしき姿）を見たという報告がある。

ジョン・パーマーの六〇〇人規模の質問紙調査†では、およそ二割が体脱体験をしたと報告している。[*4] 眠っている時などの意識が希薄な状態に体験することがほとんどだが、病気やケガなどのストレスが高い時に起きることもある。体験すると、宗教心が篤くなったり、慈悲深くなったりする傾向がある。体脱体験は、催眠暗示性の高さ、統合失調傾向、明晰夢（夢を見ていると自覚した夢）を見る傾向と相関がある。

臨死体験とは、一旦死亡と判断されたのちに生還したり、きわどいところで死を免れたりした人物がもつ、一連の内的イメージや感覚である。[*5] そして臨死体験の一部に、体脱体験が現われることがよくある。臨死体験は総じて、楽しく肯定的で平穏な感覚だ。二、三割の事例では、暗闇に入ってトンネルを抜け光に近づくといった一連のイメージか、その一部を体験している。一割ほどの事例では、光のなかに入ると楽園が広がっていて、死んだ親類や神に会うという体験をしている。また、過去の体験が走馬灯のように、連続的に次々と想起されることがある。

心理学者のケネス・リングは、病院の患者二〇〇名に面談し、四八％がなんらかの臨死体験をしているという結果を得た。[*6] また全体の二七％は、多くの要素を伴った「深い臨死体験」をしていた。事故による臨死体験では、過去の記憶の連続想起が多く経験されており、自殺未遂の場合の臨死体験頻度は比較的小さかった。リングは、臨死体験をしそうな状態であったのにしなかった患者と、実際に臨死体験をした患者とで、気持ちの変化を比較した。前者の人々は総じて、命の大切さを再認識し、目的意識が芽生え、物へのこだわりが減り、他者への思いやりが高まった。後者の人々は総じて、信仰心が高まり、死への恐怖が減り、死後存続の信念が芽生え、生まれ変わりを許容するようになったという。

またパーマーは、体脱体験がなされたという先の調査の事例をもとに、そのときの心理的状況を因子分析[†]した。その結果、リラックスして夢見のような想像をしている状態で、体脱体験がなされやすいことが示された。ところが、この状態は超心理現象を発揮しやすい状態でもある。また体脱体験者に、体脱体験中に別の部屋の棚に置いた数字を見てくるように依頼したところ、体脱体験がないまま数字が確認（透視？）された例が見られた。

以上の知見からパーマーは、体脱体験状態でＥＳＰが発揮されたように見えても、体脱体験がＥＳＰをもたらすのではなく、体脱体験しやすい心理状態がＥＳＰを発揮しやすくしている可能性が高いと推測している。

スーザン・ブラックモアによれば、体脱体験や臨死体験のおもな原因は生理心理学的なところにあるという。[*7] 体脱体験は、身体感覚の空間的な配置の誤認知とし、臨死体験は、脳の酸素が欠乏してき

イアン・スティーヴンソンによる大部の報告書
（6分冊で総計2000ページにおよぶ）

たときに脳の抑制的な機能が低下して幻覚が生じたために起きると説明している。

体脱体験や臨死体験は、超心理現象が付加的に伴うにしても、体験そのものは、超常的な現象とは見られなくなってきている。それに対し、生まれ変わり事例のなかでも信憑性の高いものは、それだけで超常的な現象とみなせる。

ヴァージニア大学の精神科医イアン・スティーヴンソンが、一九六一年から世界中の生まれ変わり事例の実地調査をはじめ、一九九七年には信憑性の高い「生まれ変わり」二二五例の調査報告を掲載した大部の報告書を出版した。[*8] その間、乾式複写《ゼロックス》の発明者チェスター・カールソンの資金援助を受け、一九六八年にヴァージニア大学に開設された超心理学研究室（一九八七年には人格研究室と改称）が、超心理学の事例研究の一大拠点となった。一九六五年にデューク大学の超心理学研究室がラインの退官を期に廃止されたあとには、ラインの片腕として活躍していたプラットもヴァージニア大学に移り、能力者を中心に研究を行なった。

私が参加したライン研究センターの夏期研修会には、ジム・タッカーがこの生まれ変わりの講演のために訪れた。彼は、長年スティーヴンソンのもとで共同研究を行なってきたが、スティーヴンソンがヴァージニア大学を退官したのに伴い、人格研究室を引き継いだ人物だ。

タッカーによると、「生まれ変わり」とされる典型的なパターンには、次の五つの要素がある（個々の事例は、必ずしもすべての要素を含むわけではない）。スティーヴンソンは、客観的な検討が可能な❸の要素に注目し、「前世」の人物のカルテや検死報告などによって確認できた生まれ変わり事例を重視してきた。

❶ある人物が死亡するに際して生まれ変わることを予言する。
❷生まれ変わりとされる子どもを妊娠する女性が「お告げの夢」を見る。
❸生まれてきた子どもに先天的な母斑（皮膚が変色していたり隆起や陥没が見られたりする部分）や身体欠損があり、それが「前世」の人物の、死亡時の身体的特徴と酷似している。
❹その子どもが、「前世」の人物の死亡時の様子や家族関係、住んでいた場所などを感情的に語る。
❺また、「前世」の人物にふさわしい行動を見せる。

生まれ変わり事例は、輪廻転生《りんねてんしょう》が「ある」とする文化圏でより多く報告されるが、「ない」とする文化圏でも報告されている。世界中の報告例（二七〇〇件以上に及ぶ）の内容には共通点が多いので、文化によって事例が形成されると考えるよりは、普遍的に事例が起きているのだが、生まれ変わりという考え方自体が許容されてない文化圏では報告されずに埋もれていると考えるほうが妥当に見える。

また、事例が報告される家庭の社会的地位や経済状態はさまざまだ。社会的地位の高い人物が、低い家庭に生まれ変わる例もある。こうした事例では、子どもが周囲とは異なる高貴な振舞いをするので、とくに注目される。

子どもたちが「前世」を語りはじめるのは、二歳から五歳であり、ほとんど喋れるようになるのと同時に開始される。そして、五歳から八歳まで続くと、通常、ぱたりと語るのをやめてしまう。

語られる内容は、「前世」の人物が死亡した時の様子、居合わせた人や物に関して、さらには死亡してから生まれ変わるまでの様子などである。ふつう、感情が高まった状態で自発的に語られる。「前世」の死から「現世」の生までの間隔は、死の直前という例から数十年後という例まで大きくバラついている。「前世」は、非業の死を遂げた人物のことが多く、殺人被害者の場合は、加害者に対して敵意を見せる。また、「前世」が自殺者であることは少なく、動物であることはほとんどない（少なくとも報告されてない）。

その子どもたちが示す行動には、「前世」の家族に対する親近感の表明、死亡時の状況に類似した事柄への恐怖の表明（水や火への恐怖など）、「前世」の人物と同様の食べ物の好き嫌い、「前世」の人物を思わせるような遊び方などがある。時には「現世」への違和感を表明し、「ほんとうの親ではない、ほんとうの親のところへ連れて行って」などと訴える。また「前世」と「現世」の性別が異なっている場合には、性の違和感が見られる。ただし、性同一性障害の子どもたちが、社会的圧力を緩和するため「生まれ変わり」を偽装する例があるので、ここには注意を要する。

生まれ変わり事例はどのように解釈したらよいのだろうか。スティーヴンソンが自ら訪問して集めた事例には、「現世」の村とはとても交流のない遠い村に「前世」において住んでいたとし、村人は誰も知らないような（正しいことがあとで確認される）情報を語る子どもたちの例が多数含まれている。さらに、「前世」を語る子どもの親は、自分の子どもを、たとえば「殺人被害者の生まれ変わりだ」とすることに利点が見当たらない。こうした点から、生まれ変わりに肯定的な人々が暗黙裡に共謀して物語を作り、それを語るように子どもに教示したという捏造説や、たんなる偶然とする説には無理がある。

スティーヴンソンは、「事例報告をつぶさに読んだうえで、各自が自分なりの結論を得るべきなので、私の解釈は重要でない」としながらも、彼が一連の研究の結果至った解釈を述べている。それによると彼は、ふたつの超常的解釈を退けて、最終的に、ある種の「生まれ変わり説」を受け入れている。[*9]

彼が退けるひとつ目の超常的解釈は、超心理発揮説である。子どもたちが超心理的能力を発揮し、「前世」に当たる死者の状況を透視したという解釈だ。ところが、子どもたちには、「前世」を語る以外に能力を発揮したらしい事実は見られていないので、超心理発揮説の説得力は弱い。親などの、子どもたちの周辺人物が超心理的能力を発揮し、母斑などもＰＫで形成させたとも考えられなくもないが、動機などの面から、それらの説も可能性がかなり低い。

ふたつ目の超常的解釈は、人格憑依説である。この説では、「肉体をもたない人格」という実体を認めて、それが肉体にとり憑《つ》いて支配すると考える。しかし、子どもたちに憑依したのならば、それほど支配に成功した人格が、子どもたちが八歳になるころまでに一様に憑依をやめてしまうのは奇妙なことだ。子どもたちに、憑依人格と成長する人格とが戦っているような、人格の分裂傾向は見られていない。

最終的にスティーヴンソンが想定している説は、ある種の「生まれ変わり」である。彼によると、心的世界は、生前の身体的特徴の記憶、認知的・行動的記憶を媒介する機構（彼は「心搬体（Psychophore）」と呼んでいる）をもっており、それによって運ばれた死者の人格の一部が、直接受精卵や胎児に影響する。すなわち、人間の生物学的・心理学的発達は、遺伝要因と環境要因に加えて、「生まれ変わり」という第三の要因の影響（他の要因に比べて小さいが）を受けると主張している。

このスティーヴンソンの説は、霊魂仮説にきわめて近い。むしろ、霊魂を科学的な用語で言い換えるのに苦労しているようにも思える。

■ 霊魂仮説から超心理発揮仮説へ

超心理学は心霊研究から発展したためか、超心理学者のなかにも、霊魂仮説に思い入れがある人々が三割から四割ほどいる。スティーヴンソンもそのひとりと言えよう。研究費を提供した実業家のチェスター・カールソンも、当初霊魂の究明をスティーヴンソンに期待していたようだ。

多額の研究費を提供する人は一様に、霊魂の究明に興味をもっているので、そこが超心理学者の悩みの種にもなっている。つまり、実験的な超心理学研究を続けても、なかなか研究費の支援が得られないが、霊魂の究明につながる事例研究をすると、研究費の支援が得られる可能性が高まるのだ。ライン研究センターは伝統的に実験研究を重視してきたが、最近は経験的な事例研究も重視している。なぜなら、それが研究費支援の申し出につながるからだ。私の滞在中に竣工した同センターの施設には、アレックス・テナスという霊能者からの多額の支援があてられていた。

しかし、超心理学研究は霊魂仮説から距離をおいてきたし、そのほうが科学研究として生産的であることも示されてきた。たとえば、霊媒が死者の霊魂と対話し、そのメッセージを代弁するという心霊現象は、霊媒がその死者の生前を透視した超心理現象とも解釈できる。第7章で議論したポルターガイスト現象でも、超心理現象の側面が発見されている。

さらに、生まれ変わり事例についても、超心理現象としての解釈があてはまるかもしれない。その観点から、ここでは、スティーヴンソンがしりぞけた超心理発揮説のほうの可能性を再度検討してみたい。

ポルターガイスト現象のうち、反復性偶発的ＰＫをひき起こすのは、八歳くらいの心理的に不安定な少女が多い。そのポルターガイスト少女にまつわる人間関係の問題が解消されたり、少女が精神的・肉体的に成長したりすると、現象が起きなくなる傾向がある。超心理学では、該当の少女が「自分はこのような人間だ」という観念の成立に失敗し、PK発揮によって繰り返し不適当な自己主張をしていることが、現象の源だと見ている。[*10]

先に述べた、生まれ変わりを主張する子どもの特徴に、心理的な安定さは別にして、ポルターガイスト少女と似ている側面があるのではないだろうか。この共通性から、超心理発揮仮説を再度組み立ててみよう。

八歳とはおよそ、子どもが自我を確立する時期である。[*11] 環境のなかにおける自己を反省的にとらえ、「自分はこのような人間だ」という安定した観念を成立させようとする。その自我確立の過程に超心理的能力の発揮が伴う、と仮説するのだ。子どもはみな、さまざまな手がかりをもとに「自分らしい自我」を創造しようとする。しかし、より簡便な方法は、模範となる他者の人格を模倣することだ。

ここで私が提示する超心理発揮仮説は、この他者模倣を、ESPを駆使して過去の生者に対して行なっていると考える。[*12] つまり、自分にはこのような母斑がある、同位置に傷を負って死亡した過去の人がいる、その人の生活や人格を自分のものと考える、といった過程が無意識に、それも超心理的能力を伴って起こる。その結果、人格が生まれ変わったかのようにふるまうという解釈だ。殺人の被害者はよく生まれ変わるが、加害者はあまり生まれ変わらないという調査事実も、殺人者が「模範となる他者」になりにくいからと解釈できる。

自我の確立時期に超心理現象が起きやすいという仮説は、ルカドウの情報システム理論（二七四頁）とも合致している。およそ八歳までは、その成長する個人のシステムに実用的情報がどんどん流入する。システムは超心理現象を利用してまでも安定化を求める。しかし、安定までに至ったシステムは、超心理現象を利用せずに機械的な動作をはじめる。こういった解釈が成立するのだ。

このように考えると、超心理現象は人間が「生きる」ということに直結した働きに見えてくる。超心理学の分野で定評のあるＰＭＩＲ理論は、まさにその傾向を支持している。ＰＭＩＲ（Psi-Mediated Instrumental Response）とは、「超心理を媒介した道具的反応」という意味で、生物がなんらかの目的を達成するための手段とされる過程のなかに、超心理的な能力発揮が働くと考えられている。

ＰＭＩＲ理論を提唱したのは超心理学者のレックス・スタンフォードで、一九七四年のことであった。[*13] 彼は当時、テキサス州オースティンにあった超心理学研究センターにおいて無意識の超心理現象に注目した研究を行なっていた。彼がＰＭＩＲ理論の着想に至った手がかりは、超心理能力は、第一に、意図せずに無意識に働く傾向があること、第二に、複雑な機構にも問題なく働くであろうこと、第三に、必要性、目的、動機づけなどがあるところに現われることだった。

ＰＭＩＲ理論では、超心理能力はつねに主体から世界へと（環境をスキャニングするように）拡がっており、目的を達成するもっとも「倹約的な」過程を発見して働くと見なされる。もっとも倹約的過程を選ぶので、超心理能力は結果的に、意識的に自覚されることさえも回避するという。これはたとえば、歩行時に足の出し方が意識されると歩き方がぎこちなくなるので、歩行運動が無意識的に行なわれる必要があるのと類似したことだ。

スタンフォードは、PMIR理論が次のような要因に影響されるとした。促進要因は、目的を達成する必要性の高さや報酬への動機づけの高さである。抑制要因は、超心理的な能力発揮に対する心配や不安、恐怖や罪の意識などだ。超心理能力は、こうした要因のバランスで、働いたり働かなかったりする。また、超心理発揮主体とターゲットとのあいだが、時空間上で近接している場合ほど、生物体として重要性が高く、起きやすいともされる。

つまり、「意識すること」は多くの場合、抑制要因になるので、あまり意識しないときに偶発的にESPが働いたり、努力をやめたときにPKが発揮されたりする。超心理的な能力発揮に対して責任を回避できる状態も、罪の意識が低くなり超心理能力が発揮されやすいということになる（前章「保有抵抗」も参照）。

予感実験（第8章）で超心理現象が検出されやすいことも、PMIR理論の観点からうまく説明できる。予感実験では、無意識に起きる超心理能力をとらえようとしているし、誘引動機が高い性的なターゲットや、排除動機が高い死にまつわるターゲットを使用しているからだ。このようなPMIR理論は、超心理学のなかでこれまでもっとも優れたものとされている。

■詰めこみ理論から拡がり理論へ

だが、ＰＭＩＲ理論の弱点も指摘できる。その前提に「サイバネティック・モデル」があるからだ。脳が五感を通じて外界の情報を収集し、身体運動を制御して行動を生み出しているという考え方を、サイバネティック・モデルと呼ぶ。これは情報工学における典型的な人間のとらえ方であり、脳は情報処理の拠点となるコンピュータで、身体はあたかもロボットのように、脳の指令によって動作すると考えられる。

超心理現象をこのモデルに当てはめて考えると、外界の情報がなんらかの方法（ＥＳＰ）で脳に運ばれ、脳の意図はなんらかの方法（ＰＫ）で外界に影響することになる。サイバネティック・モデルは私たちにとって理解しやすく、超心理学者の多くも、超心理現象はそのように働くと漠然と考える傾向がある。

しかし、超心理現象の性質を深く考えると、サイバネティック・モデルでは不適当な点が多々見うけられる。ＰＭＩＲ理論も基本的にはサイバネティック・モデルに沿っており、あたかも脳がＥＳＰで環境をスキャニングして、目的を達成する手段がないかどうかいちいち調べている、というようなメカニズムが想定されている。しかしそう考えると、脳の負荷が高すぎる。目的を達成する手段が複雑ならば、脳は複雑な処理を行なわねばならないだろう。これでは、複雑な機構にも問題なく超心理能力が働くという点との矛盾が感じられる。

このPMIR理論の問題点を改訂して、サイバネティック・モデルを脱却した理論を提唱したのもスタンフォード自身であった。彼が一九七八年に提唱した「適合行動理論」によると、変動が大きく非決定的な物理系は、「傾向性をもつシステム」の傾向性（主体にとっての必要性や目的を外的見方に言い換えた用語）に適合するよう、自然に物事が決定づけられていくとした。[*14] すなわち、傾向性を動因として（超心理現象によって）適合行動が生まれるという、目的指向性の強い理論だ。適合行動理論によれば、この決定づけこそが超心理現象の根源なのであり、ESPもPKも一元的に理解される。

適合行動理論の内容を具体的に説明しよう。スタンフォードは、非決定的な物理系の代表として乱数発生器を挙げている。乱数発生器にミクロPKが働いたように見えるのは、PKを働かせたいと希望する人間（傾向性をもつシステム）の傾向性に駆動されて、乱数発生器が、その希望にかなう状態に適合するからだ。メイの決定拡張理論[†]とも相性がよいことがわかる。

適合行動理論に従うと、たとえばテレパシーの場合は、受け手の脳の非決定的な物理系が、自然に送り手のターゲットイメージを写し出した脳状態と共鳴すると理解される。いわば脳は大きな「乱数発生器」だ。透視の場合は、脳という「乱数発生器」をもっている人間が、自らの目的に従ってターゲットイメージを写し出した脳状態に適合するという解釈である。

なお、乱数発生器の状態がどのようにして傾向性に適合するかは示されてない。スタンフォードは、とにかく「そうなるのだ」ということを「万有引力はあるのだ」と同じように、そっくり受け入れたうえで考えようとしている。

適合行動理論は、目的や希望というような心的世界から、物的世界への「ある種」の因果性を認める方向性をもっており[*15]、心と物をどのように折り合いをつけるかという哲学的な問題解決の観点から興味深い。

また、傾向性をもつシステムは、人間である必要はなく、原始生物や機械でもよさそうだ。前章で紹介した感情エージェントも、場の雰囲気に合わせた感情を呈示する傾向性をもつシステムと見なせるだろう。傾向性を物質から定義し、適合行動が物理的な法則として記述できれば、唯物論[†]をもとにしながらも、心と物を包括的に理解できる可能性も見えてくる。

だが、適合行動理論は、哲学的含蓄は深いものの、超心理学の実験結果を説明する度合いという点では、PMIR理論と大差なかった。スタンフォードは、他の超心理学者の反応がかんばしくないためか、その後は適合行動理論を強くは主張しなくなった。かわりに、PMIR理論における「必要性」を「傾向性」に、「道具的反応」を「目的に合う反応」と言い換えている。PMIR理論の方を適合行動理論へと若干近づけたと言えよう。

サイバネティック・モデルは、社会のなかでの個々人のふるまいを簡略化して理解するための素朴なモデルである。私たちは、日常生活でそれにもとづいて他者を理解し、自分の行動を律していると言ってもよい。このような、多くの人々にとって認知の基本となっているモデルを否定するのはなかなか難しい。スタンフォードさえも、このモデルからの完全な脱却をあきらめたくらいだ。

しかし私は、サイバネティック・モデルを脱却することこそが、超心理学の前進に必要だと考えている。第7章で議論した超心理発揮に伴う社会心理的側面、前章で紹介したフィールド乱数発生器実験の集合心理的側面を考慮に入れると、個々の人間が超心理能力を発揮するというモデルより、人間の集団やそれらをとりまく社会的状況が超心理現象をもたらすと考えるほうが妥当である。

サイバネティック・モデルを、「心」という用語を使って言い換えれば、「脳という情報処理の拠点に存在する心が、人間を動作させている」となる。いわば、身体に入っている心によって、人間は動いているとされるのだ。これは心を、あたかも物のように思い描き、個物化して身体という箱に入れた「詰めこみ理論」に相当する。

しかし、現代の哲学、心理学、そして認知科学は、この種の「心の見方」に問題を提起している。心を成立させる要件は環境世界に拡がっているのだから、世界と身体を一体にしたうえで心を論じる必要がある。そうでなければ、たとえば人間らしいロボットも開発できないという主張だ。心の「詰めこみ理論」を脱却し、心の「拡がり理論」に展開していくほうが、現代科学の研究動向に沿っている[*16]と私は考える。

ひるがえって霊魂仮説を考えると、これは「身体という箱に詰めこまれた心が、外に出てきた」という素朴なモデルになっていることに気づく。伝統的な「詰めこみ理論」にほかならない。

超心理現象があるとすると、それは人間が発揮するのでも、霊魂がひき起こすのでもなく、世界という場（環境）に拡がった心、およびその集合体が全体として、そして個々にも調和を求めた結果のように思えてくる。

このように霊魂仮説から適度な距離をおくことが、封印に至る誤解を防ぐことになるだろう。

心霊現象の科学的な究明を通して、超心理学は霊魂仮説からの脱却をはかってきた。しかし、霊魂の考え方には、人々が心に対してもつ個物としての素朴な描像が反映している。個物としての霊魂が身体に宿るとした考えの背景にある「詰めこみ理論」は、私たちの自己認知や他者認知に有効なため、理解がしやすいのだ。またそれにもとづく「サイバネティック・モデル」は、コンピュータやロボットの開発に貢献してきたのも事実である。ところが、心について考えはじめた諸科学は、心の「拡がり理論」に期待を寄せるようになってきた。この流れにそって、霊魂仮説から脱却した超心理学も、心の「拡がり理論」の視点をきわめる必要がある。終章で示すように、超心理学が「封印」をのり越えるには、心の諸科学の一員として「拡がり理論」の展開に寄与することが必要である。

◆注◆

＊1　私は、学部の「科学リテラシー」の授業で、科学的方法論や、仮説の優劣の査定方法について講義しているが、この部分だけで九〇分授業を五回ついやしている。

＊2　『科学と悪霊を語る』三〇二頁。

＊3　超心理学における体脱体験研究を概観する文献としては、笠原敏雄編著『霊魂離脱の科学』（叢文社、一九八三年）が参考になる。

＊4　パーマー調査と因子分析は、夏期研修会における講演による。一部は、前掲『霊魂離脱の科学』

第九章において触れられている。

*5 臨死体験の本は多いが、ケネス・リング『オメガ・プロジェクト――UFO遭遇と臨死体験の心理学』（片山陽子訳、春秋社、一九九七年）や、マイケル・セイボム『「あの世」からの帰還――臨死体験の医学的研究　新版』（笠原敏雄訳、日本教文社、二〇〇五年）などが参考になる。

*6 Ring, K., *Life at Death: A Scientific Investigation of the Near-Death Experience*, Coward, McCann and Geoghegan, 1980.　日本における臨死体験事例の調査は岩崎美香（明治大学）が取り組んでいる。

*7 ブラックモアの生理心理学由来の仮説は、以下の二冊の著書で議論されている。
Blackmore, S., *Beyond the Body: An Investigation of the Out-of-Body Experience*, Heinemann, 1982.
Blackmore, S., *Dying to Live: Science and the Near-Death Experience*, Grafton, 1993.
なお、哲学者の水本正晴と私は、人工的に体脱体験をひき起こす実験を開発して成功している。拙著『人間とはどういう生物か――心・脳・意識のふしぎを解く』（ちくま新書、二〇一二年）第六章を参照されたい。

*8 このスティーヴンソンの大部の報告書は翻訳されてはいないが、その他の著書が、笠原敏雄の精力的な翻訳活動によって刊行されている。
『前世を記憶する子どもたち』（日本教文社、一九九〇年）
『前世の言葉を話す人々』（春秋社、一九九五年）
『生まれ変わりの刻印』（春秋社、一九九八年）
『前世を記憶する子どもたち2――ヨーロッパの事例から』（日本教文社、二〇〇五年）
スティーヴンソンは二〇〇七年に死去した。以下の本は、弟子のジム・タッカーによる著書。
『転生した子どもたち――ヴァージニア大学・40年の「前世」研究』（日本教文社、二〇〇六年）

*9 前掲『生まれ変わりの刻印』第二六章で議論されている。

*10 ロールによる、前掲『恐怖のポルターガイスト』を参照。

*11 渡辺恒夫『自我体験と独我論的体験——自明性の彼方へ』（北大路書房、二〇〇九年）に報告されている調査によれば、「私はどうして私なのだろうか」といった自我体験がはじめてなされるのは、小学校低学年のころがもっとも多い。

*12 生まれ変わり事例の超心理発揮仮説による分析は、二〇一〇年にブラジルのクリチバで開かれた超心理学会議で集中的に議論された。私の提案する仮説は、ウェリントン・ザンガリによる次の主張にもとづいている。
Zangari, W., Survival Hypothesis: Advantages and Objections: A psychological hypothesis for certain paranormal claims related to survival, *Proceedings of 6th Psi Meeting - Psi Research and Neurosciences*, pp.159-160, 2010.

*13 Stanford, R., An Experimentally Testable Model for Spontaneous Psi Events I. Extra-sensory Events, *Journal of American Society for Psychical Research*, Vol.68, pp.34-57, 1974.

*14 Stanford, R., Toward Reinterpreting Psi Events, *Journal of American Society for Psychical Research*, Vol.72, pp.197-214, 1978.
スタンフォードによる適合行動理論はこの論文で提案された。さらに同誌では、この論文に続いて、哲学者のホイト・エッジが適合行動理論を支持する論文を掲載している。
Edge, H., A Philosophical Justification for the Conformance Behavior Model, *Journal of American Society for Psychical Research*, Vol.72, pp.215-231, 1978.

*15 因果関係とは、本来、物の世界の機械的関係を指すので、心と物との関係は因果関係とは言えないのかもしれない。深層心理学者のカール・G・ユングは、ふたつ以上のものが同調して起こるとされる共時性《シンクロニシティ》という現象の概念で、その関係性を議論した。カール・G・ユング、ヴォ

ルフガング・パウリ（共著）『自然現象と心の構造――非因果的連関の原理』（河合隼雄、村上陽一郎訳、海鳴社、一九七六年）を参照。

＊16 従来の科学で心の拡がり理論が求められている現状は、前掲の拙著『人間とはどういう生物か』で解説している。

超心理学は科学的研究方法にのっとっており、一般に言われるようなオカルトではない。しかし、超心理学が「隠れた原理」を示唆するという本来の意味では、オカルトとも言える。超心理現象があるかないかの議論は、信念対立に駆動されており、水かけ論になりがちだ。それよりも生産的な議論は、超心理現象を実証するという過程にある。超心理学が「封印」される理由の一端は、信念が先行しがちになる私たちの認知的傾向性にある。実証という観点をつきつめていく社会を築くことが、封印を解く要《かなめ》である。

二〇一一年の六月、大阪大学の物理学者菊池誠と私は、明治大学情報コミュニケーション学部の総合講座「オカルト」で対談した。人類学者の蛭川立が企画したこの講座は、シラバスに「この授業では、あえて〈科学〉と〈非科学〉のあいだの灰色領域に踏みとどまり、簡単には答えの出ない問題についてじっくり議論し思索できる知性を養いたい」とある。参加学生に、単純な対立図式を超えた多角的な議論を体験させるという趣旨から、講師陣による数回の対談が設定されていた。

■ 物理学者とのオカルト対談

「未来から情報がきているようですから、やはり相対性理論に抵触しますね」

菊池は、私が行なった予感実験についての解説を受けて発言した。物理学者の一部はたしかに進取の気性に富んでおり、斬新な理論を立てることもあるが、これまで多くの物理実験で安定して確認されてきた相対性理論に反した事実には、慎重にならざるを得ないという。

私たちの対談の数回前には、占星術研究家の鏡リュウジと、同僚の哲学者大黒岳彦が対談し、占星術の実態把握からはじまり、オカルトの魅力や価値を議論していた。オカルトとは、「隠された本質（*qualitas occulta*《クオリタス・オックルタ》）」が語源であり、必ずしも世間に流布されているイメージのような、霊魂の世界や忌まわしい呪術を示すわけではない。未知なるものは、未知であるがゆえに文字どおり「オカルト」なのだ。その意味で、オカルトに魅力や価値が伴うのは当然だ。

しかし「オカルトの信奉」となると、話は一八〇度逆転する。信奉の根拠が「隠された」状態になったまま闇雲に信じるのでは危険である。占いの方法が書かれた「秘伝の書」に従ったとしても、その秘伝が成立した過程が「隠された」状態では、占いの結果に信用がおけるはずもない。ましてや占いの成功率が確かめられていなければなおさらだ。

物理学をはじめとした科学は、理論や法則が成立した過程を「開かれた」状態にしている。それが科学的な方法論である。調査や実験の方法と結果を論文に発表し、また別の科学者が理論や法則を論文で提案する。それらを科学者同士で吟味し、調査や実験を積み重ねたり、理論や法則の改訂を行なったりしていく。それらの過程で反対者が排除されていたり、一部に秘密のデータが使われていたりすることはない。[*1]

菊池誠と私の対談は、「超心理学はオカルトなのか」に焦点のひとつがあった。超心理学には、科学者同士で評価・査定した論文を掲載する論文誌ＪＰもあり、公表されたデータにもとづいて議論を行なう国際会議ＰＡもある。研究の過程は公開されており、隠されたなにかをもとにした主張が正当化される余地はない。すなわち超心理学は、科学的な方法論にのっとって研究活動がなされている、れっきとした「科学」である。その点には私も菊池にも異論がなかった。

しかし、超心理学が実際に再三確かめてきた実証的なデータには、「オカルト」と見なされる側面がある。これは、現状の科学的な世界観に対して、隠された原理を暗示するという意味で「オカルト」なのである。[*2] 相対性理論に反する予知現象は、現状の物理学の理論範囲を超えた未知の原理を要求するので、物理学から見れば「うさん臭い」のだ。

対談では、物理学にとって、超心理学のオカルト的側面が、未知への探究にいざなう「魅力」なのか、うさん臭い「異端」なのかが議論の的になった。最終的に菊池は、物理学者の費用対効果分析に問題を帰着させた。これは「異端」として排斥するわけではないが、さりとて「魅力」が感じられるほどでもないという評定だ。

つまり、相対性理論の正当性はあまりに明瞭であり、これに反旗を翻《ひるがえ》すのは、物理学者にとってかなりの挑戦的課題なのである。超心理学の成果にもとづいて物理学の改訂に挑む物理学者もいなくはないだろうが、挑戦コストは高くつくから、多くの物理学者はもっと他の見込みある現実的な課題に取り組むだろう。そう菊池は断言する。

その冷静な口調には、妙に説得力がある。一九七〇年代のハードロッカーのような長髪にGパン姿で教壇に立つ菊池は、電子楽器テルミンの奏者としても知られている。菊池の講演は、「見かけに惑わされずに本質にせまれ」を自然に理解させる効果があった。

結局のところ物理学者は、超心理学のデータを否定するのではなく、放っておかざるを得なくなっている。それを「物理学者は超心理学を無視している」と非難するのは、科学者社会の実態が見えてない。そう菊池は指摘しているのだ。

かつて、科学の革命的な進展は、決定的な観測事実や実験データでもたらされるのではなく、科学者社会で生じる、科学者たちの理論をめぐるせめぎ合いのなかで起こると明らかにされた。[*3] 菊池の主張は、こうした科学社会論をふまえた指摘である。物理学者でかつ科学社会論に精通している研究者は少なく、菊池の存在は貴重だ。

菊池と私の最初の出会いは、この対談のさらに二年ほど前にさかのぼるシンポジウムであった。科学社会論を議論したそのときは、双方とも同じスタンスで、疑似科学批判をくり広げた。『おかしな科学——みんながはまる、いい話コワい話』（楽工社、二〇〇九年）や『科学と神秘のあいだ』（筑摩書房、二〇一〇年）などの著書がある菊池は、道徳の教材にも取りあげられて社会問題にもなった「水からの伝言」などを例に、疑似科学が信じられてしまう背景を議論した。「水からの伝言」とは、実業家の江本勝によって、「感謝の言葉をかけた水はきれいに結晶する」とされる実験結果にもとづき、「水が感謝の言葉の重要性を教えてくれている」と主張されたものだ。実験の科学性に疑問があるまま、一部の人々にその主張が信じられている。[*4]

私は、サプリメントなどの広告によく見られる、愛用者の感想や、売上げ実績第一位などの宣伝文句が、商品に関する科学的理解をゆがめる問題を指摘した。加えて、消費者の科学リテラシーを増進し、生産者との科学コミュニケーションを促進する社会的枠組みはいかにあるべきかを議論した。[*5]

疑似科学として批判されるものの多くは、科学的な方法論にのっとった手順で調査や実験、分析が進められていないという意味で、真に「オカルト」である。たとえば、血液型性格診断は、昭和初期の教育学者の古川竹二（東京女子高等師範学校［現お茶の水女子大学］教授）が、血液型と性格の関連の研究で世間の注目を浴びたのと、能見正比古『血液型でわかる相性——伸ばす相手、こわす相手』（青春出版社、一九七一年）が発端になって広まっただけであり、血液型と性格が関連する根拠は薄弱だ。*6

加えて、血液型と性格のあいだに、主張のような関連性があるかどうか再三調べられているが、関連はないことが示されている（私自身で調べてみたこともある）。百歩ゆずって、仮にわずかにあったとしても、そんなわずかの関連では、個別の性格診断に使えない。たとえば「A型の人はB型の人に比べて神経質な傾向が平均して一％高い」と判明したところで、「あなたはA型だから神経質ですね」といってもほとんど当たらないので意味がない。

一方、超心理学は科学的方法論にもとづいた学問であり、これらのような疑似科学とは一線を画した営みである。しかし第3章で論じたように、批判者にはかたくなな否定論者が多く存在し、菊池のように科学の正当な位置づけができる懐疑論者は少ない。「封印」がおのずとなされている社会的構造があるのだ。ここでは、その背景を明らかにしていく。

■オカルト論議は信念論争

超心理学を研究していると言うと、「超能力を信じているのですか」と聞かれることが多い。この質問には違和感がある。なぜなら、科学的研究は、信念とは必ずしも一致しないからだ。そこで私は、「超能力があるとすれば、魅力ある未知の研究対象ですよね」などと返答する。すると、質問した人は肩透かしをされたかのような、けげんそうな顔つきになる。こちらは誠実に答えたつもりだが、なぜだろう。信念の正当化のために科学者たちは研究をしていると、信じて疑わないためではなかろうか。

神による創造説と生物学による進化説などの知見には矛盾するところが多いにもかかわらず、欧米ではキリスト教の信者でありながら、生物進化の研究をしている生物学者がたくさんいる。なにを信じているかを別にして、科学的研究をすることは可能だ。ただ、そのためには、信念をいったん棚上げにしなければならない。

科学には、調査や実験にもとづく実証の過程がある。実証される事実は、個々の科学者の信念に合致することもあれば、矛盾することもある。信念よりも実証される事実を重んじて研究を進めるのが、科学的態度である。

オカルトや超能力の議論は往々にして、その現象があるかないかの観点にまとめられてしまう。肯定側と否定側の陣営が議論するという構図になる。「オカルトVS科学」や「超能力者VS奇術師」、前節の「超心理学者VS物理学者」などの対立項はどれも、その構図を一面的に適用した誤った見方だ。真の科学者は、現在は肯定も否定もできない現象に直面し、それをはっきりさせるために「実証する」という行動をとるのである。

私が思うに、従来の一面的な議論は「信念」だけを重視し、超心理現象の肯定と否定に分けるところに問題があった。そこで議論を整理するため、図11・1では、従来の「信念」に対置して科学的な「実証」をおき、それを縦軸にとって、二次元で人々の姿勢を位置づけた。こうすることで、論争の

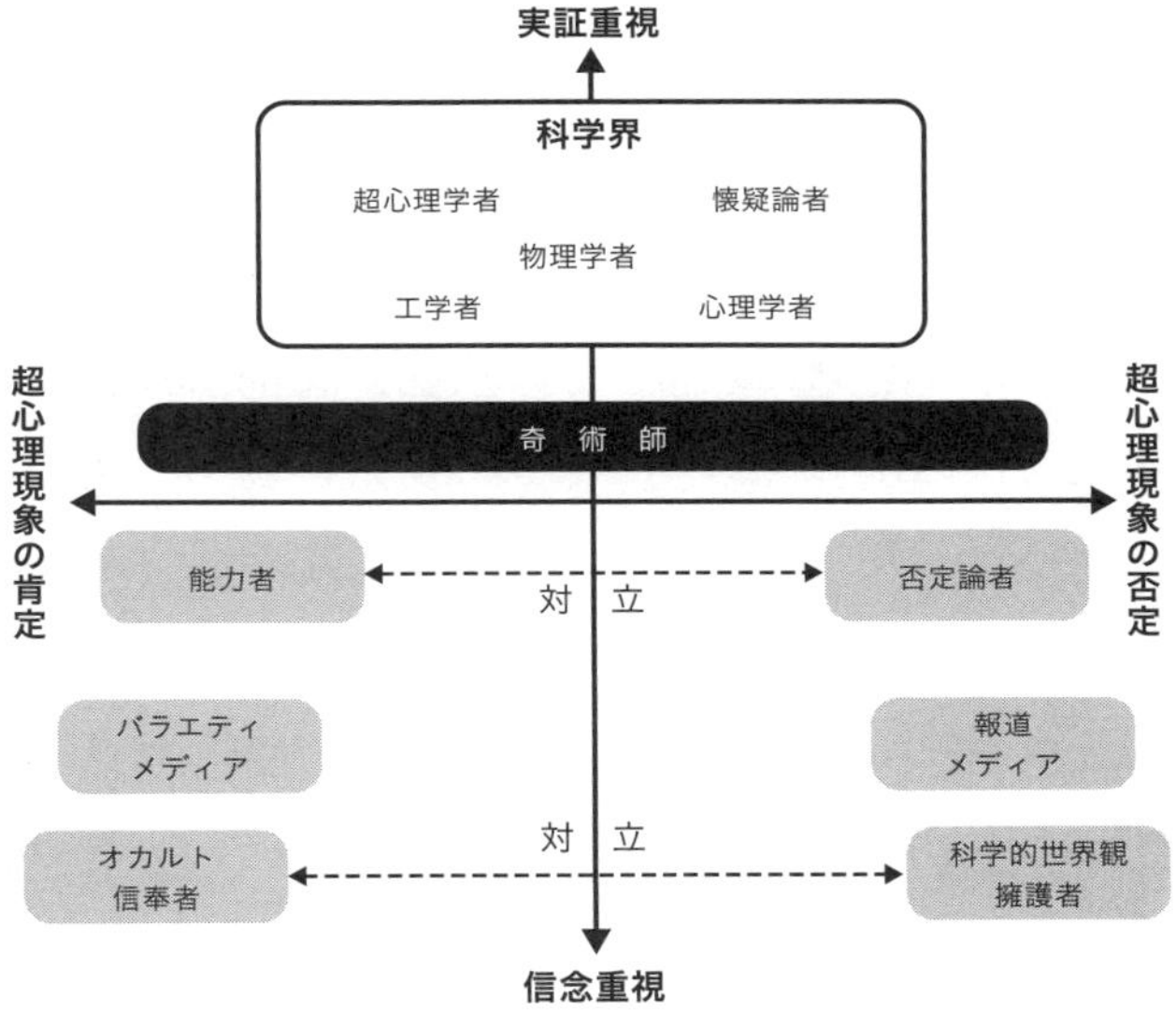

図 11.1 超心理現象に対する態度の相違

構図がよく見えてくる。

図の下部は「信念重視」の象限であり、人々の姿勢は大きく左右に分かれている。超心理の肯定と否定を同時に信じることができないからだ。いわゆる「オカルトVS科学」の対立は、じつは「オカルト信奉者」と「科学的世界観擁護者」との、それぞれの世界観の相違が対立しているのである。「科学的世界観擁護者」は、現在の科学による成果を全面的に受け入れ、「今の科学で説明できないことは起こるはずがない」という信念に固執している。一方の「オカルト信奉者」は、科学の限界を感じつつ、「科学では解明できない隠れた原理や世界がある」という信念に固執している。両者とも、信念が強いがために、「実証する」という態度を欠いているのだ。

またその上部では、「能力者」と「否定論者」の対立を示した。「能力者」は、超心理現象を肯定したうえでそれを認めてもらおうという姿勢があり、一方のサイコップに多くみられる「否定論者」は、超心理現象はありえないと撲滅する行動をとっている。これらはたんなる信念にとどまらず、実証につながる社会的行動を伴っているので、「信念重視」象限のもっとも上部、実証を重視する象限の近くに配置した。

図の上部は「実証重視」の象限であり、〈科学界〉は、超心理現象の肯定と否定をどちらも信じることなしに、実証の手段によって究明するので、上部の中央に配置した。しかし、同じ〈科学界〉のなかでも、分野によって姿勢の相違があるので、区別して位置づけた。「超心理学者」はやや肯定的な姿勢で超心理現象の実証を求めるので、最上段の左寄りに、「懐疑論者」はやや否定的な姿勢で超心理現象の反証を求めるので、最上段の右寄りに配置した。前節で議論したように、「物理学者」はどちらにも加担しないとみなし、それらのあいだに配置した。またその下に、マクレノンの調査にあったように、超心理に肯定的な「工学者」と否定的な「心理学者」を左右に分けて配置した。

一方「奇術師」は、〈科学界〉に含まれることはないが、実証に準じた究明の動機をもつと解釈し、その下に配置した。そして、「奇術師」のなかには、肯定的な者、中立の者、否定的な者が多様なので、横長に表現している。一部は「否定論者」や「懐疑論者」、それに「超心理学者」にもなっているわけだが、そこは描ききれない。

図でまだ説明がすんでいないのは「マスメディア」関連である。図のなかでは、それを「バラエティメディア」と「報道メディア」のふたつに分けて、両者を「オカルト信奉者」の脇と「科学的世界観擁護者」の脇に配置して、それぞれの支援的な役割を果たしている特徴を明示した。

典型的な「バラエティメディア」は、視聴者の興味に従っておもしろさを追求する番組であり、「オカルト信奉者」の肩をもち、根拠の薄い肯定的な情報を流すことに専念する。否定論者は、マスメディアのこの傾向をとらえて批判し、「マスメディアがオカルト信奉を助長している」と糾弾する。

ところがその反面、ニュース番組などの「報道メディア」は、「科学的世界観擁護者」となりがちである。なぜなら、ニュース番組には、新しい「確実な」情報を視聴者に提供する責務があり、まだ不確実な科学の最先端はニュースになりにくいからだ。

科学の最先端は、超心理学にかぎらずさまざまな立場からの論争があるのがふつうであり、それらをすべてニュースにするわけにはいかない。また、複雑な研究手順や統計的分析を、短時間で伝わるよう視聴者に向けて表現することも難しい。そのためニュース番組では、本流科学に沿った確実な(多くの場合は小さい)進展のみがニュースになりやすい。したがって、超心理学者は、「研究の実態がマスメディアで報道されない」と嘆くという構図になっている。

すでに第6章で述べたことだが、最近の「報道バラエティ番組」という形式は、とくに問題だ。この種の番組は、「バラエティメディア」と「報道メディア」のどちらにもなりえる。「能力者」をバラエティの精神にもとづいて「本物だ」とあおって視聴率を稼ぎ、ひと息ついたらこんどは「否定論者」を連れてきて、真実をあばく報道のように「インチキと判明した」などと視聴率を稼ぐ。

超心理学の現状が知られない「封印」の背景には、以上のように、メディアを中心にした多極的な社会構造がある。しかし、「実証重視」の軸を導入した構図を描けば、かなり見通しがよくなる。通俗的な「科学とオカルト」の議論が泥沼におちいりやすい理由は、実証の観点が希薄なためではないだろうか。

■ 封印構造の認知的側面

メディアにまつわる構造的な問題とは、すなわち人間の問題である。「『実証』よりも『信念』に生きる」、「あるかなしかの白黒をつけたい」というのは、人間の基本的衝動でもある。人間がそのような情報を求めているので、メディアもそれを提供しているという関係が指摘できる。では、人間の基本的衝動はなぜそのような形態になっているのだろうか?[*7]

人間は、日々の生活でいろいろな意思決定にせまられる。調べたり考えたりする余裕を与えられている場面は少ない。そのため、人間は将来起きることをある程度予測して、自覚しているいないにかかわらず、周囲の情報から事前にある程度の信念が形成されているのである。そうすれば、信念に従ってすばやく意思決定できる。ところが、信念形成のときに、よく調べたり考えたりする実証的態度でいちいち対応するには時間と労力がかかる。そのようなコストを節約するために、人間は周囲の信念をそのまま取り込む傾向がある。

結果として人間の集団では、多数派の信念にみなが同調してますます多数を占めるという現象が起こる。[*8] 売れ筋商品がますます売れるのもその一例だ。これはこれで、集団的な協力作業を効率的に進められるという点では意義がある。疑わずに信じる者ばかりの集団が強みを発揮する社会的な状況は、少なくとも過去には、きわめて多かっただろう。

それに対して現代社会では、疑いをもって実証的態度で対応するのがよしとされる。近代化以降、どんどん多様化が進む変化の激しい社会では、特定の信念に固執することが、むしろ集団として不利になる。ところが、人間の認知の様態は、それに十分対応できるようになっていない。不確実な事象の確率的認知においてそれが顕著になる。

たとえば、世のなかの七五％は善人で、二五％は悪人だとしよう（あくまで説明のための仮定なので悪しからず）。そして、その人間の本性は、一見したところではわからないとしよう。「渡る世間に鬼はなし」や「人を見たら泥棒と思え」などと、矛盾した格言があることからも、一見したところではわからない善人と悪人がいることは、異論がないだろう。

さて、その世のなかにおいて、次のふたつの信念の有効性を比較したい。

A 世のなかのほとんどすべては善人である

B 世のなかの七五％は善人で二五％は悪人である

	本当は善人	本当は悪人	計
善人とみなす	9人	3人	12人
悪人とみなす	3人	1人	4人
計	12人	4人	16人

図 11.2　75% は善人であるという信念を適用した場合

Aは誤った信念、**B**は正しい信念である。

もし、Aの信念にもとづいて人と接すると、七五%はうまくいき二五%は裏切られることになる。つまり、一六人と接したとすると、そのうち一二人は善人で四人は悪人だから、一二人のほんとうの善人に対して、正しく接することができる。

それに対してBの信念（確率的信念は「信念」とは言えないかもしれないが、ここでは「信念」としておく）にもとづいて人と接すると、図11・2のようになる。Bの信念では、四人のうち一人は悪人だから、その割合で無作為に接すると、一二人のほんとうの善人のうち九人の善人を「善人」としてとらえ、三人の善人を「悪人」と誤ってとらえてしまう。同様に、四人のほんとうの悪人のうち三人の悪人を「善人」として誤ってとらえ、一人を「悪人」と正確にとらえることになる。誤ることなく接することができたのは、九人プラス一人で計一〇人となり、この人数はAのときより少ない。

つまり、善人と悪人を「見分ける」認知能力が伴わなければ、Bのような確率的信念があっても役に立たない。そればかりか、確率的信念をもっているだけの状態は、正確に識別できる場合を減らしてしまう弊害さえもあるわけだ。確率的信念に意義が見いだせなければ、それをもとうという気持ちにもならないだろう。確率的信念は、識別できる認知能力を磨こうと決意した人にのみ有効なのである。その結果、メディアでは白黒をはっきりさせた議論が好まれる。認知能力を磨かずとも、多数のほうを覚えておけばそこそこ使えるからと、人々がそれを要求するのだ。

この構図を超心理現象にあてはめても同様だ。一〇回に一回程度の頻度（四三頁）で超心理現象が起きるといっても、人々はそれを確率的信念としてもつ意味がない。特異能力と奇術トリックの識別や、超常現象と物理現象の区別ができなければ、弊害のほうが大きくなる。したがって、「超心理現象は起きない」という信念のもと、超心理現象を「封印」しておくのは、人間が平穏な生活を営むための賢い選択ということでもあったのだ。

■　封印は解かれるか

発生頻度が低い現象を個々人が重視する意義があまりなくとも、社会としては重視すべき意義がある。たとえば、大災害などの数百年に一度の割合でしか起きない現象は、個人レベルで対応する動機は低くなりがちである。こうした長期的な対応は社会でなされる必要がある。専門家が確率的な費用対効果分析を行なって立案した対策を、社会として受け入れて実施していく必要がある。

超心理現象も、実験室での再現頻度は低く、個別の研究者では、その要因を特定するのが困難な状態である。超心理学の今後の発展のためには、研究者集団が体系的に究明していく体制づくりが必要だ。そのためには、社会的な支援が不可欠であろう。とくに、頻度が低い現象を、多くの研究者がたびたび追試していくことを奨励する枠組みが求められる。

しかし、なにもこれは超心理学に特有の事情ではない。要因が複雑にからみあった「人間」や「組織」の研究には共通の問題が起こっている。個人が研究して成果が出るレベルの「簡単な」問題は究明しつくされ、研究者集団が体系的に究明すべき「難しい」研究課題だけが残されている状態に近づきつつあるのだろう。

また近年、物の研究を推し進めてきた自然科学が長足の進歩をとげた一方で、複雑な要因が多数ひそむ難問「心の研究」については、それほどでもないように思われる。人間の心がかかわるような難しい現象に対しては、それなりの研究体制で臨まねばならないはずだが、その体制は整っているとは言い難い。

だが超心理学にとっては、さらに深刻な問題がある。本章の冒頭に述べたように、それは、現在の物理学理論に抵触する現象を扱っているということだ。これが超心理学の即座な否定や無視につながる、別の大きな要因となっている。この状況の緩和には、物理学理論の新たな展開が必要である。

私自身は、物理学が生命現象や心理現象の説明に発展していけば、状況の緩和の方向性が見えてくるのではないかと考えている。[*9] とくに量子物理学の考え方にヒントがありそうだ。あらゆる物質の根源である量子は、それらの集まりの挙動が不確定になって存在している。それが観測によって確率的に確定するのだが、肝心の「観測」とはなにかが明らかになっていない（観測問題）[†]。もしこの観測が拡大解釈可能であれば、超心理現象の説明が可能になるかもしれない。たとえば、ターゲットを決定する乱数の挙動が不確定になっており、回答とターゲットの合致を確認するときに、回答とターゲットが合致する確率がなんらかの方法で高まった状態で観測がなされる、といった具合である。

また、ルカドゥが提唱したように、情報システムが発展的状態のときだけに超心理現象が起きるとすれば、これまでの物理実験に超心理現象がみつかっていないことも了解できるのではないだろうか。ことによると、量子物理学の拡張とは、超心理現象の説明が可能となることではなく、物理現象と超心理現象の共存が可能になる、もっと広範な理論的枠組の成立なのかもしれない。

繰り返しになるが、確実なことが言える時点は、生命現象や心理現象の説明に量子物理学が貢献できるまでに発展してからのことなので、誤解を招かぬよう、現時点ではこれ以上の憶測めいた論考を控えておきたい。[*10]

さらにもうひとつ、超心理学の大きな発展の端緒となりうるのは、実用的な応用が先行することである。すでに、ものづくり技術、東洋医学、武道などの分野では、理論的に解明されていなくても有効に機能しているノウハウが存在し、実用的な応用に供されている事例[*11]が多くある。

超心理学の成果も、その原理が理論的に解明できない段階であっても、ノウハウとして活用できる可能性もある。いったん、超心理現象の利用ノウハウが確立すれば、理論的な解明にもはずみがつくだろう。ここでは、超心理学の応用として、組織経営とヒーリングを例にあげて、発展の可能性を指摘しておこう。

最近の超心理学では、ＥＳＰを個人の能力と見るのに加えて、社会的な状況設定で起きる現象ととらえる傾向もある。その観点から応用の見込みがあるのが、フィールド乱数発生実験だ。乱数発生器を設置した場にいる人々の気持ちがそろい「ノッている」ときに、発生される乱数の偏りが大きい例が、工学者ウィリアム・ロウによって報告されている。[*12] 将来、乱数発生器をモニターに使い、組織が創造的に運営されているかどうかを判定できる可能性が期待される。

ヒーリング（超心理的な治療）とは、ヒーラー（施術者）の技術によって、患者が抱える心身の疾患が癒される超心理現象である。ESPのかたちで患者の心理に影響して治癒を早める可能性と、PKのかたちで身体に物理的影響をおよぼす可能性とが指摘される。ヒーリングは、もし効果が十分にあるということになれば、人類の福祉増進への寄与は大きいので、究明が期待される現象ではある。ところが、ヒーリングの厳密な実験は難しい。ヒーラーが患者に対面すれば、なんらかの物理的刺激が効果を与えた可能性があるし、施術をすると患者に伝えただけで、心理的な暗示効果がある。現在こうした他の可能性を排除した厳密な実験が模索されている段階である。

ただ、組織経営にしろ、ヒーリングにしろ、現象が確認されても公言するに伴っては大きな問題が残る。インチキ経営コンサルタントやインチキヒーラーの蔓延を招いてしまう可能性があるからだ。第3章の対談で、肯定論から距離をおく皆神は「ちょっとでも肯定しようものなら、有象無象が押し寄せる」と指摘していた。超心理学の応用研究では、超心理手法を導入した効果を逐一測定できる仕組みも合わせて開発し、虚偽の効果を主張する行為を排除していかねばならない。[*13] つまり、万人に識別能力をつけさせることをも、同時に目指して行くということだ。

以上、超心理学に対する封印が解かれる可能性を議論してきた。社会としては小さな効果を追究する体制の整備、科学界としては心の科学の発展（ことによると物理学の生物や人間への拡張）が必要だ。どちらも、超心理学にかぎらず、人間や社会にかかわる諸科学に共通した課題である。つまり、超心理学の発展の前に、まずこうした諸科学の発展が必要だという結論になる。

また、超心理学としては、実用的な応用を目指す道が残されている。超心理学が「使える」ということになれば、研究が進むことになる。しかし、その実用的な応用が虚偽行為を助長することになれば、一転して再度「封印」の方向に進むおそれがある。

封印を解く道のりには、依然として厳しい障壁がある。一方、現役の超心理学者は現在、世界に数百名ほどしか存在せず、学問分野として風前の灯火《ともしび》だ。将来、封印が解ける日まで、超心理学の火を絶やさないようにしたい。そう、私は願っている。

◈注◈

*1 とはいえ、池田清彦『科学とオカルト』（PHP新書、一九九九年）によれば、科学でさえも、ときに信念にあやつられたオカルト的側面をもつとも言える。

*2 渡辺恒夫、中村雅彦（共著）『オカルト流行の深層社会心理——科学文明の中の生と死』（ナカニシヤ出版、一九九八年）の第三章に、この「オカルトと科学の隠微な関係」が論じられている。

*3 科学の発展に理論が先行する実態は、トーマス・クーン『科学革命の構造』（中山茂訳、みすず書房、一九七一年）で議論されている「パラダイム論」[†]や、N・R・ハンソン『科学理論はいかに

して生まれるか――事実から→原理へ』（村上陽一郎訳、講談社、一九七一年）にある「観測の理論負荷性」などにみることができる。

*4 江本は、「ありがとう」と声をかけた水はきれいに結晶し、「ばかやろう」と声をかけた水は結晶しないという（問題のある）実験にもとづき、人間の体はほとんど水なので、感謝の言葉が大切だと主張した（江本勝編著『水からの伝言――世界初!! 水の氷結結晶写真集』（波動教育社、一九九九年）以降、同シリーズで二冊続刊されている）。「感謝の言葉」の効果を人間的なコミュニケーションの水準ではなく、物理化学的な水準に不当におとしめる「行きすぎた科学主義」とみることもできる。さらに、あろうことか超心理学者のラディンは、江本らと共同実験を行なって「やや肯定的」な結果が得られたと、以下の論文に発表した。

Radin, D., Lund, N., Emoto, M., and Kizu, T., Effects of Distant Intention on Water Crystal Formation: A Triple-Blind Replication, *Journal of Scientific Exploration*, Vol.22, pp.481-493, 2008.

私が見るに、実験結果はむしろ確実な結晶化のちがいが得られなかったことを示している。

*5 私の疑似科学広告研究については「疑似科学的広告の課題とその解決策――消費者の科学リテラシー増進に向けて」『情報コミュニケーション学研究』第六－七号、一七－二六頁、二〇〇九年や、日本消費者協会の協力のもとに行なった調査研究「求められる広告の科学的表現」『月刊消費者』二〇一一年三月号を参照。また、それに関連して「深読み情報学」（『月刊消費者』二〇一〇年一〇月号～二〇一一年四月号）の連載も担当した。

*6 血液型性格判断の問題については、菊池聡他編『不思議現象――子どもの心と教育』（北大路書房、二〇〇一年）の第二章に詳しく記載されている。また血液型については「自己成就予言」の影響も指摘される。簡単に説明すると、A型は神経質だと知ったA型の人が、自ら神経質になろうとすることである。

*7　これらの基本的衝動は、生物進化の歴史からつむぎ出された「生き残る術」と言える。詳しくは拙著『人はなぜだまされるのか――進化心理学が解き明かす「心」の不思議』（講談社ブルーバックス、二〇一一年）を参照。

*8　このマスコミの作用は、社会心理学で「沈黙のらせん理論」によって説明されている。

*9　この話題については、前掲『人間とはどういう生物か』に、より詳しく論じた。

*10　フリチョフ・カプラ『タオ自然学――現代物理学の先端から「東洋の世紀」がはじまる』（吉福伸逸他訳、工作舎、一九八〇年）などがもてはやされたニューサイエンス・ブームの時代（一九七〇～八〇年代）、心の世界へと量子物理学を応用する着想が過剰に拡大視されて、むしろ可能性の芽を摘んでしまった感がある。この先は、慎重に進めるべきだと考えている。

*11　アメリカでは、旧来の超心理学の枠組みでの研究は低迷しているが、かわりに代替医療・看護・生理心理学などの実践的分野で超心理学研究が続けられている。

*12　Rowe, R. D., Physical Measurements of Episodes of Focused Group Energy, *Journal of Scientific Exploration*, Vol.12, pp.569-583, 1998.

*13　小久保秀之により、植物を検出器としたヒーリング実験で、効果の定量的把握方法の開発がすすめられている。Kokubo, H., et al., Standard Evaluation Method of Non-Contact Healing Using Biophotons, *Journal of International Society of Life Information Science*, Vol.25, No.1, pp.30-39, 2007.（小久保秀之ほか「極微弱生物光による非接触ヒーリング作用の標準評価法」、英日両言語併記論文、国際生命情報科学会）を参照。

一九九七年、私はそれまで勤務していた民間企業を退職して、明治大学文学部に助教授として赴任した。その以前は企業で研究員をしながら、同大学法学部で情報文化論の非常勤講師を務めていたが、文学部の産業心理学の先生が退任され、後任として私が採用されたのである。

明治大学は一八八一（明治一四）年に明治法律学校として開校し、文学部はその四番目の学部であった。着任後、自分の勤める学部の歴史を知るために『明治大学文学部五十年史』をひもといたところ、その一二ページの記述に目をみはった。

文学部の前身である文科が創設された一九〇六（明治三九）年、最初の七名の講師陣に、日本の超心理学の開祖とも言える、心理学者福来友吉が名前を連ねていたのである。千里眼事件が起きる四年ほど前に、福来は明治大学で心理学を講じていたことになる。

超心理学研究と明治大学のかかわりは、これにとどまらない。福来の薫陶を受け、一九二二（大正一一）年に明治大学に赴任した小熊虎之助は、文学部や法学部で教鞭をとった心理学者で、著書『心霊現象の科学』（芙蓉書房、一九七四年）にて懐疑的姿勢の重要さを論じた。超心理学者の草分けと見ることもでき、事実一九六八（昭和四三）年に発足した日本超心理学会の初代会長に就任した（小熊は一九七八年に死去し、現在の二代目会長は防衛大学校名誉教授大谷宗司）。

また、明治大学の五番目の学部である工学部（現理工学部）に一九六五年に赴任した後藤以紀《もちのり》、および一九八六年に赴任した駒宮安男の両先生は、日本のコンピュータのパイオニアとして情報処理学会コンピュータ博物館に殿堂入りしているが、ともに心霊科学協会の理事として長く活躍した方々だ。一九九〇年代に両先生が死去したのちは、同学部所属の文学者三浦清宏（芥川賞作家）が、心霊科学協会の理事を務めた（現理事長は大谷宗司）。三浦には、『幽霊にさわられて——禅・心霊・文字』（南雲堂、一九九七年）や『近代スピリチュアリズムの歴史——心霊研究から超心理学へ』（講談社、二〇〇八年）などの著作がある。私は超心理学研究の伝統ある大学に赴任して身の引き締まる思いであった。

本文に記載したが、二〇〇三年にライン研究センターの滞在を終えて帰国した私は、インターネット上に「メタ超心理学研究室」を開設し、そのホームページに超心理学を学べる「超心理学講座」を載せた。やがてこの存在が知られるようになると、関連する仕事も舞い込むようになってきた。二〇〇四年

いよいよ文科の授業は開始された。

哲学概論	文学士	深田　康算
漢文学	文学士	桑原　隲蔵
同	文学士	鈴木　虎雄
国文学	文学士	内海　弘蔵
同	文学士	服部　躬治
文学概論	文学士	登張信一郎
心理学	文学博士	福来　友吉

『明治大学文学部五十年史』より

に八番目の学部として情報コミュニケーション学部が新設された際、文学部から異動した私は、それを機に徐々に学内の講義に超心理学を採りいれるようになった。

大学で超心理学を研究することに対して、福来が東京帝国大学で経験したような批判を、私も学内で受けるだろうかと危惧したが、総じて好意的に受けとめられ、明治大学の教職員の協力のもと、二〇〇七年の人文科学研究所の公開講演会や、その翌年のリバティアカデミー講座を行うことができた。理工学部の長老先生からは「我々が行なうべき仕事をやってくれた」と激励の言葉をいただき、心霊研究に傾倒している文学部の先生からは「超心理学は進展が遅い」とお叱りの言葉まで頂戴した。超心理学を柔軟に受容してきた明治大学の歴史と伝統が、こうした環境を形作ってくれていると思うと感謝にたえない。

これからも超心理学の振興と普及に尽力したい所存だが、本文で述べたように、「封印」を解くには多くの人々の理解と協力が必要である。そこで最後に、協力の気持ちのある方々に対して、ささやかな要望を述べてみたい。

・マスメディア関係者へ

超心理学は疑似科学とは一線を画した営みであるので、超心理学が対象とするテーマ（超能力など）あるいは超心理学そのものを、バラエティ番組の対象として扱わないように留意していただきたい。真摯な学術研究が存在するという認識をもった取り扱いをお願いしたい。

・**科学者へ**

超心理学が注目している研究テーマは、未知の科学をひらく可能性がある。現在取り組んでいる実験や理論に超心理学的要素を加味できないかを、自然科学の世界観を前提とすることなく考えてみていただきたい。

・**科学政策関係者へ**

表面的な効果が小さく複雑な現象を究明する科学研究の体制を、一層強化していただきたい。この究明には、多くの研究者が多角的に取り組んだ成果を総合（メタ分析）する必要があるので、従来の個人や小グループを主体とした体制では、研究対象とし続けることが難しい。新たな体制が整えば、人間や社会の究明が進み、ゆくゆく超心理学の発展に結びつく可能性がある。

・**懐疑論者へ**

超心理現象が実在しているとすれば、多くの要因を伴った複雑な現象である。そのため管理実験が難しい。とくに追試実験では、実験にかかわる人々の心理状況など、管理しにくい要因が結果の再現性をさまたげている可能性がある。限定した事例にもとづいた性急な結論は避けて欲しい。

・**オカルト信奉者へ**

神秘世界への信念が先行すると、通常の物理的現象も不思議な現象に見えるものである。超心理現象の実用的な応用研究は確立していないので、超心理学の成果が個々の霊視やヒーリングを正当化する段階にはまったくない。限定した事例にもとづいて信念を深めることのないようにお願いしたい。

・**能力者へ**

もし超心理現象を意図的に起こせるということであれば、超心理学の発展に大きな貢献が期待できる。しかし実験室の厳密な状況で現象が起きなければ、科学的なデータにならない。科学研究と折り合いをつけるという気持ちで、自らの「能力」を吟味して欲しい。

・**超心理学に興味をもつ読者へ**

信念や先入観を先行させずに懐疑的精神をもって、超心理学の成果を学んだり、その実験や調査に自ら取り組んでみたりしていただきたい。まだ道は拓けていないが、道なき道を行く勇気ある若者の挑戦に期待している。また、超心理学振興への資金的支援も歓迎である。なお印税は全額、超心理学研究の費用に充てられるので、本書の購入や宣伝を通じての支援もお願いしたい。

本書の執筆にあたっては、大勢の方々にお世話になった。ここですべてのお名前をあげることはできないが、おひとりおひとりに感謝したい。そのなかでも、共同研究者である小久保秀之氏、蛭川立氏、清水武氏、山本輝太郎氏、そしてＡＳＩＯＳ会長の本城達也氏には、原稿の段階で目を通してもらい、有益なご指摘をいただいたので、とくにお礼を申し上げる。

さらに、紀伊國屋書店出版部の和泉仁士氏には、本書を読みやすい形に仕上げるのに多大な貢献をいただいた。また、第1章のイラストを担当した菅沼万里奈さん、素晴らしい装丁をしてくれた松田行正さん、本文を何度も修正し、図表をきれいに整えてくれた日向麻梨子さんにも感謝の意を表したい。皆さん、ありがとう。

二〇一二年七月二三日　　石川幹人

索引

・注での言及は、ページ番号のあとに「*」で注番号を記す。
・「用語集」に収録されている語句は、ページ番号のあとに「†」を付す。

ヤ行

ラ行

ワ行

付録 用語集

（石川幹人 HP「メタ超心理学研究室」より抜粋し、一部改訂）

あ行

- 因子分析（Factor Analysis）
  データの分布を説明する因子数個を、座標軸を回転することで見つけ出す統計的分析法。
- 隠蔽効果（Hiding Effect）
  超心理現象が自ら証拠を隠し、社会に露呈しないよう働いているかのように見える傾向。
- 生まれ変わり（Reincarnation）
  死者の人格が、別な生者に引き継がれること。
- 遠隔視（Remote Viewing）
  遠隔地点の様子を透視する実験であり、アメリカ政府の資金援助で進められた。
- 大きさ・方向モデル（Magnitude-Direction Model）
  超心理的能力の発揮は、その絶対的「大きさ」を決める要因と、ヒッティングかミッシングかの「方向」を決める要因との２つで特徴づけられるという、ジョン・パーマーの提唱するモデル。
- お蔵入り効果（File Drawer Effect）
  引出し効果とも訳される。有意でない結果に終わった研究が発表されずにしまいこまれて、たまたま有意となった研究のみが周知されてしまう問題。

か行

- 懐疑論者（Skeptic）
  超常現象に対する肯定的な仮説に対して、疑いの姿勢でのぞみ、その仮説を主張できる十分な証拠がそろっているかを追究する者。
- 外向性（Extraversion）
  他者や社会など、自分の外に関心が向いており、それが行動の基準となりやすい性格（必ずしも社交性や外交性を意味しない）。
- 会席者グループ（Sitter Group）
  複数の参加者を部屋に集め、交霊会に似た状況設定でマクロ PK 現象が起きるよう促すもの。
- カイ２乗値（Chi-Sguare Value）
  部分ごとの Z 値の２乗を足し合わせた値で、偏りの指標となる。 →付録「統計

分析の基礎」参照

- 下降効果（Decline Effect）
一連の実験セッションの後半に至るに従って、超心理実験のスコアが低下し偶然平均に近くなる（ときにはミッシングにもなる）傾向。
- 観測問題（Observational Problem）
量子物理学において、観測がどこで起きるかが理論的に導けないことから発生する問題。
- ガンツフェルト（Ganzfeld）
感覚制限状態を実現するひとつの方法であるが、超心理学では通常それを使ったESP実験を指す。
- 帰無仮説（Null Hypothesis）
通常は従来説で、仮説検定において「ありそうもない」と棄却されることが目指される。 →付録「統計分析の基礎」参照
- 偽薬効果（Placebo Effect）
薬効のない偽の薬でも、薬を飲んで治るという期待でもって、実際に治癒効果があること。プラセボ効果。
- 強制選択（Forced Choice）
ESP実験で、被験者があらかじめ決められた選択肢から、ターゲットを推測して選ぶこと。 →**自由応答**
- 空間的転移（Displacement）
超心理的効果が期待されたターゲットでなく、その周囲のものに対して働く現象。
- 偶発事例（Spontaneous Case）
予知夢など、超心理的と思われる現象が日常の中で起きて報告される事例。
- 決定拡張理論（Decision Augmentation Theory）
ESPをもとに超心理現象を一元的に捉える理論であり、私たちが意思決定をするときに、ESPによって将来の結果を感知して、自分の希望に合うような選択を行なっているとする。エドウィン・メイが提唱する理論。
- 現象学的方法（Phenomenological Study）
先入観を排して、内観に現われる現象をインタビューによって調べ考察する研究方法。
- 効果の大きさ（Effect Size）
注目する特徴の明瞭さを、試行数によらずに分析した統計値。
- 行動主義（Behaviorism）
刺激と行動の対応関係を探れば、人間の心的活動の究明には十分であり、心のなかの状態などは一切問題としない心理学のかつての主要学派。
- 交霊会（Seance）
霊媒とともに会席者がテーブルを囲み、死者からの通信や霊的な特異現象を体

験する場。

- **コール**（Call）
  ESP実験で被験者がターゲットの絵柄などを回答すること。またはその回答結果。
- **コールド・リーディング**（Cold Reading）
  誰にでも当てはまりやすいことを次々と述べたり、外れたこともうまくごまかしたりすることで、さも「占いが当たる」と信じさせる手法。
- **実用的情報**（Pragmatic Information）
  理解されねばならないという確認性と、行動の変化を引き起こさねばならないという新奇性とを合わせて定義された情報。

さ行

- **サイコップ** → **CSICOP**
- **サイコメトリー**（Psychometory）
  通常の推測過程を経ずに、特定の物品にまつわる出来事を知ること。
- **サイバネティック・モデル**（Cybernetic Model）
  脳が、五感を通じて外界の情報を収集し、身体運動を制御して行動を生み出しているという、情報工学の典型的な考え方。
- **サブリミナル効果**（Subliminal Effect）
  意識できる閾値に満たない刺激であっても、それを呈示した場合、自覚されずに脳で処理され長期記憶へと送られる効果で、ESPにおいても類似した情報処理過程が働くと見られている。
- **時間的転移**（Time Displacement）
  超心理的効果が期待されたターゲットでなく、過去や未来の類似したターゲットに対して働く現象。
- **試行**（Trial）
  超心理実験で被験者が行なう繰り返し操作の最小単位。
- **死後生存**（Survival）
  生まれ変わりや憑依などによって裏づけられる可能性のある、人格の死後生存、またはその研究。
- **実験者効果**（Experimenter Effect）
  実験者が実験結果に与える影響で、一般には実験対象（被験者など）の取扱い方の問題を指すが、超心理実験では実験者が超心理的能力を発揮して結果に影響を及ぼすことを主に指す。
- **質問紙調査**（Questionnaire Survey）
  質問を印刷した紙を配布し、多人数からの回答を得て、人々の意見や経験の実態を調査すること。

- **自由応答**（Free Response）
  ESP実験で、ターゲットの選択肢があらかじめ示されておらず、被験者が自由に推測して答えること。 **→強制選択**
- **証明指向**（Proof-Oriented）
  超心理現象の実在性の証明を目指した研究。 **→プロセス指向**
- **人格**（Personality）
  主体的意志を持つ自律的個人を構成する特性の総体。
- **シンクロニシティ**（Synchronicity）
  カール・G. ユングが提唱した共時的現象であり、複数の出来事が非因果的に意味的関連を呈して同時に起きること。共時性。
- **心霊主義**（Spiritualism）
  人間は死後にもその魂が引き続き存在し、ときには生者がその魂と交信できるとする考え方。
- **スクリーニング**（Screening）
  多くのもの（被験者）から適合するもの（優秀な被験者）を選別すること。
- **スターゲイト**（Stargate）
  遠隔視実験を中心に行なった米国政府（CIAおよびDIA）の超心理スパイ研究プロジェクトの名称。
- **ストループ効果**（Stroop Effect）
  赤色で「緑」と書かれた文字などの、名称と彩色が異なる文字を音読させると、その読みの反応に遅れが生じる現象。複数の感覚情報が干渉して起きる。
- **セッション**（Session）
  超心理実験で被験者が1回（1日）に行なう繰り返し実験の連なり。
- **側抑制**（Lateral Inhibition）
  信号の大きさに応じて周辺の信号を減算することで、コントラストを高める知覚の機能であり、人間の視覚のみならず、他の感覚器官にも備わっている。

た行

- **ターゲット**（Target）
  ESP実験で透視などの対象となる記号や図形。PK実験では影響を及ぼす先の物体。
- **対照群**（Control Group）
  統制群とも呼ばれ、実験上で注目している条件以外の条件を実験群と同一にした実験対象の集まりであり、実験結果を実験群と比較するために設ける。
- **体脱体験**（Out-of-Body Experience）
  意識の中心が肉体の外部にあるという主観的印象を与えるような、一連の内的イメージや感覚。「体外離脱体験」や、俗に「幽体離脱」とも言う。

- 対立仮説（Counter Hypothesis）
  仮説検定において主張したい説で、帰無仮説が棄却されたときに受容される。 →付録「統計分析の基礎」参照
- ダウジング（Dowsing）
  水脈占いともいわれ、棒や振り子を使って地下に埋まっているものの捜索などを行なう超常的技術。
- ダブルブラインド法（Double-Blind Method）
  被験者も実験者もともに実験の詳細を知らないまま実験を行なうことであり、実験者の期待が結果に影響すること（実験者効果）を防ぐ。
- 遅延効果（Linger／Lag Effect）
  PK実験で、被験者が念じた後まで（または後に初めて）対象物に効果が現われる現象。
- 地球意識プロジェクト（Global Consciousness Project）
  世界各地に乱数発生器を設置して乱数を記録し、その偏りと地球規模の出来事との対応関係を調査しようとする試み。
- 超常現象（Paranormal Phenomena）
  人間が体験報告する現象のうちで、幻覚などの心理的説明以外に、通常の物理学では説明のつかないような現象の総称（超心理現象を含む）。
- 適合行動理論（Conformance Behavior Theory）
  非決定的な物理系の状態が、「傾向性を持つシステム」の傾向性に適合するよう、自然に決定づけられることで超心理現象を説明する理論。レックス・スタンフォードが提唱した。
- テレパシー（Telepathy）
  通常の感覚器官を経ずに他者の思考内容を感知すること。
- 透視（Clairvoyance）
  通常の感覚器官を経ずに物体（の状態）を感知すること。
- 特異現象（Anomalous Phenomenon）
  超心理学の対象となるテレパシーなどの現象に対して、旧来のメカニズムを連想させるような用語の代わりに用いられるようになってきた言葉。「変則的現象」ともいう。

な行

- 認知心理学（Cognitive Science）
  人間の行動を引き起こす心の内的状態（あるいは脳状態）を想定し、コンピュータモデルなどで、心の働きの機能的な解明を目指す研究。
- 認知的不協和（Cognitive Dissonance）
  社会心理学者のレオン・フェスティンガーが提唱した理論で、無意識のうちに

記憶が改ざんされる現象をとらえて、自分にとって不都合な記憶を解消する（協和的にする）ために、自ら記憶を都合よく変更していると説明する。

- **念写**（Thoughtography／Nen-Graphy）
  超常的方法で写真フィルムに感光を生じさせることで、福来友吉によって発見・命名された。
- **能力者**（Psychic／Sensitive）
  一般人よりも強い超心理的能力を、比較的安定して示すことに長じた人物。学術論文ではSensitiveが多く使われる。

は行

- バイオフィードバック（Biofeedback）
  被験者に自分の生理学的な指標を知らせてコントロールさせる手法。
- パラダイム（Paradigm）
  用語の使い方、観察・実験の行ない方、何が研究成果であるかなどを規定する、科学研究上の枠組みであり、科学史家のトマス・クーンによって命名された。
- **反復性偶発的PK**（Recurrent Spontaneous Psychokinesis）
  マクロPK現象を無意識的に断続して繰り返すことで、ポルターガイストの超心理的効果による説明として導入された概念。RSPKと略記される。
- ヒーリング（Psychic Healing）
  超心理的な働きによって病気を治すという考え方であり、祈りや手かざしなどの方法が知られる。
- **被験者**（Subject／Participant）
  心理学、生理学、医学などにおける管理実験の対象としての協力者。近年は「実験協力者（Participant）」と記すことが多い。
- ヒツジ群（Sheep Group）
  超心理実験の成功を信じる被験者の集まりで、偶然平均より有意に高い得点を取る（ヒッティング）傾向があるとされる。
- ヒツジ・ヤギ効果（Sheep-Goat Effect）
  超心理実験の成功を信じる被験者（ヒツジ群）が、成功を信じない被験者（ヤギ群）よりも実験得点が有意に高くなる傾向。
- ヒッティング（Hitting）
  超心理実験で、偶然平均より有意に高い得点を取る傾向。
- **憑依**（Possession）
  肉体のない人格が生者に乗りうつり、その人格を支配するとされること。
- フィールド乱数（Field RNG／REG）
  イベント会場などに、乱数発生器を持ち込んで測定される、乱数の偏り。

- **プロセス指向**（Process-Oriented）
  超心理現象の性質究明を目指した研究。 **→証明指向**
- **変性意識状態**（Altered States of Consciousness）
  通常の精神機能とは異なる意識状態の総称であり、夢見、催眠、瞑想、幻覚剤などによって引き起こされる。
- **ホット・リーディング**（Hot Reading）
  事前にひそかに収集した情報を占いとして述べることで、さも「占いが当たる」と信じさせる手法。
- **保有抵抗**（Ownership Resistance）
  自分が超心理的な能力を持つこと、あるいは持っていると知られることへの心理的抵抗。
- **ポルターガイスト**（Poltergeist）
  ある特定の場所や建物で発生する特異現象であり、物品の浮遊や激しい物音、電灯の点滅などが断続的に繰り返して起きる。

ま行

- **マクロ PK**（Macro-PK）
  物体移動や金属曲げのような、巨視的な物体に働く大きい PK。
- **ミクロ PK**（Micro-PK）
  物理乱数発生器の乱数決定機構のような、微視的な過程に働く小さい PK。
- **ミッシング**（Missing）
  超心理実験で、偶然平均より有意に低い得点を取る傾向で、ESP を発揮して正しいターゲットを意識下で知ったうえで、別なコールをしたと解釈されている。
- **明晰夢**（Lucid Dream）
  夢を見ていると自覚した夢であり、体脱体験との関連性が指摘される。
- **メタ分析**（Meta-Analysis）
  「分析の分析」であり、統計分析のなされた複数の研究を収集し、それらをさまざまな角度から統合したり比較したりする分析法。
- **目撃抑制**（Witness Inhibition）
  超心理現象を目撃したという経験を否定しようとする傾向、あるいは目撃をしないようにする傾向。
- **目的指向性**（Goal-Oriented）
  設定された目的に応じて、それがなかば自動的に達成されるように働く性質であり、超心理現象の典型的な性質とされる。

や行

- ヤギ群（Goat Group）
  超心理実験の成功を信じない被験者の集まりで、偶然平均より有意に低い得点を取る（ミッシング）傾向があるとされる。
- 唯物論（Materialism）
  すべての存在世界は物的世界のみであるという、現代の自然科学が一般に採用している世界観。物質一元論。
- 有意水準（Significant Level）
  仮説検定において p 値が有意に小さいと判定するための境界値、通常は5%とするが、研究分野や対象で異なる。 →付録「統計分析の基礎」参照
- 予感（Presentiment）
  将来の出来事を無意識的に感じ取ることであり、生理指標などを手がかりにした予知の実験が可能である。
- 予知（Precognition）
  通常の推測過程を経ずに将来起きることを知ること。

ら行

- ライン研究センター（Rhine Research Center）
  ノースカロライナ州ダーラムにある超心理学の研究拠点。故 J. B. ラインが設立した研究機関が前身となっている
- 乱数（Random Number）
  予測不可能な数の系列であり、ESP 実験のターゲットを無作為（ランダム）な順番に準備するために使われる。
- 乱数発生器（Random Number Generator／Random Event Generator）
  超心理実験で使用する乱数系列を発生させる物理的器械で、RNG と略称される。2 値の乱数系列を発生させるものをとくに REG と呼ぶ。REG は本来ランダムな事象を作る装置のことだが、乱数についても用いられている。
- 臨死体験（Near-Death Experience）
  一旦死亡と判断された後に生還したり、きわどいところで死から免れたりした人物が持つ、一連の内的イメージや感覚。
- 霊姿（Apparition）
  人間によって目撃されたり写真に撮られたりする、幽霊らしき姿。
- 霊媒（Medium）
  交霊会において、霊的作用を媒介する能力者。
- 連想（Association）
  ある提示された単語や概念に関連して思いつく記憶を想起すること。このプロセスに関連して ESP が働くという多くの実験報告がある。

英字

- **AAAS**（American Association for the Advancement of Science）
  米国科学振興協会という学術団体の集まりであり、機関誌『サイエンス』を発行している。
- **CSICOP**（the Committee for the Scientific Investigation of Claims of the Paranormal）
  「超常現象の科学的調査のための委員会」と称する、懐疑論者のもっとも大きな団体（現 CSI）。本文では「サイコップ」と表記している。
- ***d*** **値**（d-Value）
  効果の大きさを示す代表的な指標。 →付録「統計分析の基礎」参照
- **EDA**（Electrodermal Activity）
  緊張や覚醒水準の度合いに対応して変化する皮膚の電気的活性度で、超心理学実験で広く使われる生理指標。
- **ESP**（Extra-Sensory Perception）
  超感覚的知覚。テレパシー・透視・予知などの総称で、PK（念力）とともに超心理学の代表的な研究対象。
- **ESP カード**（ESP Card／Zener Card）
  ESP 実験用にラインが作成した、5 種類の抽象的記号が書かれたカード。記号をデザインした心理学者にちなんでゼナーカードとも呼ばれる。
- **IAPS**（International Affective Picture System）
  情動研究などで使用される、感情を刺激する画像を集め、各々の刺激の度合いが定量的に調査済になっているデータベース。
- **JP**（*Journal of Parapsychology*）
  ライン研究センターで発行されている超心理学の学術論文誌。
- ***p*** **値**（p-value）
  仮説検定において帰無仮説が正しいときに該当の結果が得られる確率で、この値がごく小さいときに対立仮説が有意になる。 →付録「統計分析の基礎」参照
- **PA**（Parapsychological Association）
  超心理学協会。会員約 200 名で、毎年国際会議を開催している。
- **PEAR**（Princeton Engineering Anomalous-Phenomena Research）
  プリンストン大学工学部の特異現象研究プロジェクトの略称。2007 年に閉鎖。
- **PK**（Psychokinesis）
  念力。通常の身体運動を用いずに物体の状態を変化させることで、ESP とともに超心理学の代表的な研究対象。
- **PMIR**（Psi-Mediated Instrumental Response）
  超心理現象を説明する理論であり、目的を達成するための手段として、無意識のうちに思考や行動を倹約すべく、超心理的プロセスが働くとされる。レックス・スタンフォードが提唱した。

- **PSI**（サイ）

  ESP と PK を 2 大要素とする超心理学の研究対象の総称。本書では、「超心理現象」や「超心理的能力」などと言いかえている。

- **SPR**（Society for Psychical Research）

  1882 年にロンドンで設立された「心霊研究協会」。初代会長は哲学・倫理学者のヘンリー・シジウィック。伝統的には霊魂仮説にもとづく研究がなされていたが、近年では超心理学の研究が中心になっている。

- ***z* 値**（z-Value）

  仮説検定において p 値を求めるときに間接的に使われる値。 →付録「統計分析の基礎」参照

付録 統計分析の基礎

超心理学には統計的な分析が欠かせない。なぜなら、超心理現象が存在するのであれば、さまざまな要因がからまった複雑な現象であり、それを解きほぐすために有効なツールを探すと、統計分析以上に適するものがないからである。複雑な現象は、なにも超心理学という分野にかぎられたことではなく、人間や社会にかかわる多くの学問の対象に普遍的に見られる。したがって超心理学の統計分析にも、人文科学や社会科学で採用されている標準的な方法を用いる。

この付録では、超心理学でおもに使われる代表的な統計分析と、その考え方を概説する。超心理学にかぎらず、統計分析を使用する人文・社会諸科学のための入門講座とも位置づけられる。

存在証明と仮説検定

統計分析によって、超心理現象が存在することの実験的証明は主に**仮説検定**によってなされる。仮説検定とは、土俵にのぼったふたつの仮説のあいだの戦いにたとえられる。「超心理現象が起きた」という新入幕の仮説が、「超心理現象は起きない」という年季の入った従来仮説を打ち負かせるか、いざ一番勝負というところである。

ここでは古典的なESPカードを使った透視実験を例にして考えてみよう。実験を開始する前に、従来仮説にもとづく具体的な仮説「透視などは起きえないので、ESPカードが当たったとしても、それは単なる偶然にすぎない」を設定し、それに対して主張したい新仮説「ESPカードが当たることは、透視による必然的な結果だ」を対立させる。

仮説検定では、前者を**帰無仮説**、後者を**対立仮説**と呼ぶ。

帰無仮説は、「のちに無に帰する」ことを意図して暫定的に設定されるものであり、統計的な検討の結果「ありえない」と棄却されるものである。

帰無仮説が棄却されたがゆえに認められるのが、もともと主張したかった対立仮説である。以下に3ステップで仮説検定の手順をまとめる。

❶仮に帰無仮説が正しいとして統計計算すると、実験結果が起きる確率はきわめて小さい。
❷そんなに「めったに起きない」ことが、「げんに起きた」と考えるよりも、帰無仮説自体が誤りであったと考える。
❸帰無仮説が誤りならば、代わりに対立仮説を受け入れる。

実験を行なう前に、よく精査しておかねばならないのは❸である。かりに❶と❷がうまくいき、「偶然にすぎない」という帰無仮説が誤りであったと判定されても、主張する対立仮説が受け入れられないものであれば、実験はもう企画の段階から失敗である。

本書第3章には、かたくなな否定論者が「ESPカードが裏から透けていた」、「カードに爪でキズがつけられていた」など、対立仮説自体に異を唱える代替仮説を主張してきた実態を記した。超心理学の存在証明実験は、そうした代替仮説が入りこまないよう精密に管理された実験でなければならない。事実、少なくとも1980年代以降はそのようにしっかり管理されてきた。

有意確率（p値）の計算

上に述べた❶の計算の手順を紹介しよう。帰無仮説が正しいとした場合に、実験結果が起きる確率を**p値**と呼ぶ。

p値が小さければ小さいほど、帰無仮説を棄却するのが容易になり、主張したい対立仮説の正当性が高まる。たとえばp値が1万分の1より小さければ、「偶然こんなに当たることは1万回に1回もない」のだから、「帰無仮説は正しいはずがない」となる。意図どおりに、実験結果の意味が出てくるわけだ。そこでp値のことを実験の有意《ゆうい》さをおしはかる確率という意味で**有意確率**とも呼ぶ。

p値を計算する原理は簡単である。起こりえる場合を数え上げて、その

実験結果（およびそれ以上の結果）が偶然に起きる確率を出せばよい。本書第5章のナターシャの実験で彼女は7人のうち4人を当てたが、その p 値は、4人が偶然当たる確率と、5人以上が偶然当たる確率をすべて足せばよいのである（第5章 ＊2）。

回数が少なければ、起こりえる場合を数え上げる計算がなんとか可能であるが、回数が多い場合はかなり面倒な作業になる。しかし、ESPカードの実験のように100回以上にもわたる「繰り返しのある実験」で、その全体の平均値を問題にする場合は、おおよその p 値を簡単に概算する方法が知られている。理論的なバラつきの度合いである**標準偏差**を使った方法である。

ESPカード実験のように、当たりか外れかのどちらかになる場合は、標準偏差を求める以下の特別な公式がある。

$$標準偏差 = \sqrt{(偶然当たる確率 \times 偶然外れる確率 \times 試行回数)}$$

ここでESPカード実験を100試行した場合の標準偏差を求めてみよう。

ESPカードには5種類のシンボルがあるので、偶然当たる確率は5分の1、外れる確率は5分の4である。したがって標準偏差は、0.2 × 0.8 × 100の平方根をとって4となる。これは、ESPカード100枚のうちの当たりの期待数（統計的に期待される平均値）は20枚であるが、上下4枚くらいのバラつきはふつうに起きることを示している。100枚中24枚当たったとしても、偶然の公算が高い。

ではどのくらい多く当たれば偶然とは言えないのか？　それには、次に示す ***z* 値**の計算が必要とされる。

$$z 値 = \frac{(実験で当たった枚数 - 偶然に期待される当たり枚数)}{標準偏差}$$

100枚中24枚当たったときは z 値が1、偶然期待される20枚ちょうどが当たったときは z 値が0、逆に100枚中16枚しか当たらなかったときは z 値が−1となる。つまり、期待平均以上当たると z 値はプラス、平

均以下の場合はマイナスとなる。そして、z 値が－1から＋1のあいだは、偶然のバラつきの範囲であり、次の図のように全体の約68％がその範囲に、－2から＋2の範囲には約95％が入る。

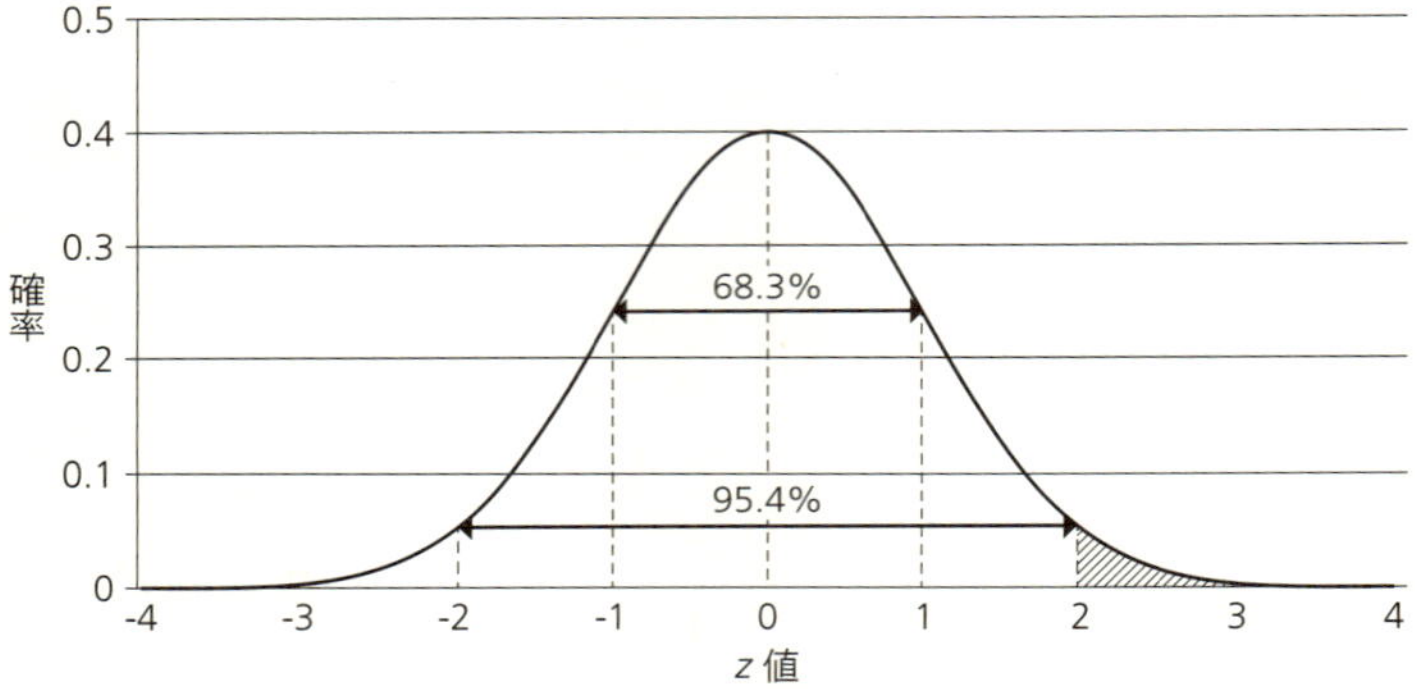

z 値に対する確率（標準正規分布）

さて、それに対して標準偏差の2倍や3倍などと、より多く当てた場合、言い換えると100枚中28枚もしくは32枚当てた場合は、だんだんと偶然とは言えなくなってくる。

どの程度「偶然とは言えない」かは、p 値を算出することで判断できる。

z 値と p 値は次の表のような関係になっている。たとえば z 値が2のときの p 値は、上図の斜線部の面積に相当する。

z 値と p 値の対応表

z値	p値
0.00	0.500000000
0.25	0.401293726
0.50	0.308537533
0.75	0.226627280
1.00	0.158655260
1.25	0.105649839
1.50	0.066807229
1.75	0.040059114
2.00	0.022750062
2.25	0.012224433
2.50	0.006209680
2.75	0.002979819
3.00	0.001349967
3.25	0.000577086
3.50	0.000232673
3.75	0.000088445
4.00	0.000031686
4.25	0.000010696
4.50	0.000003401
4.75	0.000001018
5.00	0.000000287
5.25	0.000000076
5.50	0.000000019
5.75	0.000000004
6.00	0.000000001

100枚中28枚当てた場合は、z値が2でp値は約2.3%、100枚中32枚当てた場合は、z値が3でp値は約0.1%、44枚も当てれば、z値が6でp値は約10億分の1ということになる。

z値が3を超えて増えると、急速にp値が減少し、偶然ではありえないほどの微小確率となっていく。

なお、表にはz値がプラスの場合しかないが、マイナスの場合は期待平均未満しか当たっていないので、p値を算出するまでもなく「帰無仮説は正しい」とされる（つまり、帰無仮説は棄却されない）。

1933年にJ. B. ラインが、能力者と目されていたヒューバート・ピアースを対象に行なったESPカードによる実験では、p値が10^{27}分の1という驚異的な結果を出している（『超常現象を科学にした男』53頁）。試行回数が増えてもなお偶然平均以上当て続けると、このような天文学的数字になる。

有意水準による判定とその危険性

p値が算出されたところで、先のステップ❷以降の解説に入ろう。

帰無仮説が誤りかどうかの判定に使われるのが、仮説の土俵で行司の役割を担う**有意水準**である。p値が有意水準を下回れば、帰無仮説は棄却され、対立仮説に軍配があがることになる。

通常の人間や社会にかかわる問題の場合、この有意水準は5%とされている。すなわち**p値が5%より小さい場合に「p値が有意である」**（または「主張する対立仮説が有意である」）と言い、帰無仮説が棄却され、ステップ❸で対立仮説が受容される。実験は成功というわけだ。

p値が5%より大きい場合は「有意でない」と言い、帰無仮説は棄却できず、実験は失敗とされる。ただしこれは帰無仮説が正しいことを必ずしも意味しない。なぜなら、この実験の範囲では（データが少なくて）どちらとも言えないという場合も含むからである。この背後には、帰無仮説は従来の定説であり、十分な証拠がない限りはそちらの説が受け入れられるという考え方がある。

また、有意水準が5%では基準がゆるすぎるという主張もある。偶然では5%しか起きないから「帰無仮説を棄却する」という基準では、5%の

確率で起きた「偶然の結果」をもとに、「正しい帰無仮説」を誤って棄却する可能性が考えられる。

人間や社会に関する研究分野では、さまざまな影響が複雑にからみあうので、ゆるい基準を採用して、わずかな可能性も拾い出す研究が奨励されている。ときには誤りもあるという危険を甘受《かんじゅ》し、そのあとで追加の実験や調査をして、さらに確実な仮説に固めていくという方法をとっている。つまり、新入り仮説が勝てる可能性をあげておいて、最終の決定を次回以降の再実験にゆだねている。新入り仮説がその後の土俵でも勝ち続けられるのか、お手並み拝見というわけだ。

だが、誤りが許されない医薬品の開発や、多額の投資の明暗を分けるような経営判断では、危険性はもっと低くしなければならない。そのような場合は有意水準をもっと厳しくし、なるべく確実な結果を出すようにしている。このように有意水準の値は、研究分野や目的によって異なってくる。

この議論から、5% 水準で対立仮説が有意になるという背景には、誤って対立仮説を受容してしまう危険性が 5% は残っていることがわかる。20 回に 1 回の頻度で誤った主張を正しいと見なしてしまうわけだ。しかし「超心理現象が起きた」というような物議をかもす対立仮説を、そんなに危険性が残っている状態で主張してよいわけはない。有意水準は対立仮説の主張のリスクに応じてかなり小さくしなければならない。

超心理学分野における有意水準をどの程度に設定するかについての合意はないが、1 回の実験で主張をしたい場合には、0.5% 程度の有意水準が目安になる。第 5 章冒頭のナターシャの実験で、サイコップが「7 人のうち 5 人を当てたら、私たちはあなたの ESP 能力を認めます」と宣言したのは、p 値にして 0.0044 相当の現象の発現を求めているので、0.5% の有意水準を用いた仮説検定に相当している。

有意水準をクリアして受容された対立仮説は、「**統計的に証明された**」などと呼ばれることがある。だが、この言い方は誤解を招きやすい。統計的な証明は、論理的な証明とは異なり、つねにいくらかの危険性を背負っている。どんなに厳密な実験であっても、そのわずかの確率で「**たまたま**」**対立仮説が受容されている可能性はつねに残されている**のだ。

ちがいを比較する場合

本書第7章のヒツジ・ヤギ効果を調べる場合や、第9章の下降効果を調べる場合は、ふたつのデータ群の違いを**比較検定**する。ヒツジ・ヤギ効果の場合はヒツジ被験者（A群）よりもヤギ被験者（B群）の得点が、下降効果の場合は前半部の試行（A群）よりも後半部の試行（B群）の得点が有意に高いと仮説できる。その計算は次の式で z 値を算出したのち、p 値で判定できる。

$$z\text{値}=\frac{(\text{A群の試行で当たった枚数}-\text{B群の試行で当たった枚数})}{\text{標準偏差}}$$

ただしこの式を適用できるのは、A群とB群の試行回数が同じ場合のみである。たとえば、あるESPカード実験で各群の試行回数が200回のとき、標準偏差は、0.2 × 0.8 × 400の平方根をとって8となる（400はA群とB群を合わせた試行回数）。実験結果が、A群の試行で当たった枚数は50枚、B群の試行で当たった枚数は30枚だとすると、z 値は（50 − 30）／8 = 2.5となる。前掲の表からそれに対応した p 値を調べると0.6%であり、仮説は有意であると判定できる。

A群とB群の試行回数が異なる場合、試行回数が少ない場合などは、少し難しい計算が必要となるので、統計学の専門書を参照されたい。

多重検定とお蔵入り

とある生活に関する全国調査をした結果について仮説検定を行なったところ、調査対象全員では5%水準で有意にならなかったのに、山梨県に住む人に限ると5%有意になるというような例がよくある。それは山梨県に何かの特徴があるためかもしれないが、たんなる偶然とも考えられる。

先に述べたように、5%の有意水準は20回に1回程度の頻度で偶然にクリアしてしまうので、47都道府県でそれぞれ集計したら、そのうちの2つくらいは、確率的には偶然5%有意になる。このように分析の過程に

複数の検定が行なわれている場合は**多重検定**と呼ばれ、有意性の判定にとくに注意が必要である。

一般的な対処の仕方は、1回の検定に使われている有意水準を、その分析に含まれる検定の個数で割って新たな有意水準とすること（**ボンフェローニの補正**）である。上の例では、有意水準を0.05／47にして判定するということになる。

あるいは、別なかたちでの再調査が可能ならばそのほうがよい。再調査でも山梨県に同様な特徴が現れれば偶然ではなく、特徴が他の県に移動すれば、山梨県に出た特徴は偶然だったと判断できる。

超心理学の実験でも、多人数で実験した結果、全体では有意な結果が得られなかったが、事前に行なっていた性格検査において特定の項目が高い人に限れば有意、という考察は慎重になされる必要がある。分けた項目の数で割って有意水準を下げて判定すべきであるし、可能なら再実験が望まれるところである。

本書第7章に記したヒツジとヤギが混在している場合の効果の判定を、多重検定として扱うことも可能である。ESPの発現は、カードを期待平均よりたくさん当てる方向にも働くこと（ヒツジ）も、期待平均より少ししか当てない方向に働くこと（ヤギ）もあると仮説できる。事前にヒツジかヤギかが判明していない実験の場合、2通りの仮説を重ねた多重検定と見なせる。

先の図に示したように、z値に対する確率の分布は、z値のプラスとマイナスで対称である。ゆえにz値がマイナスで「ヤギ」が想定される場合は、z値のマイナスを外した（絶対値をとった）うえで、先の表からp値を読みとってよい。その代わりに、有意水準を半分に補正して、厳しく判定することが必要である（統計学の教科書にある「両側検定」に相当）。

実験や調査の結果を克明に論文に記しておけば、判定の是非はそれほど問題にはならない。なぜなら論文の読み手は記録からさまざまな事情を勘案し、有意水準を独自に設定したうえでの判断ができるからだ。その観点から、最近ではp値を記すのみで、有意水準の設定や有意性の判定をしない論文も増えている。

しかしここには大きな問題がひそんでいる。一連の実験や調査で、いく

つもの検定を行ないながら、有意な結果が出なかったものを伏せておき、有意な結果が出たものだけを論文に報告している場合がある。これがまかり通ってしまうと、読み手の方で有意水準を妥当に設定したうえでの判断ができない。人間や社会に関する他の研究分野で、この問題が自覚されないまま、不備のある論文報告が蔓延している向きもある。

また、多重検定でなくとも、20〜30回の実験や調査を実施すれば、そのうちの1回くらいは偶然5%有意になるので、その回の結果だけを報告する悪意のある研究者も想定できる。さらに、同じ実験を20〜30人の研究者がたまたま同時期に実施しているのならば、そのうちの1人くらいの実験は偶然5%有意になるので、他の研究者の失敗実験を知らずに、善意のうちにその有意となった結果を報告することも考えられる。

このように、失敗した結果が「お蔵入り」にされることで、本来は偶然であるのに報告結果だけを見ると成功に見えるような現象を**お蔵入り効果**という。

超心理学分野では、行なった実験や分析を、思わしい結果が出なかったものも含めて報告することが奨励されており、これらの問題は限定的となっている。第3章末に述べたように、この対処は懐疑論者からの批判に応じて1970年代の後半になされ、少なくともガンツフェルト実験については、以降30年にわたり失敗した結果もきちんと報告されているとみられる結果が得られている。

メタ分析と効果の大きさ

多くの研究報告に含まれる同種の実験や調査を総合して、その全体にわたる統計分析を論じる手法を**メタ分析**と言う。土俵上の多くのとり組みを総計し、結局のところどの力士がどのくらい強いのかを最終決定するといった手法である。このメタ分析を使うと、失敗した結果がどの程度お蔵入りになっているかも推定できる。

たとえば、ラディンとフェラーリは、1935〜87年までのサイコロPK実験の148報告（52人の研究者）を実験群に、それらの一部に含まれていた、PKをかけない対照実験31を対照群としてメタ分析にかけた（Effects of

Consciousness on the Fall of Dice: A Meta-Analysis, *Journal of Scientific Exploration*, Vol.5, *pp*.61-84, 1991)。

データは2659名の被験者にわたり、総計200万試行に及んだ。

PK実験群全体の z 値はなんと18.2であり、先の表を大きくはみ出すほどきわめて有意であった。一方の対照群の z 値は0.18で、当然ながらほぼ期待平均であった。

この実験群の結果を、失敗実験のお蔵入り効果だとして有意でなくするには、いくつの発表されないお蔵入り報告がなければならないのだろうか。ちょっと面倒な計算（第3章＊19の論文参照）が必要なのだが、ラディンらは1152と算出している（第9章＊11を参照）。

第9章では乱数発生器実験のメタ分析について述べたが、いずれも推定されるお蔵入り報告数があまりにも大きいので、実験結果の有意性をお蔵入り効果で片づけるには、研究者の数と所要時間からして無理がある。

メタ分析を行なうと、総計の試行数が大きくなるので、z 値や p 値の議論は向かなくなる。実験や調査を多数回繰り返す（実験の場合は試行回数 N の増加、調査の場合はサンプル数 N の増加に相当）と検出力が上がるので、小さな効果でもそれが存在するならば検出され、N の増加に応じて z 値は増し、p 値は極端に小さくなっていく。

しかし人間や社会の現象は複雑であり、何らかの効果が存在するとしても、それが小さすぎるのでは究明が進まないことが多い。

超心理現象の場合、「小さい効果でも物理学で説明できない現象が観測されている」というだけで本来は追究する意義がある。とはいえ、あまりに小さすぎる効果では、現実的にそれ以上の研究を進めるには、おもに費用対効果の面で困難をきわめる。

こうした背景から、メタ分析では**効果の大きさ**を判定することが、より求められるようになっている。

効果の大きさの代表的な指標は ***d*** **値**であり、z 値から N の増加による影響を除いた次の式で得られる（つまり N によらない指標である）。

$$d\text{値}=\frac{z\text{値}}{\sqrt{N}}$$

この d 値は、0.2 で小さな効果とされ、0.5 で中程度の効果に至り、0.8 で大きな効果であるとおおよそ見なされている。

上のサイコロ PK 実験の z 値は 18.2 だったが、N が 200 万回にものぼるので、d 値はわずか 0.01 となる。乱数発生器の PK 実験の d 値も同程度で、PK はごくわずかの効果でしか検出されていないことになる。

一方、カードを使った ESP 実験の d 値は 0.02 から 0.03 であり、PK 実験よりもやや大きいが、依然としてわずかの効果である。それに対して、ガンツフェルト実験や遠隔視などの自由応答 ESP 実験では、d 値が 0.2 前後に安定しており、無視できない小さな効果が得られている。

また、ベムの開発した予感実験でも d 値は 0.2 であり、予知であっても他の自由応答 ESP 実験と同程度の効果が安定して得られている。さらに予感実験の一部では、新奇性追求尺度との関連性を調べてあり、その高得点者に限って集計すると d 値は 0.4 を超えることが示されている。新奇性追求は、伝統的に超心理現象が誘導されやすい性格に含まれており、偶然の偏りが多重検定によって、誤って「効果」と見なされたわけではない。

本本第 8 章末に概要を記述した諸々の予感実験によって、物理学的に厳密な条件で 0.4 を超える d 値が安定して得られる超心理実験法が確立されてきた。現在、超心理現象は、人間や社会に関する他の現象と比較しても遜色ない「中程度の効果」が検出されはじめていると言ってよい。

今後も研究が重ねられていけば、複雑な要因のからまりは徐々に解きほぐされる方向に進むであろう。超心理学の革新的発展は近づいているのかもしれない。

カイ 2 乗値を使った乱数の偏り分析

最後に、乱数発生器に現れる乱数の偏りの分析法の概要を述べる。乱数の偏りとは、1 秒間ごとに 0 がたくさん出るか、逆に 1 がたくさん出ることを「その 1 秒の偏り」とまず定義し、それをひとつのユニットとして実験期間の秒数にわたって累積することによって「期間全体の偏り」としている。

仮に 1 秒間に 400 ビットの物理乱数を生成している場合、01001101

110010……というように、400個の0と1が連なる。この出力の1の個数を数えると、偶然平均であれば200となる。200を大きく上回ると乱数が1に偏っており、逆に下回ると乱数が0に偏っていることになる（そもそも乱数発生器は理論上偏りが起きないように作られているので、「期間全体の偏り」の増大とは、「1秒ごとの偏り」が比較的大きい場合が、何らかの理由で実験期間に集中することで生じる）。

たとえば1秒ごとのz値については、標準偏差が$0.5 \times 0.5 \times 400 = 100$の平方根で10となるから、先の式を用いれば、1の個数が220のときz値が2で、170のときは−3となる。「1秒ごとの偏り」をz値で表わすと、それがプラスで大きいときと、マイナスで小さいときがともに「偏りが大きい」ので扱いづらい。そこでz値を2乗し、z^2値を求める。1の個数が220のときz^2値が4、170のときは9となり、「z^2値が大きいほど偏りは大きい」と見なせるので扱いやすい。この1秒ごとのz^2値を、実験期間全体にわたって足し合わせた値を**カイ2乗値**と呼ぶ。「カイ」はギリシャ文字でχ、英語ではchiと表記する。

たとえば、実験期間が2時間であると7200秒であるから、7200個のz^2値を足し合わせた値が、実験期間全体のカイ2乗値である。そしてこの「足し合わせの個数（ここでは7200）」を**自由度**と呼び、***f***で表記する。

じつはz^2値の理論的な期待値は1となる（詳細の解説は省く）ので、自由度fのカイ2乗値の期待値はfである。そこで、算出されたカイ2乗値からfを引き算した偏差が、プラスの場合は偶然平均より偏りがあり、マイナスの場合は偏りが少ない（0と1が統計的なバラツキよりも均等に出現している）と考えると便利である。

第9章のフィールド乱数発生器や、地球意識プロジェクトのグラフ（図9.4〜9.6）は、実験開始以後のカイ2乗値からfを引き算した偏差（つまり偶然以上の偏りの積算値）を図示したものである。つまり1分経過したら実験開始以来のカイ2乗値から60を引き算した偏差、2分経過したら実験開始以来のカイ2乗値から120を引き算した偏差というように次々とプロットしていくと、2時間後には、実験開始以来のカイ2乗値から7200を引き算した値に至る。その累積変動の折れ線が水平線よりも上昇していけ

ば、累積した偏りが大きいと判断できる。

この有意性判定は次のように行なう。自由度 f のカイ2乗値の標準偏差は $2f$ であるので、$f = 7200$ の場合、標準偏差は120である。2時間累積したカイ2乗値から7200を引き算した値が240の場合、z 値計算と同様に扱え、$240/120 = 2$ を Z 値として対応表から調べ、p 値は2.3%となり、偏りは有意になる。

また、図9.4〜9.6で示した累積変動グラフには、さらに右に開いた放物線の片側がプロットされているが、これは $p = 0.05$ に対応した境界線で、計算式では $1.645 \times \sqrt{2f}$ にあたり、この境界線を越えていれば5%有意となる（1.645とは、対応表で p 値が0.05のときの z 値に相当）。累積した偏りがかなり大きいときには、適宜小さな p 値に対応した境界線をグラフに記載する。たとえば、$6.00 \times \sqrt{2f}$ に相当する放物線を描けば、$p = 10^{-9}$ の境界線となる。

なお、複数の乱数発生器を同時に動作させた場合の標準的な分析方法は、もう少し込み入っている。それについては、該当の論文（第9章 ＊1など）を参照されたい。

付録 読書ガイド

超心理学に深く興味をもたれた読者には、さらなるガイドとしてこのリストを参考にしていただきたい。書店では入手不可能なものが多いが、図書館などでアクセスしてほしい。

日本語で出版されているもののなかから推薦できる70冊を、次の分類で紹介する。

【分類区分】 A. 超心理学の概要を知る文献
B. 超心理学研究者による文献
C. 懐疑派による、あるいは懐疑論争の文献
D. 超心理学近接領域の科学者による文献
E. 超心理学にまつわる科学論・メディア論の文献

A. 超心理学の概要を知る

01『超常現象を科学にした男——J.B.ラインの挑戦』

ステイシー・ホーン著、石川幹人監修、ナカイサヤカ訳、紀伊國屋書店、2011年

実験的方法を確立し、超心理学という学問分野を立ち上げたJ. B. ラインの研究と生涯を、ジャーナリストの著者がいきいきと描写している。魂の死後生存に興味をもっている著者のため、ESPカードの実験だけでなく、その背後でラインが心霊研究とどのようにかかわってきたかにも焦点が当たり、異色の内容になっている。

02『超心理学読本』

笠原敏雄著、講談社＋α文庫、2000年

1994年におうふうより刊行された『超心理学研究』を再編集したもの。1000円程度のコンパクトな本に、超心理学の、とくに実験面での基本的な知識がずっしり詰めこまれている。著者が立ちあった実験も記述されている「念力」の章が充実。入門書としてざっと読むのにも適しているが、研究のかたわら随時参照する本としても活用できる。

03『パラサイコロジー——超心理学の実験的研究』

ジョン・ベロフ編、井村宏次、岩本道人、鈴木孝彦訳、工作舎、1986年

編者のジョン・ベロフは、SPRの会長を1970年代に務めた大御所。エジンバラ大学に超心理学研究室を創設した。超心理学の実験にはなかなか成功しないものの、心身二元論を唱道して名高い。のちにアーサー・ケストラーが超心理学に提供した遺産

を引き受けるのに尽力した。本書は1970年代の実験研究をアンソロジーのかたちで7人の研究者が寄稿したものをベロフがまとめ、解説を付したもの。また、日本の研究者にとって一読の価値があるのは、井村宏次氏による巻末の解説である。

04『超心理学史——ルネッサンスの魔術から転生研究までの400年』

ジョン・ベロフ著、笠原敏雄訳、日本教文社、1998年

学問としての超心理学の歴史について、研究の入門に必要十分な事項がよくまとまっている。霊魂を想定した「心霊研究」を源流にもちながら、1930年代に当時の行動主義心理学の影響を受けつつ霊魂モデルを脱却し、人間の能力研究としてJ. B. ラインによる「超心理学」が確立した。しかし本流の心理学がそうであるように、その実証的方法論が行き詰まりを見せ、現代では、概念モデルと方法論の多様化がおきている。ただ、歴史にあまり興味のない方は、いきなり読むと飽きるかもしれない。いくつかの断片的知識ができた段階で読むと、それらがつながっておもしろい。

05『超心理学』

イヴォンヌ・カステラン著、田中義廣訳、白水社文庫クセジュ、1996年

超心理学の歴史を概説すると、どうしても英米が中心になりがちだが、原書がフランスで刊行された本書は、フランスにおける活動が中心に記述されている。フランスで著名なのは、1913年にアナフィラキシー（過敏症）の発見でノーベル医学・生理学賞を受賞したシャルル・リシェ。SPRの会長、パリの国際心霊研究所の所長を務めた。超心理学の統計的分析アプローチの草分けで、ラインより前にカードテストを行なっている。有無を言わさぬ超心理実験のデータを目の前にして、リシェは「われわれは提示すべきまともな仮説をまったくもちあわせていない。わたしとしては未知の仮説を、明日の仮説を信じたい」と、当惑と期待が交錯した言葉を残した。

06『超心理学入門——実験的探究と歴史』

萩尾重樹著、川島書店、1998年

超心理学の調査・実験研究例を、自身の研究成果を交えながらバランスよく説明し、研究の方法から、研究者トピックス、スターゲイト計画の概要まで、読者を飽きさせることなくテンポよく記述されている。イラストや写真も多く、これから研究を始めようという読者にお薦め。著者は大学で「超心理学の世界」という授業科目を担当していた。主要な研究は連想語の想起に際して起きるESPである。記憶を呼び起こすプロセスで、ESPが起きやすいことが多くの実験で知られている。

07『超心理学——念力、予知、テレパシー……あなたにもある不思議な力を解明する』

大谷宗司著、ゴマブックス、1994年

トピックごとに簡潔にまとまっており、広い話題をカバーしている。著者は防衛大学校の名誉教授で、同校で行なわれた実験も記載されているのは興味深い。また著者は現在、日本超心理学会の会長、および日本心霊科学協会の理事長も務めている。

08『神秘の世界——超心理学入門』

宮城音弥著、岩波新書、1961年

数々の心理学入門書を岩波新書などで発表していた当時の心理学界の大御所が、これらのラインナップのひとつとして書いた一冊。1985年には『超能力の世界』と改題して復刊されている。おそらく私が読んだ最初の超心理学の本である。その扉には、

「証明なくしては何物をも容認せず　アプリオリーに何物をも否定せず」と書かれている。簡単に言えば、やみくもに白黒つけないという科学的方法の真髄の表明で、超心理学研究ではとくに重要な観点である。

09『透視も念写も事実である
——福来友吉と千里眼事件』

寺沢龍著、草思社、2004年

超能力の研究に没頭して東京帝国大学を追われたとされている福来博士の伝記。彼が研究した念写は、海外でもNen-graphyとも呼ばれているくらい有名。ところが彼は、懐疑論者との論争に巻き込まれて苦労する。福来博士については偏った記述のものが多いなかで、卓越したできばえの書籍である。小説・映画『リング』の登場人物のモデルになった御船千鶴子や長尾郁子、高橋貞子の写真も見ものである。

10『近代スピリチュアリズムの歴史
——心霊研究から超心理学へ』

三浦清宏著、講談社、2008年

副題にあるように、心霊研究が超心理学へと展開する歴史について、とくに日本の事情が重点的に書かれている。著者は日本心霊科学協会の理事を務めた芥川賞作家。教鞭をとっていた明治大学を定年退官してすぐに刊行された。

11『ソ連圏の四次元科学
——赤い国の霊的革命（上・下）』

シーラ・オストランダー、リン・シュローダー著、寺洲みのる訳、たま出版、1973、74年

かつての東側「鉄のカーテン」の向こうで超能力研究が進んでいるという内容で、冷戦時代の当時、きわめてセンセーショナルなルポとして注目された。オストランダーとシュローダーはジャーナリストで、これに触発されたアメリカ政府が、スターゲイト計画などの超能力諜報プロジェクトを発足させたとも言われている（本文第2章）。

12『FBI超能力捜査官
ジョー・マクモニーグル』

ジョー・マクモニーグル著、中島理彦訳、ソフトバンククリエイティブ、2004年

アメリカ政府の超能力諜報プロジェクト「スターゲイト」で活躍したマクモニーグルの自伝。これを題材にした映画『サスペクト・ゼロ』もある。FBIとあるが、原題は「スターゲイト・クロニクル（*The Stargate Chronicles*）」だ。彼はFBIにいたことはなく、本来CIAまたはDIAとすべきところである。高い能力者の自伝と思って読むと、なかなかおもしろい点が多く発見できる。いろいろ「見えて」しまうことの悩ましさや苦しさ。透視の実験をするとき、往々にしてその場は緊張してうまくいかないので、前日の夜に「予知しておく」などという記述は注目に値する。時間を超越するという物理的制約より、社会的圧力のほうが強いのかもしれない。

13『量子の宇宙でからみあう心たち
——超能力研究最前線』

ディーン・ラディン著、竹内薫監修、石川幹人訳、徳間書店、2007年

歴史編、実験編、理論編と3部構成になっており（訳者である私が分けた）、それぞれの興味でどれかを読むのもよい。実験編は、ライン以後の超心理学の発展を網羅した内容になっている。理論編は、超心理学の発展がまだ及んでないところであり、手探り状態の感は否めないが、期待がふくらむ情報が満載の一冊。

B. 超心理学研究者による報告

14『心霊研究——その歴史・原理・実践』

I. グラッタン=ギネス編、笠原敏雄監訳、和田芳久訳、技術出版、1995年

SPRの100周年記念として、1982年に出版された論文集。分野を網羅するかたちで30以上の論文が掲載され、半分以上は超心理学の分野と重なっている。本書の扉には、ユングが1919年のSPR講演で残した言葉「私は、自分で説明できないものをすべて、インチキと見なすという昨今の愚かしい風潮に与することはしない」がある。13章のスタンフォードのPMIR（本文第10章）に関する報告に注目したい。おそらく日本語で読めるPMIRについての唯一の論文であろう。

15『超心理学入門』

J. B. ライン、カール・グスタフ・ユング他著、長尾力他訳、青土社、1993年

マーチン・エボンの編著『超心理学ハンドブック（*The Signet Handbook of Parapsychology*）』（New American Library, 1978）から、9つの小論を抜き出して邦訳したもの。多くの著者が名を連ねており、ラインとユングのみによる共著ではない。ラインの小論は実験超心理学の100年間をふりかえるもの。ユングのものは、1919年のSPR講演で口頭発表された霊信仰に関するもの。ほかにはスタンリー・クリップナーの人間性心理学に関する議論、チャールズ・タートの体脱体験の生理学的研究、ガンツフェルト実験を開発する前のチャールズ・ホノートンによる研究レヴューなどが収録されている。

16『超心理学概説』

J. B. ライン、ゲイザー・プラット著、湯浅泰雄訳、宗教心理学研究所、1964年

デューク大学心理学部に超心理学研究所を創設し、ESPカードによる実験など、一般大衆を相手にした統計的実験手法を確立したJ. B. ライン教授と、彼の右腕ゲイザー・プラットの手によって書かれた、研究者のバイブル。基本的な実験方法やその結果の統計分析方法などが、かなり克明に書かれている。ただ、一般向けの書籍ではないので、研究を志す方以外の読者にはハードルが高いと思われる。

17『ドリーム・テレパシー——テレパシー夢・ESP夢・予知夢の科学』

M. ウルマン、S. クリップナー、A. ヴォーン著、井村宏次監訳、神保圭志訳、工作舎、1987年

マイモニデス医療センターの地下に設置された夢研究所において、ウルマンらが行なったドリーム・テレパシー実験が、その前段階から歴史を踏んで描かれている。現在活躍する年長の超心理学者の多くが、このプロジェクトから直接大きな影響を受けている。彼らが開発した方法は、夢見に現われる内容にESPを検出する実験で、1晩に1実験を集中して行なうので、高い成功率をあげていた。第11章「千里眼のプリンス」で記述されている優秀な被験者ヴァン・デ・キャッスル博士は心理学者で、厳格な論文も多数出しているのだが、情熱家で感性が鋭く、ふっと湧いたイメージを驚くべき速度で克明に描写して見せる。私も直接目にしたことがあるが、ESP実験が成功するより、そのすばやい描写のほうがむしろ不思議でもあった。

18『サイ能力開発法——リラックスのチャンネル』

D. スコット・ロゴ著、井村宏次監訳、久保博嗣訳、工作舎、1989年

サイ能力（超能力）は訓練できるのだろうか。ちまたには怪しいハウツー本があふれており、これもそのひとつかと思いきや、まったく違う。超心理学研究を、超能力実験でスコアがアップする方法という観点で研究を整理した、的確な成果報告となっている。夢、メンタル・イメージ、リラクゼーション、暗示、フィードバックという5つの技法から解説しているが、どれも超能力を開発しているというよりも、潜在的に存在する力を意識で制御できるようにする、いわば潜在能力開発法である。それでも十分意義深いものではある。

19『PSI《サイ》——その不思議な世界』
ルイーザ・ライン著、笠原敏雄訳、日本教文社、1983年

原著は1975年に刊行。偶発的な超心理現象を研究した、ラインの妻ルイーザによる報告で、エピソードを主体にして語りかけるように超心理学の手ほどきをしてくれる。読み物が好きな方の入門書として最適。笠原氏による「訳者あとがき」に良い文章があるので紹介する。「日本にはもちろん超心理学の専門家も必要ですが、それ以上に必要なのは、本当の意味で熱意のある、特に若い人なのです。超心理学会や研究会に入ればいろいろ教えてもらえるだろうという受身的な態度でいては、超心理学の研究をするうえで必要なものは全く身につかないでしょうが、本当の意味での熱意があれば、超心理学の知識もきちんとした方法論もいつの間にか身につくものなのです。研究に勉強は必要ですが、勉強ばかりしていても研究はできません。研究に対する熱意と意欲をもって、まず始めてみることが肝要です。」

20『死後世界の探究——超心理学からの解明』
ミラン・リーズル著、徳岡知和子訳、新評論、1997年

死後世界といっても、超心理学に足場を置いた議論である。序章はむしろ超心理学のよいまとめになっている。たとえば、「超心理学は（……）いまだにオカルトや迷信、詐欺と同一視されることがあるかと思えば、完成度の低い形而上学的空論だ、と鼻であしらわれたりする。まず第一に、このようなイメージを超心理学から切り離し、今日の超心理学を正しく理解してほしい。このような混同は、中世の錬金術と現代化学（……）を同じと考えるようなものである」と述べられている。続く最初の3章が理論的検討で、後半の章になって、臨死体験や体脱体験などの具体的事例に入る。その点でも通俗書とは一線を画す。著者リーズルはチェコスロバキアの出身で、理工学分野から超心理学の研究に進出した。アメリカに政治亡命した後は、ジョン・F. ケネディ大学の教授をしていたが、すでに退官している。

21『恐怖のポルターガイスト』
ウィリアム・ロール著、坂斉新治訳、志水一夫解説、角川春樹事務所ボーダーランド文庫、1998年

1975年に『ポルターガイスト』と題して大陸書房から刊行された書籍の新装版。タイトルや装丁を見るとミステリー小説かとも思えるが、れっきとした研究書である。ポルターガイストは、日本でも1999〜2000年頃に岐阜の公団住宅で発生して大きな話題になったので、ご記憶の方も多いであろう。ロールは長年ポルターガイストの研究を続け、霊魂仮説から距離をおいて現象そのものを論じられるように、反復性偶発的PKなる用語を導入した。その現象の多くは通常の物理現象、ある部分は8歳以下の子どもが発揮している超能力とし

ている。

22『マインド・リーチ――あなたにも超能力がある』

ラッセル・ターグ、ハロルド・パソフ著、猪股修二訳、集英社、1978年

実験参加者がランダムに選ばれた地点を訪問し、そこを他の参加者が遠隔視するという内容の実験が開発されると、軍事戦略への応用に適するとアメリカ軍が注目した。当初はだれにでも能力があり、この方法で遠隔視ができるという触れこみだったので、私も数回実験に参加してみたが、とても成功とはいえない結果だった（そのうちの1回はこの本の訳者猪股氏と一緒に行なった）。いまでは実験者のターグが能力者であるため、実験者効果でどの実験もそこそこうまくいったから「誰でも能力を発揮できる」と誤解したのだ、とももささやかれている。

23『サイ・パワー――意識科学の最前線』

チャールズ・タート著、井村宏次、岡田圭吾訳、工作舎、1982年

超心理現象が発揮されるときに、時間や空間の側抑制が起きるという実験結果とその議論が掲載されている（本文第8章）。この成果に従えば、サイはたんにその能力を発揮するよりも、それを特定のターゲットに焦点化するほうが難しいようである。前半には科学的方法論が解説されており、私はこの本によってそれを初めて学んだ。大学は理学部に在籍していたが、肝心な科学的方法論がカリキュラムにはほとんどなかったのである。

24『実在の境界領域
――物質界における意識の役割』

ロバート・ジャン、ブレンダ・ダン著、笠原敏雄監訳、石井礼子訳、技術出版、1992年

タイトルからは超心理学の本とは思えないが、第一級の超心理実験の結果と、超心理現象を説明する可能性のある量子的世界観が書かれている。著者のジャンは、プリンストン大学工学・応用科学部の名誉学部長で、長いあいだPEARプロジェクトでの超心理実験を指揮しており、ダンはそのリーダー。有名な実験としては、乱数発生器の信号を、念力で「＋」や「－」の特定の方向に偏らせるもの（本文第9章）。ほかに、予知的な遠隔知覚の実験も報告されている。ただし、世界観が記述されている部分は、量子物理学に関する一通りの知識がないと読み通すのが難しいだろう。

25『心霊現象の科学』

小熊虎之助著、芙蓉書房、1974年

小熊虎之助の主著であり、『心霊科学の問題』（1918年）を改訂した『心霊現象の科学』（1924年）の新装版。東京帝国大学で哲学・心理学を学び、早くから心霊現象の科学的究明に意欲をもっていた小熊氏は、福来助教授による変態心理学の講義も受講していた。本書では、欧米でさかんになってきた心霊研究が扱っている対象を精査し、「偽心霊現象」と「真実の心霊現象」に分けて論じており、懐疑的態度をもった研究の草分けと見ることができる。小熊氏は1922年に明治大学に赴任、1957年に法学部教授として退官されるまでの35年間、心理学を講じられていた。1968年に発足した日本超心理学会の初代会長に就任している。

26『心霊科学と自然科学
（日本心霊科学協会叢書）』

後藤以紀著、出版科学総合研究所、1982年

著者の「表の顔」は、前工業技術院長、前情報処理学会長、明治大学名誉教授で、日本におけるコンピュータのパイオニアのひ

とり。「裏の顔」は、日本心霊科学協会の常任理事をながらく務めた心霊研究者。本書は海外の心霊研究の調査報告や、自らが企画して行なった交霊会の報告からなる。心霊現象を心理学的な方法で解明しようとする「超心理学」は、成果がかぎられており、あたかも海上に顔を出した氷山の一角を見ているにすぎない。海中の氷を見るには「心霊研究」が必要だという趣旨で、超心理学に比べた心霊研究の重要性を主張している。

27『サイ・テクノロジー――気の科学・気の技術』
井村宏次著、工作舎、1984年

1972年に著者がはじめた生体エネルギー研究所の活動成果記録。1978～82年に工作舎の雑誌『遊』に連載した「超感覚と超技術」を加筆したもの。オーラや気に関する先駆的研究が満載。生体エネルギー研究所には、私も以前訪問したことがあるが、そこは、「知」と「技」がぎっしりと詰め込まれた「仙人の庵」と言えそうな異空間であり、奇妙な現象が起きてもおかしくない独特の雰囲気に包まれていた。超心理学研究は理論を追究するより、テクノロジーを実践することに意義があるということを、身をもって示した成果が本書である。それに公共性をいかに付与するかが、次の課題であろう。

28『隠された心の力――唯物論という幻想』
笠原敏雄著、春秋社、1995年

まずは天才的能力を発揮する神童の話から入る。著書自身のケースで、コミュニケーションがとれず重度の知的障害と思われていた9歳の女児が、4次式の定積分を式の変形をすることなしにいきなり答えを書いたという図が圧巻（p.25）。続いて超心理現象の一通りの解説になる。そして著者の心理療法に見られた、能力の隠蔽、超常現象に対する抵抗が述べられる。その視点から唯物論を見ると、超常現象をはじめとする人間の心の力に対する無意識的な感情的抵抗の結果として、必然的に生まれた観念論と推定される（p.186）。超常現象が真に認められるためには、その感情的抵抗がある種の「治療法」によって解かれる必要がある。また、神ないしそれに近い存在は、人間が自らの心のもつ力を否定する目的で作りあげた概念であり、唯物論信仰と宗教信仰が心の力の否定という点で表裏一体の関係にあると説く。

29『超常現象のとらえにくさ』
笠原敏雄編著訳、春秋社、1993年

実験者効果は、超心理学者がもっとも確実視する超心理現象の特徴である。たとえば、機器に異常信号が記録されるのは、機器を操作する実験者の超能力によるという可能性の指摘だ。したがって、超心理実験で安定して肯定的結果が出るのは、能力をもった一部の超心理学者に偏るという。実験者効果に予知の可能性を加味すると深刻な事態が予想される。実験者効果があるのなら、実験協力者効果も、実験立会人効果もあるだろうし、将来その実験結果を耳にする人々の効果も考えねばならない。すると、誰でもが確認できるように公的に記録することが、現象の発現を妨げるというように、超心理実験は閉鎖的に管理できない複雑システムであることに気づく。この本では、超常現象が公になることをきらうという或る種の原理があるように扱うが、もしかしたら否定派の実験者効果なのかもしれない。どちらにしても「とらえにくい」ことに変わりはない。まさに超心理学の奥義を知るには、本書をおいて他にはない。それほどの重要性を秘めた論文集である。

30『オカルト流行の深層社会心理
――科学文明の中の生と死』

渡辺恒夫、中村雅彦著、ナカニシヤ書店、1998年

前半は中村氏が、オカルト流行の社会心理について、超常現象信奉を社会心理学の観点から分析している。後半は渡辺氏が、自我体験や死生観を手がかりにして、体験にもとづく新しい科学のあり方を論じている。超心理学を心理学と架橋するには、心理学の方法論の発展が必要であると感じさせる。

C. 懐疑派による、あるいは懐疑論争の文献

31『サイの戦場――超心理学論争全史』

笠原敏雄編著訳、平凡社、1987年

笠原氏は、サイ（超心理現象）の真偽にかかわる数十の論文を、収集しテーマごとに分類、訳出や掲載の許諾取得まで自ら行い、この分厚い本を自ら編集した。「ハイマン VS ホノートン論争」より前に起こった、もろもろの懐疑論争の様子が手に取るようにわかる。本書を通じて、科学の実態が真理を追究する真摯な営みなどではなく、本流に合わない主張は徹底的に排除する、どろどろした権力闘争に似たものであることが見てとれる。科学者コミュニティの実情を探る科学社会学の観点からも貴重な資料である。

32『チャールズ・ホノートンと
ガンツフェルト研究』

伊藤信哉監訳、日本超心理学会、1997年

レイ・ハイマンはガンツフェルト研究が統計的に超能力を示していることを懐疑し、論争をしかけていた。ガンツフェルト実験の開発者であるホノートンがその批判を受けてたち、ハイマンが批判する実験手続き上の諸問題のそれぞれについて、批判に相当するような不備はないことを克明に論じていく。両者は論点を確認しあい、ついに「共同声明」を発表した（本文第1章）。本書には、さらにダリル・ベムによるガンツフェルト研究のレヴューも収録されている。入手したい方は日本超心理学会事務局にコンタクトされたい。

33『奇妙な論理Ⅰ――だまされやすさの研究』
『奇妙な論理Ⅱ
――なぜニセ科学に惹かれるのか』

マーティン・ガードナー著、市場泰男訳、ハヤカワノンフィクション文庫、2003年

ガードナーは懐疑論者のサイエンスライターで、サイコップの創立メンバー。本書はトンデモ科学批判の古典である。原書は1952年刊行でありながら、半世紀を過ぎた2003年になってハヤカワ・ノンフィクション文庫から復刊された。科学の話題は古くなるのにもかかわらず、異例のロングセラーだ。ガードナーは、数学のパズルやゲームで驚異的な知識を誇り、1956～81年の長期間にわたり『サイエンティフィック・アメリカン』誌のコラムを執筆していた。本書にはラインによる超能力研究の批判があるが、このような批判を通して超心理学は現代化してきた（トンデモ科学から脱してきた）のだという歴史を理解してほしい。

34『カール・セーガン科学と悪霊を語る』

カール・セーガン著、青木薫訳、新潮社、1997年

サイコップの主要メンバーでもあった著者のセーガンは天文学者で、科学の啓蒙活動で数々の賞を受賞し、日本でもかなり知名度が高かった。本書は彼の最後の著作であ

り、翻訳は亡くなったあとすぐに出版された。科学的方法論のエッセンスを具体的な例で学べる良書である。超心理学自体はすでにサイコップの鉾先から外れているので、セーガンの批判対象ではないのだが、本書第17章には、科学者の懐疑的姿勢かくあるべしという良い文章が収められている（本文第10章にて引用）。

35『なぜ人はニセ科学を信じるのか ——UFO、カルト、心霊、超能力のウソ』

マイケル・シャーマー著、岡田靖史訳、早川書房、1999年

科学史家のシャーマーが、ニセ科学を事例にして科学的方法の真髄を論じている。もっともらしく見せる25のテクニックはよく整理されており、ニセ科学を見分ける能力を向上させるのに効果がある。その結果「超心理学はニセ科学ではない」ことも理解できるはずだがどうだろうか。副題のわりに超能力の話題は少ない。

36『謎解き超常現象（I〜III）』

ASIOS著、彩図社、2009、10、12年

ASIOS（超常現象の懐疑的調査のための会）が超常現象とされるものの実体にせまる書（私も同会の発起人メンバーであるが著者には加わっていない）。現在は第3巻まで刊行されており、さまざまなトピックごとに、超常現象にかかわる誤解の背景が解説されている。

37『トンデモ超能力入門』

皆神龍太郎、石川幹人著、楽工社、2010年

ASIOS発起人メンバーである皆神氏が懐疑論の役割を、私が肯定的超心理学者の役割を演じて対談した本。否定／肯定の論争から始まり、やがてグレーな領域の扱いの差に論争が帰着する。皆神氏はグレーであると公言するのは大衆を惑わすとし、私は科学の発展に期待をかけてグレーであると公言したいと主張する。

38『ミーム・マシーンとしての私（上・下）』

スーザン・ブラックモア著、垂水雄二訳、草思社、2000年

他の科学分野と同様、超心理学の実験者にも上手い／下手がある。著者ブラックモアは、超心理現象に対するたぐいまれな情熱とは裏腹に、肯定的な実験の結果を長いあいだ出せず、懐疑論者に転向する。彼女のそれは、超心理現象自体に対する懐疑ではなく、その研究方法に対する懐疑であり、肯定的結果を出している研究者の不備捜しにも情熱を傾ける。現在は、体脱体験や臨死体験などにまつわる意識の研究者として有名。本書は、生物学者リチャード・ドーキンスの提唱した「ミーム」について議論している。ミームは概念などの文化情報の単位で、言ってみれば「われわれの心はミームの乗り物だ」ということ。10、11章あたりでは、ブラックモアの得意な超常現象信奉を例題にして、ミーム複合体の分析をしている。

39『超常現象の科学 ——なぜ人は幽霊が見えるのか』

リチャード・ワイズマン著、木村博江訳、文藝春秋、2012年

エジンバラ大学で超心理学を学んだ、サイコップの主要メンバーたる懐疑論者であり、舞台マジシャンでもあるリチャード・ワイズマンによる本。超常現象がいかに心理学的背景のもとに体験されてしまうかを暴く。ワイズマンは懐疑論者を自称するが、この本の謝辞にもあるように、超心理学者のキャロライン・ワットをパートナーにして、超心理学の論文集を共同刊行するなど、超心理学分野でも活躍している。

40『スーパーセンス――ヒトは生まれつき超科学的な心を持っている』

ブルース・M. フード著、小松淳子訳、インターシフト、2011年

発達心理学者であるフードが、人間が生まれながらにもっている思考の傾向性を解説している。「殺人者のセーターを着る気がしない」などの非合理的な直感を、「超科学的な心」として、超常現象信奉に関連づけて論じている。

41『人はなぜだまされるのか――進化心理学が解き明かす「心」の不思議』

石川幹人著、講談社ブルーバックス、2011年

「幽霊が見える」など、超常現象信奉につながる認知の傾向性の由来を論じる。それらは、生き残りをかけた生物学的な環境適応の歴史の副産物であることを、豊富な事例をもとに説得的に示す。

D. 超心理学近接領域の科学者による文献

42『ユング超心理学書簡』

カール・グスタフ・ユング著、湯浅泰雄著訳、白亜書房、1999年

ユングの書簡集から、超心理学者に宛てた書簡のみをまとめて邦訳したもの。ユングは生前、超心理学から距離をおいているように見られたが、その理由は、生涯たびたび経験した超常現象にあるという。その経験がこの書簡で率直に語られているうえに、ユングとラインのあいだにも親交があった事実がわかる。最初の書簡は1934年、ラインが送った自著『超感覚的知覚（*Extra-Sensory Perception*）』への返礼である。そこにユングが経験したポルターガイストと、それによって破断されたとみられる4つに分離したナイフの写真が掲載されている。ちょうど霊媒少女の交霊会のことをユングが考えていたときに起きたので、それとなんらかの関係があるのではないかと自身は書いている。宗教学の巨匠として知られた故・湯浅泰雄氏の解説も充実。ナイフの写真は、わざわざライン研究センターから取り寄せて掲載したとのこと。

43『空飛ぶ円盤』

カール・グスタフ・ユング著、松代洋一訳、朝日出版社エピステーメー叢書、1976年

ユングは、自らの深層心理学のアプローチによってUFOの目撃体験を分析した。夢や絵画の事例から無意識がその内容を表出するときにUFO現象に似た空想的な要素が見られ、それは神体顕現といってよい意味内容をもつという。象徴の歴史的な研究のごく自然な帰結として、UFO体験には、「自己《セルフ》」と名づけられた中心的元型が現われている。それはきわめて大きな対立や葛藤があるとき必然的に出てくる象徴である。つまり、幽霊体験が現代的な状況になってUFO体験として現れたのであり、両者は類似した現象と考えられるのだ。

44『自然現象と心の構造――非因果的連関の原理』

カール・グスタフ・ユング、ヴォルフガング・パウリ著、河合隼雄、村上陽一郎訳、海鳴社、1976年

もとは1955年に発行したユング研究所報告第4号所収の2論文の邦訳（ユング「共時性：非因果的連関の原理」（河合訳）／パウリ「元型的観念がケプラーの科学理論に与

えた影響」(村上訳))。ユングの深層心理の働きの描写に重要な、共時性と元型にまつわる議論がなされている。共時性については、本書では占星術を例にとって説明されている。パウリは、量子の排他律を発見して1945年にノーベル物理学賞を受賞した物理学者であり、ニュートリノの予言者としても有名。パウリが近づくと実験器具が壊れてしまい、仕方なく理論物理学をやったという人物。精神疾患を抱えており、ユングのカウンセリングを受けていた。

45『偶然の本質』

アーサー・ケストラー著、村上陽一郎訳、ちくま学芸文庫、2006年

カンメラーやユングの奇妙な偶然の一致の研究から、因果性に代わる新たな規則性の原理の可能性を探り、諸科学を見つめなおす意欲作(初版は1974年蒼樹書房刊)。第1章はESPの解説に当てられ、その新規原理がESPの説明になることを目指したケストラーの思い入れが伝わってくる。彼が超心理学に遺産を捧げた理由も見えてくる。訳者の村上氏は現在においては日本の科学史・科学哲学界の重鎮である。

46『ホロン革命　JANUS』

アーサー・ケストラー著、田中三彦、吉岡佳子訳、工作舎、1983年

斬新な生命論やシステム論を展開するなかで、将来の科学の射程には超心理を欠くことができないと主張する。本書p.393に、以下のような注目すべきくだりがある。「テレパシーをはじめそれに類する現象が存在するかどうかを問題にするつもりはない。これまで蓄積された膨大な証拠からみてそれは当然であり、問うべきは、こうした現象がわれわれの世界観にとってどういう意味をもつかである。」ケストラーは超心理学の研究講座を設置するために、英国エジンバラ大学に莫大な遺産を寄付した。1984年からスタートしたこのケストラーの講座からは、多くの超心理学の専門家が輩出されている。初代の担当教授は親日家としても知られた、故・ロバート・モリス教授。

47『心霊と進化と
——奇跡と近代スピリチュアリズム』

アルフレッド・ウォーレス著、近藤千雄訳、潮文社、1985年

ウォーレスは『進化論』の共著者としてダーウィンと同時期に生物進化の自然淘汰説を唱えた人物だが、心霊主義に傾倒しすぎたがために、その成果をダーウィンに奪われたとみられる博物学者。最初は奇跡について書いており、ヒュームによる奇跡の議論の検討から始まる。一流学者らしい文章で科学的検討が続き、内容はかなり論理的である。当の自然淘汰説に関しては、ダーウィンが唯物論一辺倒であったのに対し、ウォーレスは、高度化した生物では超越的な知的存在の影響を受けるようになると、「霊魂流入説」に相当する仮説を加えた生物進化論を打ち出していたようだが、現代科学にはなじまない説なので排除の対象となったのだろう。原書は1874年の刊行。

48『科学は心霊現象をいかにとらえるか』

ブライアン・ジョセフソン著、茂木健一郎、竹内薫訳、徳間書店、1997年

ノーベル賞受賞者であるジョセフソンが書いた記事や論文をまとめて翻訳したもの。タイトルには「心霊現象」とあるが、実際は超心理現象について書いたものである。著者は現在、ケンブリッジ大学キャベンディシュ研究所で「心物統合プロジェクト」を推進している。前半では、超心理研究に対するさまざまな科学者の反感的な批判を、頭ごなしの批判は科学的な態度とは

言えないといさめている。後半は、ジョセフソンのプラトン的な世界観が描かれている。最初からある程度その世界観に共感できていないと、読みにくいかもしれない。現在では著名な訳者の二人が、それぞれ解説を入れているので、それを目当てに読むのもよい。茂木氏はこの本で超心理学の解説をしているが、のちの著書では「超能力の話は私にとって雑音にすぎない」とも述べ、超心理から距離をおいている。竹内氏は量子物理学の解説を寄せている。

49『生まれ変わりの刻印』

イアン・スティーヴンソン著、笠原敏雄訳、春秋社、1998年

コピー機の発明家で、ゼロックス社の創業者であるチェスター・カールソンの寄付によって創設された、ヴァージニア大学人格研究所でなされた超心理現象の調査研究報告。事件や事故によって不慮の死を遂げた人々が、その記憶と対応した部位の身体的傷をもって生まれてきた、生まれ変わりと思われる事例を、スティーヴンソンが自ら関係者の証言を集めてまとめている。原書は6分冊2000頁の大部であるが、本書はその要約版の邦訳。さらに、実証的データをもとにした霊魂モデルによる解釈が提案されている。ヴァージニア大学人格研究所では、ラインの一番弟子だったプラットも超能力者の研究を行なった。彼は大衆向けの繰り返し実験に限界を感じて、ラインの下から離れたと言われている。本流の心理学でもそうだが、超心理学でも、管理実験と事例調査のバランスが重要視される。

50『前世の言葉を話す人々』

イアン・スティーヴンソン著、笠原敏雄訳、春秋社、1995年

とつぜん異国の言葉をしゃべりはじめて前世を語る「真性異言(ゼノグロッシー)」の調査報告。非常にまれな現象だが、かなり確実とみなされる2例の克明な調査をしている。スティーヴンソンは、こういった現象をESPで説明するのは無理があり、霊魂が存在すると考えるべきだと言うが、どうとらえるべきだろうか(本文第10章にて議論)。

51『転生した子どもたち
——ヴァージニア大学・40年の「前世」研究』

ジム・タッカー著、笠原敏雄訳、日本教文社、2006年

著者は、ヴァージニア大学人格研究所でスティーヴンソンの退官後を引継いだ児童精神科医。スティーヴンソンの『生まれ変わりの刻印』(読書ガイド49)と合わせて読むとよい。同書が実証的データを重視しているのに対し、もう一歩踏み込んだ議論が掲載されている。また、著者が集めたアメリカの事例も加えられている。当然これも霊魂モデルによる解釈だが、それに反対する方も、第9章「さまざまな反論を検討する」をご一読いただきたい。

52『英国心霊主義の抬頭
——ヴィクトリア・エドワード朝時代の社会精神史』

ジャネット・オッペンハイム著、和田芳久訳、工作舎、1992年

英国を席巻した心霊主義を、その最盛期であるヴィクトリア朝とエドワード朝時代の期間(1850-1914)にかぎって取り扱っている。最初の2章で霊媒や交霊会について触れ、次の章でキリスト教とのかかわりを述べる。自然科学の勃興により、キリスト教の危機感が高まったところで、心霊主義はキリスト教の擁護にも、宗教色のうすい死後の世界観を通した反キリスト教の動きにも、ともに利用されたという指摘は興味深い。次の4章ではSPRについて述べ、後続の章ではオカルト、心の概念、進化、物

理学と心霊主義のかかわりをそれぞれ解説しており、当時の時代背景がよくわかる。

53『続「あの世」からの帰還
――新たなる真実・47名の臨死体験』

マイケル・E.セイボム著、笠原敏雄訳、日本教文社、2006年

臨死現象はたんなる脳内現象であるとする説に対する反例とおぼしき、パム・レイノルズ事例が第3章に書かれている。医学的には完全な脳停止状態にありながら、手術中に体脱体験を伴う鮮明な臨死体験が報告された事例であり、一読に値する。もうひとつ注目すべき本書のポイントは、ケネス・リングによる「オメガ・プロジェクト」の痛烈な批判になっている点である。リングは、臨死体験が伝統的宗教から普遍的宗教へ導く傾向があるとするが、それはIANDS（国際臨死体験研究学会）というニューエイジ的指向性をもつ会員の多い団体から事例を集めているためであると指摘する。セイボムの調査したIANDSとは無関係の事例では、伝統的宗教の信仰心が増した例が多くあるという。笠原氏による訳者あとがきでは、このセイボムVSリング論争のその後の展開が解説されており、科学的な調査方法の大切さが実感できる。

54『臨死体験（上・下）』

立花隆著、文春文庫、2000年

NHKのドキュメンタリー番組用に取材した資料をもとに、『文藝春秋』誌に連載された記事をまとめたもの（1994年刊行）。冒頭では、テレビ番組が、深い議論を伝達するツールとしていかに無力かが書かれており、メディアリテラシー問題の観点からも興味深い。臨死体験、体脱体験にまつわる研究が網羅されているうえ、日本の事例も書かれていて役に立つ。臨死体験が注目される端緒となった、レイモンド・ムーディやキューブラ・ロスも登場し、人となりがかいま見える。カーリス・オシスが企画した、体脱に伴う公開実験（第22章、ある締め切られた部屋に体脱して訪問してもらう）もおもしろい。隠蔽効果を表現したW.ジェームスの法則も覚えておこう。著者の立花氏は、言わずと知れた日本を代表するジャーナリスト。現在、超心理学からは距離をおいたスタンスをとっている。

55『ブラジルの心霊治療――奇跡を操る人々』

東長人、パトリック・ガイスラー著、荒地出版社、1995年

眼科医の東長人が、1985～86年にブラジルに滞在して調査した内容をまとめたもの。アリゴーなどの心霊治療家が中心に解説されているが、死後生存や生まれ変わり、自動書記の事例なども報告されている。さらにブラジルの宗教や超心理学についても詳しい解説があり、ブラジル研究のバイブルとも言える。フィールドワークに欠かせない事前準備の記録にもページが割かれ、理論編や資料編も充実している。

56『マジカル・ヒーラー
――心霊治療を科学する』

スタンリー・クリップナー、アルベルト・ヴィロルド著、笠原敏雄訳、工作舎、1986年

フィールド・ワーカーのクリップナーが世界各地の心霊治療の実態を語る。研究書らしく懐疑論から入る構成。最後には癒しの理論として量子論も登場する。理論物理学者のハリス・ウォーカーが序文を寄せているのも異色。超心理学の研究方法としては、実験よりも現象が現われる場の観察を優先しようと主張している。

57『生命のニューサイエンス——形態形成場と行動の進化』

ルパート・シェルドレイク著、幾島幸子、竹居光太郎訳、工作舎、新装版 2000 年

著者は、「繰り返される現象は、それだけでますます繰り返される」という原理を提唱し、生命現象や進化を支える影の原理とした。たんなる憶測ではなく実証可能な理論であり、一部隠し絵の実験などで支持するデータが得られている。一見したところ生命論の本で、超心理学とは無関係に見えるが、ユングの共時性と並ぶ、超心理学の理論的可能性を拓くものである。近年シェルドレイクは、視線感知の超心理実験を集中的に行なっており、著書も出版している（未翻訳）。

58『人間とはどういう生物か——心・脳・意識のふしぎを解く』

石川幹人著、ちくま新書、2012 年

超心理学につながる現状の科学における未知の領域は、どのあたりにありそうかを示唆する。人間と生命に関するところに立ち現れる「意味」に着目し、その展開の将来に期待するという内容をまとめた一冊。

E. 超心理学にまつわる科学論・メディア論の文献

59『擬似科学と科学の哲学』

伊勢田哲治著、名古屋大学出版会、2003 年

疑似科学とされるものを題材にして科学哲学を学ぶという構成。「疑似科学」としては、占星術、超能力、代替医療、創造論が挙げられている。一見すると懐疑論の本に見えるがそうではない。疑似科学とされるものについての著者の理解が深く、正確であり、科学と非科学との境界設定を考える、科学者必見の書。超能力は、第 3 章で扱われ、超心理学の科学性の議論とともに科学的実在の概念の理解が進むようになっている。超心理学については、大雑把にいうと、科学的体裁は整っているが、現象をおこす確実なレシピが作られないかぎり科学とはならないと、重要な指摘がなされている。しかし、今まさに超心理学者は、そうしたレシピを開発しつつあるのだ。

60『きわどい科学——ウソとマコトの境域を探る』

マイケル・W. フリードランダー著、田中嘉津夫、久保田裕訳、白揚社、1997 年

科学コミュニティで、新しい科学理論が受容、排斥されるプロセスを、大陸移動説（受容）、常温核融合（排斥）などの例を挙げながら解説する。新しい発見は、けっしてすぐに白黒つくものではなく、科学界のアリーナで長期にわたって戦い続けられるものだ。超心理学や他の境界科学を指向する場合は、こうした科学コミュニティの構造、科学理論・データの扱われ方を知っておくべきだろう。第 8 章では占星術、第 9 章では超心理学がとり上げられている。占星術のゴクランの主張、超心理学のスターゲイトにまつわる政府による査定など、細かく実態が記述されている。著者は辛口で批判的だが、正当な懐疑でたいへん好感がもてる。

61『テレビ——「やらせ」と「情報操作」』

渡辺武達著、三省堂選書、1995 年

番組制作側の「論理と文法」を学ぶ、テレビ・リテラシーの教科書。UFO の模型で UFO 番組ができるというくだりもある。多少の「演出」はよいではないかという意

見はあるが、その場合でも「演出」と断るべきだと私は思う。だが大きな問題は、「演出」ではなく「捏造」だ。番組制作者が真実であるとは思っていないか、あるいはまったく判断がつかないことを、たんに視聴率を獲得するために、真実の可能性が高いように見せかけている。以前、テレビ出演（エキストラ）のバイトに行ってきた学生がその酷い実態を報告してくれた。街頭にテントを張っての実験・調査番組で、血液型と食事の仕方との関係を調べるという。ところが街頭調査といいながら、参加者はすべてエキストラで、血液型は割り振られ（少ないAB型に別の血液型の人が回った）、食べ方は「指示」されたというのだ。私も番組を見たが、客観的調査のように印象づけられていた（血液型判定はやっぱり本物だと言いたいらしい）。ついに科学的方法まで悪用しはじめたか……と、私は唖然とした。業界でルールづくりでもしなければ、映像メディア業界全体が信頼を失ってしまうだろう。

62『超常現象の心理学
——人はなぜオカルトにひかれるのか』

菊池聡著、平凡社新書、1999年

著者は正統派の批判者で、クリティカルシンキングの専門家。第4、5章では「真夏の激闘」と題し、テレビ番組で霊能者と戦う菊池の苦悩が書かれており、なかなか読みごたえがある。否定派としてテレビに出るとどのような不当な状況に巻き込まれるかがよくわかる。これを機会に菊池は、同様なかたちでは二度とテレビに出るまいと決心する。

63『不思議現象 なぜ信じるのか
——こころの科学入門』

菊池聡、谷口高士、宮元博章編著、北大路書房、1995、2002年

充実した内容の本書は、2002年にその後の研究をふまえて改訂、再刊行され、10年以上のロングセラーになっている。各種超常現象の信奉を解体していきながら、さまざまな分野の心理学を学ぶきっかけにするという巧妙な仕掛けで構成され、それを見事に成功させている。表紙裏には「あなたのタイプ判定テスト」があり、書店や図書館でそれだけでも試す価値がある（ただし試した人は必ず「まえがき」を読むこと）。

64『科学と神秘のあいだ』

菊池誠著、筑摩書房双書zero、2011年

物理学者の菊池が、科学を等身大の平易な言葉で語りかける本。科学に信をおいても、依然として神秘も奇跡に満ちた世界も存在するというような記述や、理性でわかっていてもそれに反した体験をすることはあるので折り合いをつけるよう説くなど、科学のイメージを刷新させる一冊。

65『〈こっくりさん〉と〈千里眼〉
——日本近代と心霊学』

一柳廣孝著、講談社選書メチエ、1994年

著者は日本近代文学の研究者だが、「科学」や「宗教」の歴史をふまえた議論がなされており、「思想史」の本とみることもできよう。巻末の「近代における『科学』の成立と、それにともなうさまざまな規範の成立は、『心』に関する領域の認識方法においても、特殊な屈折を刻んでいった。（……）このような屈折の様態が、もっとも直接的にあらわれているのが、『霊』に関する言説だ」「心霊学は、現代の閉塞的な状況を相対化するための認識装置たりうる」など、共感できる記述が多い。

66『生体エネルギーを求めて
——キルリアン写真の謎』

セルマ・モス著、井村宏次、西岡恵美子訳、日本教文社、1983年

女優だった著者が、神秘体験をきっかけに超心理学者になることを決意し、UCLAで科学の方法を学び、大学で研究室を構えるまでなる。しかし、本流科学との対峙に苦労し、結果として大学を去ることになる。研究者としての人生に触れる読み物になっている。私は本書を数十年ぶりにあらためて読み直したが、セルマと同様に研究者として歩むようになったいまとなっては、あらためて考えさせられる点が多くあった。異端派の科学分野では、単純に研究を推し進めるだけでは不十分であり、本流科学や社会に対して適切に働きかける「戦略」も必要なのだ。

67『心の科学——戻ってきたハープ』

エリザベス・ロイド・メイヤー著、大地舜訳、講談社、2008年

心理学者で臨床医でもあるメイヤーが、盗まれたハープのありかを、半信半疑でダウジングの名手に尋ねたところ、まさにその指し示された地域からハープが発見された体験をきっかけに、超心理学の領域に踏みいれる様子を描いている。超心理学の成果を知ることによって、それまでの心理学者としての科学的世界観が揺らぐ状態が、超心理学への絶妙な距離感で語られているノンフィクション。

68『科学とオカルト』

池田清彦著、講談社学術文庫、2007年

著者は構造主義科学論の旗頭で、最先端の科学思想家というべきか。オカルト信奉者の背景には、往々にして「コントロール願望」があると本書は指摘する。不確実性への、えも言われぬ不安の解消手段なのである。この本の魅力は、その指摘にとどまらず、科学者にも同様な背景があるのではないかという「科学者」批判にも展開し、「科学」への理解の浅さを批判する科学論・科学社会論にもなっている点である。タイトルからすると、科学とオカルトが対立するように一見みえるが、対立を超えたところの共通の根源を見とおそうという呼びかけにちがいない。

69『職業欄はエスパー』

森達也著、角川文庫、2002年

1998年にオンエアされた同名のテレビドキュメンタリーの収録経過をまとめ、2001年に飛鳥新社から『スプーン——超能力者の日常と憂鬱』として刊行された単行本を改題し、文庫化したものである。清田益章、秋山眞人、堤裕司という3人の自称エスパーに密着取材し、彼らの視点から逆に常識的な社会の奇妙さを描く。森氏は、あまりに率直に取材をしてドキュメンタリーにまとめるものだから、本職の（虚飾に満ちた？）テレビの仕事があまり得られず、本を書いて食いつないでいるうちに作家としても有名になった。

70『オカルト
——現れるモノ、隠れるモノ、見たいモノ』

森達也著、角川書店、2012年

UFO、占い、臨死体験、超能力など、オカルトとされるものについて取材をした連載記事をまとめた本。そこになにかがあるといった直感はあるが、探究をすると指のあいだから水がこぼれるように現象は遠のく。そのダイナミズムを繰り返し描写することによって、オカルトの構図をあぶり出していく。超心理学の隠蔽効果を強く連想させる。

石川幹人 いしかわ・まさと
1959年東京生まれ。東京工業大学理学部応用物理学科卒。
同大学院物理情報工学専攻、一般企業での人工知能研究、
政府系シンクタンクなどを経て、1997年より明治大学文学部助教授。
2004年より明治大学情報コミュニケーション学部教授、
現在同学部長。博士（工学）。
専門は認知情報論および科学基礎論。
超心理学研究をライフワークとし、日本の第一人者でもある。
2002年ライン研究センター客員研究員。
ASIOS（超常現象の懐疑的調査の会）発起人メンバー。
著書に
『人間とはどういう生物か——心・脳・意識のふしぎを解く』（ちくま新書）、
『だまされ上手が生き残る——入門！ 進化心理学』（光文社新書）、
『心と認知の情報学——ロボットをつくる・人間を知る』（勁草書房）他。
訳書に
ラディン『量子の宇宙でからみあう心たち——超能力研究最前線』（竹内薫監修、徳間書店）、
マッギン『意識の〈神秘〉は解明できるか』（青土社）他。

超心理学——封印された超常現象の科学
2012年9月19日　第1刷発行
2016年1月27日　第3刷発行

著者　石川幹人

発行所　株式会社紀伊國屋書店
東京都新宿区新宿3-17-7
出版部（編集）電話：03-6910-0508
ホールセール部（営業）電話：03-6910-0519
〒153-8504 東京都目黒区下目黒3-7-10

装丁　松田行正＋日向麻梨子
印刷・製本　三永印刷

ISBN978-4-314-01098-6
C0040 Printed in Japan

定価は外装に表示してあります